D1699871

品读中国书系之四

易中天著

闲话中国人

上海文艺出版社

目　　录

闲话《闲话中国人》

（代序）

李树林

饮食、穿衣、单位、家庭、人情、面子……是人们生活中最基本的内容。惟其是最基本的，人们对这些时时处处可见的现象，也就习以为常，乃至麻木不仁了；极少有人去深究为什么是这样，它与中国文化是怎样的关系？

《闲话中国人》的作者易中天，却独具匠心，在对中西文化的研究中，从中国几千年文化的积淀里，对这些生活现象进行了系统的研究，从具体到抽象，从抽象到具体，努力发掘着文化的内核，给予理论的阐述，指出这一切之所以是"这一个"而不是"那一个"，在于中国文化的内核是"群体意识"。它由近及远，于细致中阐发了中国文化的要旨。

该书特点之一，是用"闲笔"来写"正书"。这是研究中国文化的著作，但却不像一般专著那么抽象，那么理论化，那么枯燥。全书讲述老百姓（当然不只是老百姓）的事情，态度闲适，读起来轻松愉快，而又深刻地切中要害，令人常有"还真是那么回事"的感慨。

该书特点之二，是深入浅出。在对林林总总的生活现象进行剖析时，或诠释字词，或引经据典，从本义到广义，从现象到本质，像与你聊天般地娓娓道来，揭示出这些现象深刻的社会性。

该书特点之三，是文笔流畅，语言生动。既是"闲话"，就不能做"官样文章"。作者往往用生活习惯用语叙述生活习惯，风趣幽默。

该书特点之四，是结构上环环紧扣。从饮食到服饰，从单位到家庭,从面子到人情到友谊,把各个似乎是不相关的方面,从一引申到二,从二引申到三,看完这一章还想接着看下一章。

　　一语概之,《闲话中国人》一书宛如一壶馨香扑鼻的碧螺春,细细品来,回味无穷,爱好传统文化的朋友不可不读。

附记:

　　这篇序言原本是李树林同志为华龄版《闲话中国人》所写的书评,发表在1997年4月16日的《中华读书报》。作者是中央某部门的一位干部,与我素不相识,至今尚未谋面。我们之间,并不存在什么"权钱交易"或"面子人情"。他这篇书评,原本是应机关图书馆之邀,为他们介绍馆内新书的内部刊物《机关图书简介》而写的,不知怎么被《中华读书报》看中,公开发表了。文章发表后,我看到了,写信去与他联系。因地址不详,这封信几经辗转,树林同志才收到。后来他回信说,这篇书评是怎样发表的,在他至今仍是一个谜。

　　也许,正因为这篇书评是这样写出、发表的,因此,它比许多应作者或出版社之请,刻意炒作或敷衍塞责的所谓"书评",要真实得多,也实在得多。我相信,文中所写,都是树林同志的真实感受或体会,没有任何矫饰、虚套和做作。树林同志后来在信中说,他最喜欢做的事,就是"靠着床头,沏一杯茶,灯下抱一本喜欢的书,静静地看,漫漫地思索"。他说他就是在这种状态下看完本书的。其实,这也正是我的希望。我希望读者能读得轻松愉快,千万不要"苦读";我也希望读者读后多少有点收获,不至于"白读"。在读了树林同志这篇书评后,我欣慰地感到,我的希望并没有落空,我的心血也没有白费。事实上,从写作动机、构思创意、理论视角、研究方法、思想内核到篇章结构,这些隐藏在大量现象、实例、故事和俏皮话背后,不易为人察觉的用心良苦之处,那些"成如容易却艰辛"的地方,树林同志都看出来、说出来了。如果说,我写《闲话中国人》,是试图为解读中国文化找到一把钥匙,那么,《闲话〈闲话中国人〉》,便可以看作是解读本书的钥匙。

　　因此我特别向读者推荐这篇书评,并在征得作者同意的前提下,将其收入修订本,作为本书序言。本来,一本书写完了,出版了,作者的任务也就完成了。剩下的事,便是一任读者诸君去说三道四,品头论足。所以,我对书评,并不十分在意(当然也不是全不在意)。我之所以特别看重这篇书评,除了前面所说的原因外,还因为我写《闲话中国人》的动机之一,是要改革和改变学术著作的写法,为学术著作的写作和出版,探寻一条新路。我的办法,是用"闲笔"写"正书",创造一种"高品位,广读者"的"随笔体学术著作"。既然是"随笔体",是"广读者"的,就必须风趣幽默,生动活泼,有较强的"可读性";既然是"学术著作",是"高品位"的,就必须观点新颖,逻辑严密,有一定的"深刻性"。对于读者,则希望不但看得挺"热闹",也能看出"门道"来。以此文为序,即所谓"有所望焉"。

引 言

看不懂的中国人

这本书是讲中国人的。

中国人的事最不好讲。

比如腐败。中国人喜欢腐败吗？当然不喜欢。提起腐败，中国人没有不咬牙切齿痛心疾首恨之入骨的。就连那些行贿受贿者，也未必当真喜欢腐败。如果不受贿即可财源滚滚，他为什么要冒丢官下狱的风险？如果不行贿就能通行无阻，他又为什么要拿自己的钱送人？渴望腐败的大约只有一种人，——在种种权钱交易或权色交易中拉皮条的。但那是极少数。

多数人是不喜欢腐败的。但他们又离不开腐败。事实上许多中国人一旦自己有事，首先想到的便是拉关系走后门请客送礼。如果所有的官员都当真既不吃请也不收礼，恐怕不少人就会怅然若失，心里空落落的，不知道自己的事到底办不办得成。所以，不反腐败是不行的，反得太厉害怕也不行。最好是留一条尾巴，限制在吃一两顿饭和收一两条烟的范围内，则皆大欢喜。

你说这是逼出来的？也未必。比如公款吃喝，是大家都反对，都憎恶的。但如果你请那从未参加过的人一起来吃，则多半会欣然前往,且面有得色。可见他反对的并不是公款吃喝,而是别人有份自己没有。因为自己没有份,便只好连公款吃喝一齐加以反对。

那么,中国人两面派吗? 不对! 他是"始终如一"的,也是有"原则"的。这个原则,就是我们以后要讲到的人情、面子等等。你请他吃饭,是你的人情,也是给他面子,岂能不领情,给脸不兜着? 换句话说,他吃的只是你的人情你的面子。至于用的是公款还是私款,和他又有什么关系? 当然也不妨碍他在理论上反对公款吃喝。结果,大家都反对公款吃喝,而公款吃喝却屡禁不止,且愈演愈烈。因为没有人会把抽象的原则和具体的事物混为一谈,也没有人会为了某个大道理牺牲面子人情。怎么说是一回事,怎么做又是另一回事。比方说,你那个老朋友是一贯反对公款吃喝的,但如果他到了你的辖区,你不拿公款招待他,他还不高兴! 因为这似乎意味着他上不了台面,或没有资格享受公款吃喝,是很没有面子的。

显然,不是中国人说一套做一套,也不是中国人当面一套背后一套,而是为人处世的"原则"或"法则"太多,又往往互相矛盾。老祖宗留下了不少的遗训,这些遗训常常都是要打架的。比方说,老祖宗谆谆教导我们,一个人,应该"见义勇为","路见不平,拔刀相助",但同时又会告诫我们"少管闲事","各人自扫门前雪,休管他人瓦上霜"。那么,我们是管还是不管? 哈! 这你就不懂了。管不管,要看那事是不是"闲事"。如果是闲事,就不该管;不是闲事,就应该管。所以,见义勇为是对的,袖手旁观也是对的。中国有句老话"公说公有理,婆说婆有理",也就是说,有理没理,不光看讲不讲得出道理来,还要看你是"公"还是"婆"。

这样一来,研究中国人"国民性"或"民族性"的人就麻烦了。他实在想不出该用哪一两个词或哪一两句话来概括中国人,概括中国人的民族性格和文化心理。比方说,中国人耿直却又圆滑,坦诚却又世故,多疑却又轻信,古板却又灵活,讲实惠却又重义气,尚礼仪却又少公德,主中庸却又走极端,美节俭却又喜排场,守古法却又赶时髦,知足长乐却又梦想暴发,烧香算命却又无宗教感,爱抱团儿却又好窝里斗,爱挑刺儿却又会打圆场,不爱管闲事却又爱说闲话,懂得"只争朝夕"的道理却又主张"慢慢来",等等,等等。结果,中国地大物博、历史悠久,有着五千年灿烂的文化,在世界历史上最早"先富起来",却又最终弄得"一穷二白",因为"落后"而"挨打"。总之,中国人是不大容易看懂的。岂但外国人"看不懂",便是中国人自己,也不一定"说得清"。

其实,就连"说不清"也是不对的。如果你用"说不清"三个字来概括中国人,保准有人立马表示反对:说不清?怎么说不清?我就说得清。然后,他就会一五一十地说将起来,而且说得头头是道,说得旁边的人直点头。可是,点头又怎么样呢?他听张三讲的时候会点头,听李四讲的时候也会点头,因为张三李四讲的都对。但你要以为张三李四观点一致,那就大错特错了。他们的说法很可能正好相反,——张三讲的是"公理",而李四讲的是"婆理"。何况在中国,点头并不一定表示赞同(当然也不一定表示不赞同)。它可能是表示在倾听,或者表示礼貌,甚至只不过习惯动作而已。

中国人的事,实在是麻烦得很。

就说吃饭。中国人是最爱请客吃饭的。南方北方,都一样。但如何吃,吃什么,却不大相同。北方人请客吃饭,总是整一桌子菜,盘子叠盘子碗摞碗。那些菜,往往也都很实在,整只的鸡整只的鸭,整只的猪腿或羊腿,总之是大碗喝酒大块吃肉。南方的盘子就要小得多,菜的分量也少得多,几乎一筷子就可以夹完,但花色品种则比较丰富,一只鸡可以做好几种菜,一鱼也可以两吃或三吃。于是北方人就瞧不起南方人了,认为他们小气。南方人也看不上北方人,认为他们傻气。最好玩的是,他们都认为对方虚伪。北方人说,弄那么一点点菜,让人不敢下筷子,这是请的哪门子客?虚情假意吧?南方人则说,明明吃不完,还要不停地上菜,这是让人吃还是让人看?虚张声势么!那么到底谁虚伪?其实谁也不虚伪。北方人认为,既然诚心诚意请人家吃饭,就得让人能够放开肚皮吃,这样才实在。南方人则认为,实实在在地待人,就用不着铺张浪费。菜嘛,够吃就行,弄那么多干什么?如果是自己家里人吃饭,有这么摆谱的吗? 没有吧? 再说,弄那么多菜,岂不把人家当成了饭桶? 还是能吃多少弄多少的好。这可真是"南辕北辙",猴吃麻花——满拧。结果,他们虽然都很实在,却又都被认为是虚伪。

你看,同样是中国人,南方北方就大不一样。中国人,是不是很难说得清?

文化与人

中国人和中国人不一样,西方人和西方人也不一样。

有人做过一个实验。他把两男一女编成一组,送到一个孤岛上,看看会发生什么事情。三天以后,他来到英国人的岛上,只见那三个人各自孤零零地坐在那里,谁也不理睬谁。问其故,英国人抱怨说:你忘了给我们互相介绍。他又来到西班牙人的岛上,发现那两个男人不见踪影,那个女人则在跳舞。女人满不在乎地告诉实验者:他们为我而决斗,都死掉了。实验者又来到法国人岛上,发现一男一女不见了,剩下一个男人吹着口哨在修剪树枝。男人兴高采烈地告诉他,他们一上岛,就约定两个男人轮流做那女人的情人,现在那一对男女正在树林子里面快活。最后,他来到俄国人的岛上,只见两个男人喝着伏特加在打牌。问那女人到什么地方去了。俄国男人醉醺醺地回答说:你问女同志? 哦,劳动妇女正在集体农庄建设社会主义。又问他们在干什么。这回俄国男人不再醉眼蒙眬了。他俩瞪大眼睛一本正经地回答说:奇怪! 难道你没有看见领导们在开会吗?

这当然只是一个笑话。这样的笑话还可以再讲一个。

几个人,到咖啡馆喝咖啡,发现咖啡里有苍蝇。第一个发现的是英国人。这个英国人一声不响站起身来,掏出钱放在咖啡杯下,扬长而去。第二个是日本人。日本人拍案而起,把领班臭骂了一通,并扬言要教会他们如何管理企业。第三个是美国人。美国人舒舒服服地靠在椅子上,手指一勾叫来女招待,笑眯眯地对她说:小姐,在我们美国,苍蝇是单独放在碟子里,和咖啡、伴侣、奶、糖一起送上来的,顾客自己放,想要多少就放多少。

那么，如果发现咖啡里有苍蝇的是中国人，会怎么样呢？多半会大吼一声：搞什么名堂！去，叫你们领导来！

你看，不同的人，对待同一件事情，是不是会有不同的处理方式？

不同也是有原因的。原因就在民族性，或曰民族的文化性格。英国人讲究所谓"绅士风度"，不会当场翻脸，未经介绍陌生人之间也不会说话。此外，法国人浪漫，美国人幽默，日本人严厉，西班牙人强悍，他们也都有不同的表现。至于中国人，向来就是听领导话的。出了事，首先想到的当然也是找领导。而且，为了表示自己有资格教训对方，"叫你们领导来"这句话还必须说得气壮山河。美国人则相反。他们认为，自己的事情应该自己解决。所以他们不会去找领导，要找也是找律师。何况，现在面对的只是一个漂亮姐，那又何必大喊大叫？

这就是文化的差异了。

文化的差异随处可见。一个中国人到一个外国人那里去做客，人家或许也会问一句"喝点什么"，而中国人往往会回答说"不客气"。结果这个中国人就只好去忍受口干舌燥，因为你已经说过了"NO"，人家是不会去强人所难，硬要让你"喝点什么"的。

当然，这个中国人也可能会回答说"随便"，其结果则很可能同样糟糕。咱们国门刚刚打开那会儿就闹过这种笑话。一个大清帝国的官员去拜访一位洋人。洋人问他"喝点什么"，他说"随便"。于是洋人便请他喝咖啡。该官员从未喝过咖啡，第一口差点吐了出来。他放低了声音问翻译："这是什么东西？"答曰"咖啡。"官员说："我没有说要喝咖啡呀！"翻译说："你刚才说随便。"官员愤怒地说："啊，我说随便，他就让我喝苦水呀？那好，下回他要是也说随便，我就让他喝马尿！"

其实，这位官员的脾气是发得没有道理的，也是没有用的。第一，人家并没有一定要你喝咖啡，是你自己说随便。第二，人家也没有随便到请你喝马尿的程度，你当然也不应该用马尿来报复人家。第三，当真你问人家"喝点什么"，人家也不会说"随便"。反倒是，由于这位官员不知道文化的差异，也不懂得吸取教训，下次去洋人那里又说"随便"，便当真喝了味道和马尿差不多的东西，——洋人管那玩艺叫"啤酒"。

可见，不懂得文化的差异，就会惹麻烦，闹笑话，无所措手足。比方说，看见一位老太太在上楼梯，你是应该去扶她一把呢，还是不扶呢？如果是中国人，就应该去扶一把，不扶，是不道德的。但如果对方是老外，是美国人，则不但不会领情，没准还会生气，因为她会认为你小看了她，把她看作了"老不中用的东西"。

这也不奇怪。人，是文化的存在物。任何人都只能生活在一定的文化之中。甭管是中国人西方人，直头发鬈头发，蓝眼睛黑眼睛，黄皮肤白皮肤，全都一样。比如我们中国人吃饭是用筷子的。没有筷子，就用别的东西代替。我在农场劳动时，中饭常常要送到地里来吃。那些没带碗筷的，就用农作物的叶子做碗，用树枝做筷子，没人用手抓饭抓菜吃。但有些民族却是用手抓的（当然饭前要洗手）。手抓羊肉手抓饭，便因此而得名。西方人在学会用刀叉之前，也是用手抓的。这不是生理的差别，是文化的差异。

文化的作用比遗传的作用还大。美国的黑人和非洲的黑人在体质上并无多少差异，但美国的黑人穿西装，打领带，说英语，信上帝，有事找律师，和他们穿长袍，打赤脚，信鬼神，说班图语，有事找巫师的非洲兄弟完全两码事。何况，班图尼格罗人也不全信万物有灵，也有信伊斯兰教的。信伊斯兰教的，和信基督教、信万物有灵的，做起事来，常常就会两样，哪怕他们都是黑人。

显然，人之谜，就是文化之谜。

中国人之谜，当然也就是中国文化之谜。

所以，要看懂中国人，就得先弄清中国文化。

文化之谜

然而文化却不好把握。

文化是什么？什么是文化？这个问题真的好难回答。文化没有形状，无法描述；没有范围，难以界定。文化就像是空气，我们天天都生活在它当中，一刻也离不开它，但当我们试图伸出手去"把握"它时，却又会发现它无处不在、无时不在,惟独不在我们手里。

实际上,一旦我们发现文化无时不在、无处不在时,事情也就变得比较好办了。因为我们正可以从自己身边最普通、最常见、最熟悉的种种文化现象入手,去探寻文化的秘密。

就说方便(文雅的说法又叫"如厕"),原本是人的动物性本能,和阿猫阿狗无异。但如何方便,在哪里方便,却有"文化"。中世纪法国宫廷是用一根粗麻绳来充当手纸的。这根粗麻绳从屋顶吊将下来,随手便可取用。皇帝用完了皇后用,皇后用完了宠臣用,常年不换,一贯到底。这就连中国的农民都不如。中国的农民先前也不用手纸,用土疙瘩,或苞米叶,但用完即扔,并不重复使用。所以,虽然"土"了一点,却也不至于传染疾病。

不过,知道用粗麻绳,就算是有了"文化"。动物是不会用粗麻绳的,它们也不会给自己盖厕所,或在方便的时候避开他人。可见,文化是人类独有的东西。动物生活在自然界,人类生活在文化中。文化,是"人类生存和发展的方式"。或者说,就是人的"活法"。

不同的人有不同的活法,也就有不同的文化。比方说,中国人吃饭用筷子夹,西方人吃饭用叉子戳,这是两种不同的文化;中国人见面鞠躬作揖,西方人见面握手拥抱,这也是两种不同的文化。其实,见面的礼节,也不光是鞠躬作揖和握手拥抱,没准还有吐唾沫的。东非尼格罗人中的一支,就视吐唾沫为紧要关头的一种祝福。一个人生了病,或者一个孩子刚刚生下来,都要请法师来吐唾沫。他们相互之间见了面是不是也吐,就不知道了,但在这个世界上,见面以后相互打一拳的人肯定有。

文化,就是这样五花八门。

这同样并不奇怪。任何民族,都要生存,要发展,所以任何民族都有自己的文化。但如何生存,如何发展,不同的民族又有不同的方式,所以又有不同的文化。比方说,中国重农,西方重商,这是经济生活方式的不同;中国讲礼,西方讲法,这是社会组织方式的不同;中国人用方块文字,西方人用拼音文字,这是思维认知方式的不同,等等。不同的方式,不同的活法,就构成不同的文化,也形成不同的民族、不同的人群,比如东方人、西方人,或中国人、日本人、印度人、英国人、法国人、德国人等等。

由此可见,文化与人,难解难分。不同的人创造不同的文化,不同的文化也造就不同的人。这里面好像没有太多的道理可讲,也没有太多的价钱可讲。比如美国人,其实是不怎么喜欢律师的。美国有个笑话讲,两个年轻人,在天堂里一见钟情。他们对上帝说要结婚。上帝说,好吧,我给你们找个牧师。一个月以后,这两个年轻人又要离婚。上帝说,这就难办了,天知道什么时候才会有一个律师上天堂!

可惜,不管美国人多么不喜欢律师,他们有了事,还是要去找律师,而不是找领导。讨厌律师,又离不开律师,这就是美国人的活法。因为他们是生活在一个法治文化的社会里,而这种文化又是他们自己创造的。这就叫"自己挖坑自己埋"。

文化,作为人的活法,岂能没有道理?

其实,任何文化现象的产生,都不可能是任意的、偶然的、毫无道理的。文化学的任务,就是要找到并说清这些道理。

一个显而易见的道理或规律是:一个民族的文化方式或生活方式,总是体现着这个民族的文化性格。比方说,中国人见面鞠躬作揖,是因为中国人的性格"内向";西方人见面握手拥抱,则是因为西方人的性格"外向"。外向,所以伸出手去握别人的手;内向,所以伸出手握自己的手。这就正如中国人吃饭用筷子夹,是向内用力;西方人吃饭用叉子戳,是向外用力。一向外,一向内,故西方文化的象征物是"十字架",中国文化的象征物是"太极图",一个从一点出发向四面扩展,一个由两极构成在圈内互动。

这就十分有趣了。一个进餐方式(筷子叉子),一个交际方式(握手作揖),表面上看"风马牛不相及",却居然有着内在的心理联系。这就说明,在种种文化现象,或者说,在种种具体的文化方式之上,还存在着一个更高层次的方式,一个统帅一切的"总方式"。如果说文化是人的一种活法,是人类生存的发展的方式,那么,这个"总方式"就是

"活法的活法"，"方式的方式"。所以，我们把它称之为"文化内核"，或"文化的思想内核"。

文化内核，是一个民族文化的思想核心，是这个民族生存和发展的总纲。纲举才能目张。只有把握了文化的思想内核，我们对于一个民族的文化精神、文化特征、文化个性、文化机制、文化行为和文化心理，才可能有一个较为深刻和透彻的了解。也就是说，只有把握了中国文化的思想内核，我们才有可能看懂、看透、看清中国人。

中国文化之谜

然而，要把握中国文化的思想内核，真是谈何容易！

如果说，中国人是一个谜，中国文化也是一个谜，那么，中国文化的思想内核就是谜中之谜。文化本身是具体的、生动的、鲜活的，文化内核作为"方式的方式"，却只能是一种高度抽象的哲学概括，而且这种抽象概括又必须为生动具体鲜活的文化现象所证实。从具体中得到抽象难，从抽象上升到具体更难。解谜难，解谜中之谜就更是难乎其难。

于是，我们想到了文化现象。

文化，无疑是由林林总总的文化现象来构成的。这些现象，有如细胞，构成了文化鲜活的生命。正如一切细胞所含的生命秘密都是"全息"的，文化现象也隐含着一个民族文化的生命信息和遗传密码。因此，对它们进行"立体的扫描"和"深层的透视"，就有可能揭示和掌握它所代表的那个文化的"核心机密"。

就说请客吃饭。世界各民族都要吃饭，也都要请客，但请法和吃法却不大一样。有人就闹过一个笑话。有一次，他和几个中国人请两个美国人吃饭。按照程序，也出于礼貌，他请大家每个人都点一道菜。客人中之一位，在美国大概上过中国餐馆，多少有点经验，便很老到地率先点了"芙蓉鸡片"。另一位美国人对中国菜则一无所知。大家都点过之后，他仍很茫然。于是主人便诱导他点了一道汤，反正是要等菜齐了大家一起吃。开席了，头一道菜便是芙蓉鸡片。那个自以为内行的美国人问道：这是我点的菜吗？得到肯定的回答后，便高兴地说：

Sorry！我先吃了。接着，便移过盘子，刀叉并进，大快朵颐。在哭笑不得的尴尬中，几个中国人只好"主随客便"，也按美国规矩各人吃各人点的菜。这下另一个美国人可就倒霉了。他不得不硬着头皮喝下最后上来的一大碗榨菜肉丝汤。

认真说来，这当然只是小事一件。然而，正是在这件小事中，我们不难看出文化精神，即：中国文化的思想内核是群体意识，而西方文化的思想内核是个体意识。

所谓个体意识，简单一点说，就是认为每个人都是单独的个体，是具有独立人格和自由意志的个人。因为具有自由意志，所以，每个人的幸福都要靠每个人自己去争取，每个人的行为也要由每个人自己来负责。哪怕只是一盘菜的享用，也得自己点了自己吃；即便是在他人的误导下点了榨菜肉丝汤，也得由自己硬着头皮喝下去。因为具有独立人格，所以，每个人的选择和行为，他人都不能强加干涉，除非是危害了公众利益。大至总统的选举，小至职业的选择，都如此。至于吃饭穿衣之类，就更是纯属个人行为，与他人毫不相干。别人爱吃什么，想吃什么，我管不着；我自己爱吃想吃的，也用不着请别人吃或让别人吃，以免把自己的意志强加于人，干涉了别人的意志自由，侵犯了别人的人格独立。既然如此，自然是各点各的菜，各人点了各人吃，甚至各付各的账。

所谓群体意识，也简单一点说，就是认为每个人都是群体的一部分。群体的利益就是个人的利益，群体的价值就是个人的价值。个人的意志，必须服从于群体的共同意志；个人的人格，只能依附于群体的共同人格。即便吃饭穿衣，也不完全是个人的事。如果是众人聚餐，就更要"顾全大局"。比方说，在点菜的时候，要尽量选择大家都爱吃的菜，不能只顾自己的口味。因为"一人向隅"，尚且"举座不欢"，倘若只有你一个人吃得开心，又成何体统？至于各自为政，就更没名堂。如果各点各的，各吃各的，那又何必坐到一起来？干脆各自回家或者吃份饭好了。聚餐，不就图的是大家在一起，体验群体性吗？

不同的思想内核，就造就了不同的文化性格。

一般地说，以个体意识为思想内核的民族多半性格外向，以群体意识为思想内核的民族多半性格内向。因为个体已是社会的最小单位，实在已无"内"可"向"。只有向外发展，才能求得生存空间。群体却有着自己的内部空间。以群体为单位，生存空间界定以后，要解决的就是内部问题，眼睛非向内看不可。所以，中国人性格内向而西方人性格外向，当然也就有着不同的交际方式。西方人见面，是两个单独个体的事情。个体的独立人格"不可入"，自由意志"不可犯"。因此必须敞开怀抱，伸出双手，表示愿意建立关系；还必须握手拥抱，相互接触，关系的建立才能得到确证。中国人见面鞠躬作揖，则另有一番意义。双手抱拳，表示关系早已确定，大家都是自己人，就像左手和右手，早就抱成了团儿，不必再分彼此，如果把手伸了出去，岂非见外？至于点头弯腰，则无非表示敬意。因为即便是"哥们"，也有大有小有兄有弟。自己的头低一点，腰弯一点，也就抬高了对方。大家都礼貌，都谦让，也就能"群"。

可见，文化现象是体现着文化内核的。为此，本书特别拈出九种文化现象来进行讨论。这九种文化现象，有的是中国独有的，如人情、面子；有的虽非中国独有，却颇具"中国特色"，如饮食、家庭。现象虽有九种，但"九九归一"，目的却只有一个，即要揭示出中国文化最核心最深层的秘密。

所以，这些现象，便有一个共同特点，即它们都是我们自己的身边人、身边事，是每个中国人熟视无睹、司空见惯、习以为常、见怪不怪的。因为最"寻常"的，也就必然是最"正常"的。文化内核既然是最具纲领性的东西，就一定能见之于最具普遍性的现象。不过，"太寻常"也就难免"看不见"。这就需要分析，需要解剖，需要追根寻源，或者说，需要"破译"，才能"解密"。

这，便正是本书要做的事情。

第一章　饮食

一　民以食为天

吃出来的和做出来的

有人说,中国文化是吃饭吃出来的,西方文化是做爱做出来的。

这当然"不像话",也没什么"科学依据",却也不是全没影儿。什么是文化? 文化就是人类生存和发展的方式。要生存,要发展,这"饮食男女"四个字是不能不讲的。就连动物,都知道不能不觅食,不能不求偶。这是本能。用句文雅的话说,就叫"食、色,性也",管你张三李四天王老子,都一样。反正不吃饭,就会一命呜呼(个体无法存活);不做爱,就会断子绝孙(种族不能繁衍)。不能生存,何谈发展,又哪有什么文化?

这可是天大的事,搁到谁头上也含糊不得。

所以中国便有句老话,叫"民以食为天"。就是说,吃饭这事,有天那么大,或者直接的就是天。可惜"天"只有一个,给了"食",就不好再给"色"了。因此不曾听说过"民以色为天"的。民以色为天,举国上下都是"淫夫荡妇",那还了得? 再说,"饱暖思淫欲",填饱了肚子才谈得上其他。如果连吃饭都成了问题,哪里还动得了别的心思?

因此重视归重视,偏心眼儿却也难免。大体上说,"饮食男女"这四个字,中国人似乎更看重"饮食",西方人则似乎更在乎"男女"。西方人会因为一个女人去打仗,中国人就不会。像古希腊人那样,为一个什么名叫海伦的女人而发动一场特洛伊战争的事,中国人是不会干的。中国人只会在打败了仗以后把责任推到女人身上,让女人当替罪羊,比如妲己或杨贵妃。中国人打仗也有抢女人的。比如曹操攻破邺城,曹丕便趁机把袁熙的老婆甄氏"笑纳"了。但那是"搂草打兔子",捎带的事。主要任务还是抢饭碗,打人家锅碗瓢盆的主意,文雅的说法叫"问鼎"。鼎是什么玩艺? 烧饭锅么!

当然,"问鼎中原"的那个"鼎",已不简单的只是一口烧饭锅了。作为政权和权力的象征,它也是一种神器。这事我们以后再说。但用烧饭锅来做神器和权柄,这就很有些意思,至少说明管饭比管别的什么更重要一些。男女之事当然也很重要,因此也有用性器来做神器和权柄的,比如"圭"就是。圭,玉制,状如男根,大小不一。天子所持者曰"镇圭",一尺二寸;公爵"桓圭",九寸;侯爵"信圭",七寸;伯爵"躬圭",五寸。反正谁的阳器粗壮伟岸,谁的权力就大,地位就高。看来,上古时期人们要解决的,主要就是"饮食"和"男女"这两件大事。一个"鼎",一个"圭",便都好生了得。鼎供在庙堂之上,圭拿在诸侯手中。拿在手中的没怎么听人说要夺,供在堂上的却老是有人来问,"鼎"的分量显然要重于"圭","饮食"还是比"男女"重要。

其实不要说神器,就连神,也中西有异职司有别。西方人的神是上帝。上帝是创世神。他创造了世界,也创造了人,而且一造就是男女两个。这就麻烦。你想,孤男寡女弄到一起,岂有不出事的? 果然弄出了些尴尬事体,以至于上帝一怒之下,把他们逐出天堂,罚往人间生儿育女,这才有了人类社会。吃饭的问题,也由人自己想办法,上帝是不管的。

中国的神就不同。造人的是女娲娘娘,而且并不单造一男一女,一造就是一大群。造出来以后,老太太就乐呵呵地看着他们生育繁衍,自己躺在云里雾里安享那天伦之乐。至于吃饭的问题,则留给另一位"准神"去解决。这位"准神"就是伏羲。伏羲究竟是人还是神,不大说得清楚,大约是半人半神吧!但可以肯定他是一个厨子,或者曾经当过厨子,要不就是"司务长"。伏羲又叫庖牺。庖就是庖厨,牺就是牺牲。主管庖厨和牺牲的,不是红案就是白案。史书上说他"教民渔猎畜牧",说了归齐也就是解决了大家的吃饭问题,自然功莫大焉。于是这个"伙头军"和"大师傅"的地位便越弄越高,弄到最后,就连造人的女娲,也居然成了他的太太,甚至还有说伏羲和女娲由兄妹而夫妻者。这就不能不说是把"饮食"看得比"男女"还重要了。

我们知道,神的职能无非是满足人的需要。有什么样的人和人的文化,就有什么样的神。古希腊奥林帕斯山上的"诸神"们平时都干些什么呢?也就是打情骂俏寻欢作乐捎带着争风吃醋罢了。中国的神、神王或先圣就辛苦得多。比如伏羲要发明捕鸟兽的网和捕鱼的罟,神农则要发明种地的耜和耒。反正得想办法让老百姓把肚子吃饱,老百姓才会尊你为神为圣。这就叫"民以食为天"。

世界上还有比天大的吗?没有。中国人既然以食为天,则"悠悠万事,唯此为大",甚至"普天之下,莫非一吃"。

难怪中国人要把什么都看成吃,说成吃了。

泛食主义

的确,中国文化有一种"泛食主义"倾向。

首先,人就是"口",叫人口。人口有时候也叫人丁。或者男人叫丁,女人叫口。但不管女人男人,也都可以叫人口。人既然是口,谋生也就叫"糊口",职业和工作也就是"饭碗"。干什么工作,就叫吃什么饭。修鞋补锅是吃手艺饭,说书卖唱是吃开口饭,当教书匠是吃粉笔灰,出租房屋是吃瓦片儿。总之,靠山吃山,靠水吃水。如果自己不谋生,靠积蓄过日子,就叫"吃老本",粤语叫"食谷种"。老本总有"吃"完的一天,就叫"坐吃山空"。老本吃完,或并无老本可吃,就只好"喝西北风",粤语则叫"吊砂煲"。砂煲是用来煲饭吃的,居然吊了起来,显然是无米可炊,文雅的说法叫"悬磬"。

当然,最让人羡慕的还是"吃皇粮"。吃皇粮的人,捧的是"铁饭碗",吃的是"大锅饭"。铁饭碗打不破,大锅饭不定量,可以放开肚皮吃,不怕"吃空心汤圆"。最让人看不起的则是"食拖鞋饭"。所谓"食拖鞋饭",就是靠与自己有密切关系的女人出卖色相过日子。男子汉大丈夫,原本应该"养家糊口"的,居然堕落到"食拖鞋饭",岂不可耻?

和"食拖鞋饭"相关的是"卖生藕"和"吃豆腐"。"卖生藕"是广州话,意思是女人把自己白嫩的肉体当生藕卖;"吃豆腐"是上海话,意思是男人把女人白嫩的肉体当豆腐吃。前者指女人卖弄风情,或者指男人心怀不轨,但语气比调戏妇女略轻,大体上属于性骚扰的擦边球,因此叫"吃豆腐"。豆腐白嫩,使人联想到女人的肉体;豆腐又是"素"的,意思是并无真正的性关系。所以,吃吃豆腐,在许多男人看来也没什么了不起。但如果碰到特别洁身自好的正派女人,也可能让他"吃耳光",甚或让他"吃官司"。即便不会"吃官司",一个钉子碰了回来,也是"吃瘪",很没有面子。

不体面的还有"饭桶"。一个人没什么用,是个"饭桶",广州香港叫"食塞米",北方叫"白吃饭";受冤枉背黑锅,广州香港叫"食死猫",北方叫"吃冤枉";被老板或上司申斥,广州香港叫"食猫面",上海叫"吃排头";如果挨打,在上海就叫"吃生活",而开车开到路口过不去则叫"吃红灯"。红灯尚且可"吃",还有什么吃不得?

其实不但民间话语说"吃",官方话语也说"吃"。比如孔子说《韶乐》之美,就说"三月而不知肉味";孟子说义利之辩,就说"熊掌与鱼不可得兼";毛泽东说实践的重要,就说"你要知道梨子的滋味,就得变革梨子,亲口尝一尝";焦裕禄说创新的可贵,就说"吃别人嚼过的馍没有味道"。西汉初年,曾爆发了一场关于"汤武革命"是否合理合法的争论。道家的发言人黄生认为商汤周武以下犯上,是"弑"。儒家的发言人辕固生则认为是"受天之命"。主持讨论的汉景帝左右为难,完全无法表态。肯定黄生,则高祖皇帝代秦而即天子位也不合法;肯定辕固生,则等于承认自己这个皇帝也可以由他人取而代之。最后只好宣布:吃肉不吃马肝,不算不懂味道吧? 意思是说讨论这个问题,如食有毒之马肝,还是绕过去算了。反正大家都是美食家,马肝又吃不得,不如一起去喝排骨汤。

诸如此类的说法还有很多。比如思索叫"咀嚼",体验叫"品味",嫉妒叫"吃醋",幸福叫"陶醉",司空见惯叫"家常便饭",轻而易举叫"小菜一碟",学风浮躁叫"浅尝辄止",理解深刻叫"吃透精神",广泛流传叫"脍炙人口",改变处境叫"苦尽甘来"。此外,如吃苦、吃亏、吃不消、吃不准、吃得开、吃里扒外、吃不了兜着走、不吃那一套,以及生吞活剥、囫囵吞枣、秀色可餐、食古不化等等,都是见惯不怪的说法。反正好事也好(吃小灶),坏事也好(吃官司),有利也好(吃回扣),没利也好(吃功夫),都能吃、可吃、该吃。即便什么都没吃到,也是"吃",比如"吃哑巴亏","吃闭门羹"。

看来,说中国文化是一种"食的文化",也没什么大错。

头等大事

中国人的这种观念,依我猜测,多半是饿出来的。

想来我们的先民对于饥饿一定有刻骨铭心的记忆。那时候谋生有多难啊! 刚刚走出森林那会儿,赤手空拳的人(或者说古猿)真是有些走投无路。坐享其成的日子一去不复返了,与平原上的动物竞争又没有本钱。没法子,只好自己拿自己开刀。一是改革饮食结构,由单纯的素食改为杂食,也就是逮住什么吃什么,不挑嘴。二是改革饮食习惯,由一天到晚吃个不停改为定时定量一日三餐。三是改革饮食方式,由茹毛饮血改为用火加工。更重要的是,学会了制造和使用工具。事实上人类早期的工具都是用来解决吃饭问题的。一类是用来获取食物的,比如掘取块茎的木棒,采集果实的藤篮,追击野兽的石球,捕捉鱼鸟的绳网。一类是用来加工食物的,包括用于初加工的石刀和用于深加工的炊具。还有一类则是用来储存食物的,包括篮筐、陶罐和简易粮仓。不要小看这些棍棍棒棒、坛坛罐罐,它们可是自然界没有的东西,是文化呢!

于是人类便由自然的生存状态进入了文化的生存状态。

这倒是中外一律的。那么,为什么咱们的祖先对于饥饿格外地记忆犹新呢? 大约也就是人家放牧而咱们种田之故。游牧民族是不大容易挨饿的。因为好歹有奶可吃。实在饿急了,拖一头羊出来宰了就是。所以游牧民族都比较乐观和潇洒。反正牧草不用种,牛羊也自己会吃,用不着操什么心,满可以悠然地骑在马背上,唱那"蓝蓝的天上白云飘"。

咱们农业民族就麻烦多了,得等庄稼熟了以后才有饭吃。从春耕、夏耘到秋收,那日子是何等的漫长。这当中,就保不定哪天要饿肚子。何况还有灾年,哪能年年都风调雨顺? 洪灾、旱灾、风灾,防不胜防。眼看麦子熟了就要开镰,一场冰雹砸下来,就会功亏一篑颗粒无收。所以农业民族就会有一种"忧患意识",老担心哪一天会没有饭吃。

这就不能不把吃饭看得很重了。

事实上吃饭在中国,从来就是头等大事。既是政府的头等大事,也是民众的头等大事。中国人见面的第一句话,往往就是"吃了没有";而中国人每天要做的第一件事,也往往就是吃,或为吃做准备。所谓"开门七件事:柴米油盐酱醋茶",那一件不是吃? 即便在全民生活水平空前提高的今天,党和政府也一再强调"省长要抓米袋子,市长要抓菜篮子";年节时期的食物供应,更从来就是媒体报道的新闻热点。

其实,在中国,吃饭不但是一件重要的事情,也是一项基本的权利。中国古代专制社会是没有什么人权可言的。宰相可能被"廷杖",县太爷也可以随便打小民的屁股。臣民也好,草民也好,都既无思想权言论权,也无隐私权知情权,但都有"吃饭权"。就算是死刑犯,临刑前也会有一顿饱饭可吃,甚至允许亲属和友人送酒肉到刑场,叫做"不杀饿死之人"(许多英雄好汉便常常利用这个机会劫法场)。在中国人的观念中,"饿鬼"是最悲惨的一种。不让临死之人吃一顿饱饭,简直比杀了他更不人道。有的地方还有这样的民间风俗:每年的"鬼节",即阎王爷放那些无主孤魂出来觅食时,家家户户都要大摆宴席,并在门口摆放食品,供"野鬼"们享用,就因为在中国人眼里,"饿鬼"是很可怜的。

这也不奇怪,"民以食为天"嘛!没有饭吃,不要说做人,便是做鬼也不安生。

这可马虎不得,也小看不得。处理得不好,就会出乱子,出问题。你看中国历史上所谓"大治之年"是什么状况?风调雨顺、五谷丰登、国泰民安。天下大乱和改朝换代的时候呢?肯定是天灾人祸、连年饥荒、饿殍遍地、易子而食。这时,如果有谁能开仓分粮,那么民众就会毫不犹豫地跟他走。所以,李自成揭竿而起,号召天下的口号是"闯王来了不纳粮";朱元璋逐鹿中原,所用策略之一是"广积粮"。孟子甚至把"七十岁以上的老人可以有肉吃"当作理想社会的标准。反正,在中国,谁要是能让普天下的人都"有口饭吃",谁就是替天行道、奉天承运的"真命天子",就是既顺乎天意又得乎民心的好皇帝。

因此也可以说,中国的政治问题,首要的就是吃饭问题。任何一个政权,都只有在解决了吃饭问题之后,才能得到人民群众的衷心拥护,由"得人心"而"得天下"。其他问题,倒在其次。

于是,吃饭,就是一个政治问题了。

政治与吃饭

政治即吃饭,这是不少政治家的看法。

在中国古代的政治家和思想家们看来,平定天下,治理国家,和宰牲割肉、炒菜做饭是一个道理。老子就说过:"治大国者若烹小鲜。"所谓小鲜就是小鱼小虾。烹煎小鱼小虾,当然不能拿一把锅铲,上上下下搅个不停,翻乱一气。治理大国,也应该举重若轻,以静制动,切忌有事没事不停地搞"运动",瞎折腾,弄得人心离散,民不聊生,一塌糊涂。

这也不完全是比喻。事实上在中国,搞政治往往就是吃饭,或请客吃饭。至少在餐桌上讨论国家大事,历史就很悠久。比如"周礼"中的"乡饮酒礼",就是一种酒宴形式的"政治协商会议",或者说"元老会议"。依此礼,国君、卿大夫、地方官等,应定期(据说三年一届)邀请所谓"贤者"、"能者"、"乡老"、"乡大夫"等社会贤达举行酒会,并在觥筹交错中,就一些大事进行咨询。上古尊老(老人多经验)重贤(贤者多智慧),召开这样的会议并不奇怪,且确有效果。但这种会议非行之于酒会之中不可,并名之曰"乡饮酒礼",却不能不说是一种"中国特色"。

政治既然即吃饭,则会不会吃、懂不懂吃、善不善于处理饮食问题,就关系到会不会做人,会不会做官,会不会打仗,甚至能不能得天下。

这也是有例的。比如赵国的老将廉颇,为了表示自己宝刀不老,雄风犹在,便曾经在赵王的使者面前,一口气吃了一斗米、十斤肉。因此辛弃疾才有"凭谁问:廉颇老矣,尚能饭否"的诗句。可惜赵王的使者受了廉颇政敌的贿赂,回去后汇报说:廉老将军的饭量蛮好的,只是消化系统不太灵光。一顿饭的工夫,上了三次厕所。赵王一听,便犯了嘀咕。嘀咕的结果,则是廉颇白吃了那么多米饭和酒肉。

樊哙的运气就好多了。因为樊哙是当着项羽的面吃喝的。鸿门宴上,项羽原本要杀刘邦,结果被樊哙搅黄了。樊哙冲进宴会厅,大碗喝酒,大块吃肉,而且吃的是生猪腿,简直就是帅呆酷毙,弄得项羽全然忘记了自己要干什么,刘邦也就趁机溜之大吉。刘邦开溜前,问樊哙要不要去告辞。樊哙说:

"今人方为刀俎,我为鱼肉,何辞为?"壮哉樊哙,不愧是能吃善饮的汉子,这见地是何等了得!

如果说"名将"(廉颇、樊哙)都是自己特别能吃的人,那么"名相"则多半特别会处理别人的吃饭问题。比如陈平就是。陈平少年时代在家乡是当过"宰"的。所谓"宰",就是在酬祭社神的庆典中主持分配"胙肉"的人。所谓"胙肉",就是祭祀用的牲肉。这些肉当然不会被神们吃掉,所以典礼结束后,要再分给大家吃,以便分享神的赐福。

陈平成为西汉开国元勋和一代贤相,要追溯到他少年为"宰"时的"分肉食甚均"。

(选自《博古叶子》,明陈洪绶画,黄建中刻,清顺治十年刊本。)

这项工作不好做。倘若分配不均，便会引起纠纷，把好事办成坏事。然而陈平虽然年少，却干得十分出色，"分肉食甚均"。于是父老乡亲们便一齐赞道：陈平这小伙子可真会当咱们社祭的"宰"啊！陈平也大言不惭，说：啊呀！要是让我当天下之"宰"，那么咱们国家也就和这块肉一样啦！后来，陈平果然"宰割天下"，成为西汉的开国元勋和一代贤相。连司马迁也认为，这不能不追溯到他少年时，在砧板上切肉时所立下的志向和所表现的才干。

社祭的"宰"虽然操刀割肉，毕竟还算是"神职人员"（尽管是业余的）。商王朝的开国贤相伊尹，甚至很可能就是厨子，墨子就说伊尹曾"亲为庖人"。墨子是宋人，宋乃商之后。墨子的话，大概比较靠得住。伊尹这个人身世来历，史书上说得不太清楚，但肯定出身比较卑微，也许是一介平民，甚或是一个奴隶。《墨子》、《吕览》和《史记》都说他是陪嫁的"媵臣"。大概伊尹成为陪嫁，主要因为他的烹调手艺。所以陪嫁过来后，就当上了王宫的厨师长，而且很可能不但负责日常的伙食，还要负责祭祀和牺牲。总之，成汤觉得他做的菜的确"味道好极了"，伊尹也就趁机"说汤以至味"。大概是说天下还有比鱼肉更美的滋味，那就是平定天下治理国家，同时又说了些诸如"治大国曰烹小鲜"之类由此及彼的道理。于是成汤大为赏识，提拔他当了右相。这就是历史上有名的"伊尹以割烹要汤"，"负鼎俎以滋味说汤"。

关于这段史实，从春秋战国时起，便诸家说法不一。孟子甚至根本予以否定。伊尹本人是不是厨子，这已经搞不清楚了。但在上古，宰相出身于厨师，或厨师当了宰相，则完全可能。什么是"宰相"？宰，就是宰杀牺牲、分割胙肉；相，就是赞礼司仪、陪伺招待。一个"红案师傅"，一个"陪酒先生"，合起来便是宰相。当然，他们宰的是祭祀牺牲，相的是王公大臣，所以非由高级知识分子担任不可。其实，宰牲相君是大学问，连孔子都说行军打仗的事他一点也不懂，厨房里的学问倒多少通晓一点，可见宰和相都是"高级职称"，同时也是厨子。由这样的人领导的政府，能不是"厨房内阁"吗？他们开起御前会议来，能不满嘴都是"滋味如何"吗?①

厨房内阁

内阁设在厨房里,派个厨师当宰相,实在太有"中国特色"了。

这也不奇怪。因为君以国为家,则家务即是国务;民以食为天,则治民即是治肴。更何况,政治生活中的宴会又是何其多啊! 祭祀天神地祇祖宗人鬼要吃,接待外宾签定盟约要吃,酬劳臣下讨论国是要吃,召集元老们开政治协商会议也要吃。身为"国务总理"的宰相,怎么能对厨房里的事一无所知呢?

其实,既然是"民以食为天",那么,治理国家,也就无妨广义地看作是分配食物。所以陈平分割肉食"甚均",便证明了他确有能力成为"天下之宰"。所谓分配食物,又包括三个方面。一是数量的多寡,二是品质的优劣,三是饮食的先后。总的原则,是地位越高,就吃得越多、越好、越早;地位越低,就吃得越少、越差、越晚。比如菜盘子(上古时叫"豆"),就不能一样多。天子二十六豆,公十六,侯十二,上大夫八,下大夫六,这就叫"均"。如果你认为"均"是大家都一样,那就大错特错了。

看来,分配食物,也决非一件容易的事。为了防止忙中出乱、乱中

---

① 事实上,上古三代相当于后世宰相职务的所谓"天官冢宰",往往就是"主治庖膳"的"总务长"。他的下属官员职员,有百分之六十以上在编制上应归属"膳食科",其中包括:主管王宫饮食的"膳夫"162 人;主管王、后、世子家宴的"内饔"128 人;主管祭祀、国宴、招待外宾的"外饔"128 人;主管厨房事务的"庖人"70 人;主管烹煮肉类的"烹人"62 人;主管供应野味的"甸师"335 人;主管供应野兽的"兽人"62 人;主管供应鱼类的"渔人"334 人;主管供应鳖类的"鳖人"24 人;主管供应腊味的"腊人"28 人;主管制定酒会的"酒正"110 人;主管酿酒的"酒人"340 人;主管饮料的"浆人"170 人;主管冷藏和供冰的"凌人"94 人;主管果脯之类笾中食品的"笾人"31 人;主管腌菜肉酱等豆中食品的"醢(hǎi)人"61 人;管醋的"醯(xī)人"62 人;管盐的"盐人"62 人;管餐巾的"幂人"31 人。冢宰既然领导了这样一大群"膳食科干部",那么,把他称为"总务长"甚至"厨师长",也就并无不妥。

出错,就必须在酒会开始以前,事先安排好"席位"。席位,就是每个人在餐厅里坐的位子。古人席地而坐,所以叫"席位"。"席位"其实也就是"地位",——席地而坐之位。所以"席位"要根据"地位"来安排。首脑人物、中心人物、显赫人物的席位设在正中,叫"主席"(主人或主宾之席);其余参加者的席位,又依照一定的等级秩序,分列于两边,叫"列席"。什么人"主席",什么人只能"列席",都有一定之规。这些规矩,就叫"礼"。孔子是礼学家,自然懂得这一套,所以自称通晓"俎豆之事",因为这套规矩原本就是吃饭吃出来的。

除席位外,酒具也是身份地位的象征。所谓酒具,主要是尊与爵。尊是酒罐,爵是酒杯。酒会上,尊放在地位最高者面前,于是由"尊"(酒罐)而"尊"(尊贵)。至于爵,当然是人手一只。但爵有质地好坏之分,便用以区分贵贱。比如卿用玉爵,大夫用瑶爵,士和其他低级官吏用散爵。这样,爵与位就一致了,合称"爵位",用以区分贵族的等级。一只酒杯就有这么多的名堂,这么多讲究,那"俎豆之事"岂是小看得的?

一个盛大的宴会,当然不会只有酒而没有肉。酒盛在尊里,肉煮在鼎中。鼎是一种青铜炊具,圆形三足两耳,也有方形四足的。体积大的,或者竟可烹煮整头的牛羊;体积小的,也可煨鸡炖鱼。目前出土的最大的鼎,是殷墟武官村司母戊大方鼎,通耳高133公分,长110公分,宽78公分,重875公斤。鼎越大,当然排场也越大。但是鼎多,同样排场也不小。周制诸侯之食五鼎,分别烹煮着牛、羊、猪、鱼、野味(獐子等),谓之"列鼎而食"。在一片钟鼓齐鸣声中,宴会的主持人(宰相之类)依照"礼",或遵君主之命,用"匕"把不同肢体部位的肉从鼎中取出,再按"爵位"的高低分配到每个人席前的"俎"上,由各人用刀切着吃,这就叫"钟鸣鼎食"。

显然,谁掌握了"鼎",谁就掌握了食物的分配权;如果掌握了国家的"鼎",也就意味着掌握了政权。因此,当禹担任了中国各部落联盟的领袖时,所做的一件大事,就是"铸九鼎"。铸九鼎所用之青铜,据说来自"九州之牧"。这样,"九鼎"便象征着"九州",亦即象征着普天之下食品的分配权了。

这当然是宝贝。所以夏商周三代之时,一直被奉为传国之宝。商革夏命,成汤迁鼎于商邑;周革殷命,武王又迁鼎于洛邑。鼎之所在,即王者之所在,亦即政权之所在。公元前606年,楚军伐陆浑之戎而至于雒水,趁机在周王室的地盘上搞军事演习,耀武扬威。周王室自然知道楚人不怀好意,无奈其时早已不大摆得起"天子"的架子,只好派了王孙满去劳军。于是楚庄王便故意问王孙满说:不知道那九鼎究竟有多大多重? 这就叫"问鼎",很明显地是要抢饭碗了。

觊觎政权叫"问鼎",建立政权则叫"定鼎"。反正那口烧饭锅搁在哪儿,权力中心就在哪儿,朝廷大臣们也都得围着它团团转。于是宰相之位便叫"鼎鼐",国家重臣便叫"鼎臣",首辅三公便叫"鼎辅",而国运国祚便叫"鼎祚"。如果国运兴隆国祚昌泰,就叫"鼎盛";如果三方并峙势均力敌,就叫"鼎立"。倘若不懂中国文化中政治与饮食的关系,就无论如何不会明白,一口卤牛肉的铜锅竟会有如此之高的地位。

二 生命与血缘

祭坛上的羊

大禹铸的那九只鼎,当然不会是什么烧饭锅,而是权柄和神器,兼有宗教和政治的双重意义,而且多半是祭祀时用的。祭祀的时候为什么要有鼎呢? 因为所谓"祭祀",说白了也就是请客吃饭,只不过那些请来吃饭的"客",是天神、地祇和人鬼(去世的祖先)。祭这个字,下面是一个"示",上面是"一只手拿着一块肉"。所以,祭,就是用手拿着肉给神看,——我们请您老人家吃肉了,您老人家也得表示表示吧?

祭祀既然是请客吃饭,那么,有两样东西是不可少的。这两样东西,一是酒,二是肉。请神喝酒,倒不因为"男人不醉,不给小费;女人不醉,不给机会",或者是希望神们喝醉了以后,便会稀里糊涂地给咱们批一大堆幸福,主要是因为酒有香味。神是虚无缥缈没有踪影的,大约也是一种"气"。同声相应,同气相求。以同样是"气"的酒来敬神,就显得礼貌客气,也比较好通声气。

　　酒客气,肉实在。只有酒,没有肉,就不好意思。所以肉也是少不得的。祭祀的动物叫"牺牲"。牺就是"色纯",牲就是"体全"。牺牲主要有马、牛、羊、豕、犬、鸡,一共六种,叫"六牲"。去掉马,叫"五牲"。再去掉犬和鸡,就叫"三牲",也叫"太牢"。不过,不必牛、羊、豕齐全,只用一牛,也可以叫"太牢",也叫"特牛"。太牢去掉牛,叫"少牢"。同样的,不必豕、羊齐全,只用一羊,也可以叫"少牢",也叫"特羊"。可见六牲之中,最重要的是牛与羊。因为牛重要,所以牺、牲、牢、特这几个字,皆从牛。不过牛毕竟是庞大少见之物,所以又规定非天子、诸侯或隆重祭奠而不可擅用。最常见的,也就还是羊。

　　羊是一种重要的祭品。依照周礼,每月初一,诸侯们都必须杀一只活羊祭于祖庙,叫"告朔";然后回朝听政,叫"视朔"。到了孔子的时代,"礼坏乐崩"了。诸侯们在朔日既不祭庙,又不临朝,只不过照例杀一只活羊来"虚应故事"。孔子的学生子贡(端木赐)认为内容既失,形式也不必徒有,主张不如干脆连这只羊也一并省去。然而孔子却不能同意。在孔子看来,有那么一只半只羊在那里支撑门面,也就还多少有那么一丁点"礼"在。要是连这只羊也公然取消,可就一点儿"礼"也没有了。

　　事实上,不但中国的鬼神爱吃羊肉,外国的上帝也爱吃羊肉。犹太教、基督教和伊斯兰教都有"替罪羔羊"的故事。这故事说,有一天,上帝耶和华(或真主安拉)昭示其忠实信徒亚伯拉罕(或易卜拉欣),要他将幼子以撒(或易司马仪)宰杀献祭。当那愚忠的亚伯拉罕(或易卜拉欣)真的将亲子带上神山并举起屠刀时,上帝(或真主)却用一只同样无辜的羔羊代替了那无辜的孩子。可怜羊又何罪之有,而当受此一刀?难道不正因为那肥美鲜嫩的小羊羔太好吃了吗?

　　神的爱好其实不过是人的爱好。对于许多人来说,羊肉确实好吃。如果把羊和鱼放在一起烹煮,就更好了,因为那就是"鲜"。没有鱼也不要紧,单单羊肉也是美味,这美味就叫做"羞"。"羞"是一个羊字加一个"丑"字。丑,按许慎的说法,是"象手之形";按郭沫若的说法,则是"象爪之形"。所以"羞"的本义是"进献"。但解释为进献"手抓羊肉",大概也不会错。手抓羊肉也是一道名菜,现在西北少数民族地区仍以此肴款待贵宾,可以推想当年也是我们祖先喜爱的美食。

烹制羊肉最便当也最原始的办法,大约是把羊架在大火上烧烤。直到现在,它也是一道名菜——"烤全羊"。写成汉字,就是"羙"。这个字,有两义,其一为"美",其二为"羔"。当年徐灏注《说文》,就曾怀疑"羔"的本义是"羊炙"。炙这个字,是火上一块肉,也就是烧烤。徐灏说:"小羊味美,为炙尤宜,因之羊子谓之羔。"这是有道理的。

羊羔除架在火上烧烤外,还可以切碎了放进"鬲"中文火慢熬。这样做成的美味佳肴就叫"羹"。如果不放盐梅,原汁原汤,就叫"太羹"。羹字的又一写法,是一个"羔"字加一个"鬲"字,即把羊羔放进鬲中去煮。鬲(lì)是古代的一种炊具,有陶制和金属制两种,圆口,三足,足中空而曲且肥大。这种足叫"袋形足",里面能盛食物,受热面积大,受热均匀,所以能做味道很鲜美的羹。不但羊肉,其他肉类(包括鸟、鱼)也能做羹。甚至水果、蔬菜、豆类所做,只要汤浓,也叫羹,如曹植《七步诗》所云"豆在釜中泣",做的就是"豆羹"。不过究本清源,大约还应以羊羔所制而最为正宗。

羊肉如此可吃、好吃,当然也就有资格有理由成为奉献给上帝、神祇和祖宗们的祭品,成为请神吃饭宴席上的一道主菜。

神圣的背后

羊的功德还不止于此。

羊肉可食,羊皮则可衣。衣着、穿着、着装之"着",就是一"羊"一"目",即可供观看之羊,大约就是羊皮大衣。羊皮做大衣是很合适的。不但穿在身上暖和,而且往地下一铺,就成了毯子,因此无论贵贱贤愚都不妨一穿,只不过贫贱者穿老羊皮,富贵者穿名贵的卡拉库尔羊羔皮(其价值甚至高于貂皮)。也可以把羊毛剪下来织毛衣,没毛的羊皮则可以用来做船。民谣有云:"甘肃省,武威县,羊皮筏子当军舰。"当然这是特例,更多的情况还是羊皮做衣羊肉做菜。这真是妙不可言。

一道"手抓羊肉"（羞），一件"羊皮大衣"（着），便概括了饮食服饰两件大事。善哉羊也，真乃我之衣食父母！

不过，我们的先民对这位衣食父母，似乎并不礼貌有加，反倒时时打它的主意，要把它捉来杀掉。这也怪不得咱们。那时肚子实在太饿，吃口肉又实在太难。你想那个年代是谁的天下？满世界的凶禽猛兽，猛犸象呀，剑齿虎呀，目中无人横行霸道，不被它们吃了就是好事，还敢打它们的主意？其他体大肉多的动物也不是没有，野牛啦，野猪啦，大狗熊啦，梅花鹿啦，可就凭咱们那两下子，你逮得住？顶多也就是逮个兔子，抓个老鼠，捕只鸟，钓条鱼，再弄点贝类螃蟹什么的。可那么一丁点肉，解馋都不够，更不用说让一大家子人维持温饱奔小康了。

幸亏有羊。羊这东西，跑又跑不快，打又打不赢，体又大，肉又多，捕杀起来非常方便，还成群集队的，简直天生就是上帝赐给的美味佳肴。恩格斯早就说过，肉食是从猿到人的重要一步，而羊肉则很可能是我们先民的主要动物蛋白来源。羊以一己之躯帮助人类完成了从猿到人的伟大历史转变，简直是功德无量！正因为有此大功德，羊才成为吉祥之物，羊字才成为美善之词，——羊言为善，羊人为美，羊我为義，示羊为祥。其实，"吉祥"二字，原本就写作"吉羊"。东汉许慎《说文解字》更干脆说，羊，就是祥。

羊之所以为"祥"，其功德恐怕首先在于可吃和好吃。因为有了羊就有饭吃，当然"吉祥"；没有羊就要饿肚子，当然"不祥"。反正吉祥不吉祥，就看抓不抓得住羊。

这就要想办法。办法也很简单：抓不住就骗。羊的智商大约是比较低的，又喜欢随大流，盲从。只要你装成它的样子，它也不辨个真假，就傻乎乎地跟着你走。于是先民们便头戴羊角身披羊皮装作羊儿混入羊群，将其一举捕获或诱入某地。这就是最早的"着羊之装"。所以，至今我们还把伪装称之为"佯装"，把假装攻击称之为"佯攻"。佯装就是"装羊"，现代汉语演化为装洋、装样、装洋蒜；而那些头戴羊角身披羊皮装作羊儿混入羊群的猎人，也就是最早的"羊人"。

由此可见,"羊人"本是"佯装",是一种狩猎技术。当这种技术获得成功并屡试不爽时,原始先民们便连自己也迷惑起来,以为羊皮羊角与真羊之间真有什么联系。而我们之所以能有那么多羊肉可吃,则是我们身披羊皮头戴羊角之故。于是,他们便把"佯装"、"装羊"的行为固定化、规范化和程式化,并赋予它新的内容而成为"仪式"。这样一来,"狩猎技术"就变成了"狩猎巫术","佯装"也就变成了某些人——巫师和祭司的专利和职业。

巫师和祭司们的任务,是头戴羊角身披羊皮施行巫法,或敬神、媚神、贿神,以企求上苍多赐羊肉给我们吃。这些人当然不是一般的人,而是"大人",故于文字上,不能写做"亻"(侧身而立之人),而应写作"大"(正面而立之人)。他们作为"羊人",也不能写作"佯",而应写作"美"。其之所以"美",并非面目姣好(其实狰厉可怖),而因为他能使我们多吃羊肉。顺便说一句,"多"是两块肉加在一起。吃一块肉,又加一块肉,便是"多"。正是为了"多",先民才需要"美"的"羊人"。如果羊肉不美,佯装何益? 如果羊儿不肥,冠羊何为? 只因"羊人"能使我"多",故在他人看来就是"美"。对他自己而言,冠羊则是"仪"。仪之本字为"義",即一个"羊"字加一个"我"字。冠羊之事,在人(他人)为美,在我(自己)为仪(儀)。而这"仪"又是一种义务,因此也是"义"。

这位头戴羊角身披羊皮的巫师或祭司,是在人神之间进行种种交易的"经纪人"。他的任务之一,便是"代神立言"。神祇之言当然都是吉祥的,或被希望为吉祥的。吉言也就是"羊言",即"善"(善言)。善的字形,原本是上面一个"羊",下面两个"言"字。许慎说:"善,吉也。从言,从羊。此与义、美同意。"当然和義、美同意的。因为它原本就是"羊人"所说之"吉言"啊!

于是,羊,不起眼的羊,默默奉献的羊,被捕捉宰割的羊,被"食其肉、寝其皮"的羊,就这样地既被人推上了祭坛,又被人推上了神坛。

有奶便是娘

这一点都不神圣,但事实就是这样:在远古时代,伟大的神圣的,往往就是可吃的和被吃的。因为被吃，所以理应受到回报（祭祀）。同理，但凡被请来吃的，神也好，人也好，也往往同时要"被吃"，——或者曾经吃过，或者预备要吃。曾经吃过就现在回报，预备要吃就提前回报，反正从来就没有白吃的，也不能白吃。如果是在极其困难的情况下受人一食，则很可能还要报之以生命。

比如韩信。

韩信是一个挨过饿的人。韩信少时家贫，常常到南昌亭长家去混饭。亭长的老婆显然并不欢迎他，便一大清早就把饭提前做好，在床上就吃光了。韩信再来时，当然没有吃的，一怒之下，便跑到河边去钓鱼。一个在河边拍絮的大娘（漂母）见他饥饿，便把自己的饭分给他吃，天天如此，直到漂絮工作结束。所以后来韩信封了楚王，衣锦还乡时，第一件事就是去报答那位漂母。

正是出于同样的原因，韩信在楚汉之争的最后关头便不肯背叛刘邦。因为他念念不忘刘邦"解衣衣我，推食食我"之恩。韩信说："吾闻之，乘人之车者载人之患，衣人之衣者怀人之忧，食人之食者死人之事，吾岂可向利背义乎！"所谓"死人之事"，就是"以必死的精神为他人办事"，"为他人之事不惜献出生命"的意思。一饭之恩，竟大如此。

其实，不仅韩信，只要是稍微感受过一点饥饿之苦的人，都会产生相同的感情。的确，挨过饿的人都知道食品的宝贵，死亡的危险往往是最好的教员。因此，在我们民族的文化心理深层，便积淀着这样一个观念：食物是生命之源。提供食物，即赋予生命。

母亲，就是这样一个生命的赋予者。

几乎所有人一生下来，就是母亲给吃的，先是吃奶，后是吃饭。这个过程往往要延续很长一段时间，直到那孩子长大成人。因此，在一般人心目中，母亲最亲，同时也最伟大、最神圣、最值得崇敬和感激。实际上，娘亲娘亲，不亲在生，而亲在养。一个呱呱落地的婴儿，哪里可能知道自己是谁生的？也不会有什么"血缘"之类的观念。那他怎么认识妈妈的呢？还不是吃奶时认下的。如果他的生母并不喂奶，就很可能和奶妈更亲。甚至"贵为天子"（如明熹宗天启皇帝朱由校），

挨饿的韩信得到漂母的资助。因此,后来他衣锦还乡时,第一件事就是报答这位老人家。

(选自《博古叶子》,明陈洪绶画,黄建中刻,清顺治十年刊本。)

也如此。中国民间许多地方都把母亲的乳房叫做"妈妈",把吃奶叫做"吃妈妈"。这就等于说,母亲就是乳汁,就是哺育者。所以,但凡对我们有哺育之恩的,也就同时具有母亲的性质,可以也应该被看作母亲,如乳母、养母。再广义一点,如母校、母亲河。总之,有奶便是娘。

有奶便是娘,这话似乎不中听,却很实在。因为给我们吃的,就是给我们生命。这又显然是只有神才做得到的事。所以母亲就是天,就是神。事实上世界各民族最早创造出来的神,差不多都是母亲神。欧洲是这样,中国也是这样。这些母亲神的偶像都有着隆起的肚皮(意谓生育)和硕大的乳房(意谓哺育)。红山文化遗址甚至还出土了一大批乳房。这么多这么大的乳房,当然不是为了表示性感,而是为了吃。或者说,为了生存,为了获得和维持生命。这是不能不感恩戴德的。谁要是不感激,那就是没良心。不但要受谴责,而且要遭报应,也许再也没有吃的。

于是,乳房们和有着硕大的乳房的女人们,就这样走上了神坛。这里体现的正是这样一种观念:被吃的也应该是被感激和被崇拜的,可吃的也必然是伟大的和神圣的。反过来也一样,伟大神圣的,也一定是可吃的。国家是伟大神圣的(同时又是我们的母亲),所以是可"吃"(吃皇粮)的,而且吃起来丝毫用不着"不好意思"。上帝和神也是伟大神圣的,所以也是可"吃"的。古埃及人吃神王奥西利斯身上长出的麦芽,基督徒则吃象征着耶稣血肉的葡萄酒和面饼。这一圣餐仪式表达的大概正是这样一个观念:只有那些给了我们食物的,才真正是我们的上帝,我们的主。或者说,谁给我们吃的,我们就把谁看作天、看作神、看作上帝。

但这还不是母亲的全部文化意义。

吃出来的血缘

母亲是个体生命的赋予者,也是血缘关系的缔造者。

中国人是很看重血缘关系的。在中国人看来,只有血缘,才最亲密、最稳定和最靠得住。谁都知道"是亲三分向",血总是要浓于水,自家人也总是比外人可靠。这样,中国人在和别人打交道时,就总是要千方百计把非血缘关系变成血缘关系。拜把子啦,认干亲啦,要不就是把明明不是血缘关系的说成是血缘关系,比如父母官、子弟兵、父老乡亲、兄弟单位等,似乎非如此便不能建立和发展自己的人际关系。

血缘关系中,最亲的是母子。中国传统礼教虽然规定父亲的地位最高,但在中国人内心深处,最爱的却是母亲。从"慈母手中线",到"妈妈的吻",最美的赞歌总是献给母亲;从"孟母择邻"到"岳母刺字",子女的成长也总是归功于母亲。就连认干亲,中国人也习惯于认"干妈",而不是认"教父"。反正"世上只有妈妈好"。有没有唱"世上只有爸爸好"的呢? 没有。歌颂父亲的文学名作好像只有朱自清先生的《背影》,但那父亲却怎么看怎么像母亲。

中国传统社会的家庭,也几乎都是以母亲为中心。比如自己的家叫"娘家",丈夫的家叫"婆家"。"娘家"不能叫做"爹家","婆家"也不能叫做"公家",反正没当爹的什么事。虽然说"养不教,父之过;教不严,师之惰",但一个人如果当真没家教,也只会被骂作"没娘养的"。事实上,中国的母亲也确实了不起。她不但管吃管穿管教育,还管救命。中国的小说中常有这样的情节:一个人,惹了事,闯了祸,小命难保了,要讨饶,便会搬出老娘救驾,道是:"家中还有七旬老母",往往也能奏效,如《水浒传》中李逵之放过李鬼。因为爱母之心,人皆有之,不看爹面看娘面,只好放他一马,以免让那老娘伤心。

比母亲次一点的,则是兄弟。兄弟也很亲。按照中国人的说法,兄弟是手和脚的关系(手足)。尽管说"亲兄弟明算账",祸起萧墙的事也时有发生,兄弟仍被认为是同辈男子间之最亲密者(女性则为姐妹)。所以,一个人要想和别人拉关系套近乎,最便当的办法就是称兄道弟。中国社会各阶层,称谓各不相同,如官场称"大人",商界称"老板",儒林称"先生",江湖称"大侠",惟独"兄弟",放之四海而皆准,什么人都可以用来称呼自己的朋友,或称呼自己,甚至用来称呼各自所属的群体,比如"兄弟单位"。就连初通汉语的老外都知道一见面就叫一声:嗨,哥们!

再次就是乡亲了。乡亲乡亲,老乡也是很亲的。"老乡见老乡,两眼泪汪汪"。一个中国人,如果背井离乡,外出谋生,所能依靠的,往往是老乡;伸出救援之手的,也往往是老乡。所以,全国各地,都有"同乡会"一类的民间组织。某些时候,某些地方,还有专门的"会馆",专一为老乡们提供保护和支援。中国大陆一些单位甚至还有这样不成文的规矩,一个人,犯了错误,如果是因为要帮老乡的忙,而且错误又不太大(比如开后门),便多半能得到谅解。因为人人都有老乡,都要给老乡开点方便之门,否则便没法做人。老乡,可以说是非血缘关系中最亲的一种。

那么,母子、兄弟、乡亲,又是一种什么样的关系呢? 说得白了,就是"吃"的关系。母子关系是"吃与被吃"的关系,兄弟、乡亲则是"同吃"(共食)的关系。母这个字,《说文》谓"像乳子也",也就是"喂奶的人";《仓颉》篇云:"其中有两点者,像人乳形",也就是"有奶的人"。无论甲骨文,金文,都无不是一个有着硕大乳房的女人形象。这可真是"有奶便是娘"了。

其实喂奶一事看似寻常,意义却很重大。因为婴儿无奶便不能存活,也不能成长,可以说是"命之所系";而母亲哺育儿女,则是直接将自己的生命赋予下一代,可以说是"命之所付"。这实在是一件了不起的事,理应得到回报;而赡养老母,也就天经地义,否则便禽兽不如。所以,当一个人提出"家中尚有七旬老母"时,也就只好饶他一条狗命。不放了他,连自己都不是人了,行吗?

甚至第二种最基本的人际关系——兄弟姐妹,也是靠母亲的哺乳建立起来的。什么是兄弟? 说穿了,就是同吃一个娘的奶长大的人。两个人,无论是否一娘所生,只要同吃一母之乳,便是兄弟(如奶兄弟)。再广义一点,只要有着同一物质食粮或精神食粮之来源者,比如同一老师或师父教出来的学生或徒弟,也是兄弟(如师兄弟)。显然,这里便隐含着一个文化学的原理:吃同一种食物的人可以看作是有血缘关系的。因为食物是生命之源,而最早的食物是乳汁。乳汁既然是生命之所系,其他食物当然也是。吃同一个娘的奶的人是兄弟,吃同一种食物的人当然也是。

食与共食

乡亲便正是因为吃同一种食物而亲的。所谓乡亲，就是"喝同一条河水"的人，或"吃同一口井水"的人。"美不美，家乡水；亲不亲，故乡人。"故乡人为什么亲呢？秘密就在于那家乡水。那河，是母亲河；那水，是母亲的乳汁。我们赞美长江、黄河，不就是说"你用甘甜的乳汁，哺育各族儿女"吗？

事实上，水也是生命之源。科学研究证明，水较之食物，更为生命所需；考古学也证明，原始人类几乎大都伴水而居。"君住江之头，我住江之尾，日日思君不见君，共饮一江水。"既然共饮一水，则生命之源相同，自然会有不同一般的感情。所以，同乡之间，即便并无血缘，也有亲缘，故谓之"乡亲"；而离开自己的家乡，则叫做"离乡背井"。井，是被看作生命源头的；乡，则是生命源头之所在。

其实，"乡"这个字，本义就是共餐、共食。乡字繁体写作"鄉"，与"饗"是同一个字。它的甲骨文字形，是当中一个盛放食物的簋（饭桶），一边一个跪坐的人，共同面对当中那只饭桶。整个字形，便表示两人相向对坐、共食一簋的情况。在远古，能如此共食者，八成是亲人。不同家庭，也同家族；不同家族，也同氏族。后来，范围扩大了。凡共食一簋者，即为"乡"。当然，在古代，能共食者，一般也都相距不远，来往很方便的，故能相邻、相亲、相友相助、相保相宾。所以杨宽先生说："乡邑的'乡'不仅由于'相亲'，实是取义于'共食'。"因此"是用来指自己那些共同饮食的氏族聚落的"（《古史新探》）。

这下子我们清楚了：母子是"吃与被吃"（食）的关系，兄弟、乡亲则是"同吃"（共食）的关系。或者说，兄弟是吃同一个娘的奶长大的人，乡亲则是吃同一口井的水长大的人。所以，只要是"同吃一锅饭"的人，比如部队里的战友，单位上的同事，就多多少少有些兄弟情分。道理也很简单：食物是生命之源。吃了同一种食物，也就有了同一种生命之源，能不是兄弟不是哥们吗？

显然，兄弟也好，乡亲也好，人际关系也好，人神关系也好，都是"食与共食"的关系。同理，真血缘关系也好，假血缘关系也好，准血缘关系也好,类血缘关系也好,也都可以简单地理解为"吃同一食物"。也就是说,任何人,无论他们之间是否相识,或真有血缘,一旦在一起吃了同一种食物,就会被视为有着同一生命来源,因而有可能成为"自己人",被看作"兄弟"。直到现在,沙漠中的阿拉伯人仍有这样的习俗:无论是谁,只要与贝都因人一起进餐,哪怕只吃一口食物或喝一口牛奶,就不必害怕被视为敌人了。

可以作为反证的一个事实,是在许多民族中都有这样的习俗:复仇者绝不和自己的仇敌共食。大仲马的《基督山伯爵》中就有这样的描写。因为一旦共食,便成了"哥们",则下一步的复仇,岂非"手足相残",又如何下得了手?当然,一对敌人或两个敌对集团如果要"讲和",则最好的办法亦莫过于在一起大吃一顿。只要对方端起了你的酒杯,八成就会化干戈为玉帛。因为酒杯一端,即成"兄弟"。兄弟之间,还有什么不好商量的呢?还有什么仇怨不可消除的呢?所以,许多民族都有这样的文化心理:如果你能大吃他们的手抓羊肉,痛饮他们的杂粮米酒,则几乎立即就会视你为知心朋友,受到最热烈的欢迎和最亲切的招待。相反,如果文质彬彬,浅尝辄止,甚或自带干粮,便会被视为极不友好的表示,也就必定会受到冷遇,甚至敌视。可以说,亲与疏,敌与友,竟全在于共食与否。

甚至真正的兄弟,如果长期不共食,关系也可能疏远。所以,在中国,分出去的儿子,嫁出去的女儿,总会回到"娘家",与父母兄弟姐妹共食。这个家之所以称为"娘家"而非"爹家",就因为它是以食物的主要提供者——母亲为中心的。这时,母亲便会为子女们准备和制作他们爱吃的饭菜,并笑眯眯乐呵呵地看着他们吃下去。这实际上是在重申母亲的角色——"食物或曰生命之源的提供者"。同样的,兄弟姐妹们也在重申自己的角色——"吃同一母亲的奶长大的孩子"。因此,大多数情况下,母亲总是亲自下厨,至少也要亲自安排、主持、指挥。在这种家宴上,如果邀请某一外人共食,则是很高的待遇,也是很不见外的表示。这个外人,便被视为"家里人",视为"兄弟",成为这家人的"铁哥儿们"。

所以,家宴,便历来是中国诸多宴会中最重要也最具真情的一种。尤其是大年三十晚上的那一次家宴,几乎无论在哪一个家庭,都是一件大事。这时,分散在各地的家人,都要千方百计赶回去吃"团圆饭",弄得我国的交通每到春节前后便格外繁忙。政府必须全力以赴,来安排处理"春运"事宜,以保证家家户户都团团圆圆。

说起来,所谓"年夜",也不过就是一个夜晚罢了;而只要能团圆,又何必拘泥于哪一天? 但这一回的家宴就是特别重要,因为它具有承前启后的意义,——对前一年已然存在的血缘关系,是肯定和确认;对后一年将要延续的血缘关系,则是预约和重申。不难想象,在北风凛冽大雪纷飞的除夕之夜,一家人团团围定一张圆桌,举筷共食,举杯共饮,亲亲热热地吃上一顿好饭,那真是其情也切切,其乐也融融!

三 请客吃饭之谜

革命不是请客,就是吃饭

既然血缘关系就是"食与共食"的关系,既然"兄弟"就是"吃同一食物的人",那么,要想把非血缘关系变成血缘关系,和别人变成"哥们",最便当的办法就是和别人"同吃一锅饭"。如果上帝给了你这种机会,比如在一起工作、开会等等,固然是你的福分;如果无此机会,也不用着急,因为你还可以请客吃饭。

中国人最爱请客吃饭。

中国人请客吃饭的理由、借口、题目和机会很多。公司开张啦,会议闭幕啦,外宾参观啦,记者采访啦,诸如此类的事情,固然都少不了要请吃一顿;即便寻常百姓家,逢年过节,红白喜事,老人做寿诞,小孩过生日,谁家不请,哪个不吃? 如果升了职位,长了工资,搬进新居,走出国门,三朋四友七姑八姨也都会堂而皇之地要求你请吃。人来了要"接风",人走了要"饯行",有事要"嘬一嘬",没事也要"聚一聚"。赵家请了王家请,吃了张家吃李家。咱中国人,大约是世界上最爱请客吃饭的民族。

似乎很少有人想到这里面有什么文化上的原因。

照一般人想,请客吃饭,当然是有好处或有求于人。没有好处,有事没事的,天天请客吃饭,那不叫犯病,也叫犯傻。中国的事是有些怪。一些事,在办公室、会议厅、谈判桌上讲不成谈不通的,餐桌上却一谈就通。再难办的事,只要到了酒桌上,就好说好商量。正所谓"筷儿尖尖,碟儿圆圆,酒杯一端,政策放宽"。所以,好些个事情,就非得靠请客吃饭去解决不可。

这办法不但小民们要用,有时候皇帝也要用。比如"秦皇汉武、唐宗宋祖"中的宋太祖赵匡胤就用过。赵匡胤这个皇帝,当得有点来路不明,是他手下的将领,趁着七岁的娃娃皇帝周恭帝孤儿寡母地坐不稳江山,一夜工夫拥立起来的。具体做法,则是在他驻兵陈桥时,突然闯进驿馆,把一件事先准备好的黄袍,七手八脚地披在他身上,然后倒身在地,山呼万岁。赵匡胤的皇位既然是这样来的,当然很怕别人故伎重演,便请手下握有兵权的几位大将来吃饭。酒过三巡,赵匡胤端起酒杯,趁着酒色盖脸,对几员大将说:哥几个都是朕信得过的人,就怕你们手下的人,贪图富贵,也把黄袍加在你们身上。这几员大将一听,连忙趴在地上磕头如捣蒜,纷纷请求交出兵权。这在历史上,就叫"杯酒释兵权"。一顿饭一杯酒,就解除了权臣的兵权,巩固了自己的政权,这可真是太值了。

其实请客吃饭这事,原本就是极其重要的交际手段和外交手段。中国有个成语,叫"折冲樽俎"。"折冲"是折退对方的战车,"樽"是酒杯,"俎"是砧板。折冲樽俎,就是在酒宴上克敌制胜,当然高明得很。公元前279年,赵国和秦国的国君相会于渑池(在今河南省渑池县西十三里)。喝到半醉时,秦王借酒发疯,要赵王弹小曲儿。赵王在宴会上"拉不下脸",只好勉为其难,结果被秦国的史官记录在案,很没有面子。作为报复,赵国的上大夫蔺相如则强迫秦王"演奏打击乐",并大声招呼赵国的史官:记下来记下来,某年某月某日,秦王为咱们大王敲瓦罐儿啦!这一回,秦国没有占到什么便宜,赵国则取得了外交上的胜利。所以回国以后,蔺相如的官位,就排到了武将廉颇的前面。

赵匡胤陈桥兵变,黄袍加身。

(选自《南宋志传》)

　　打仗在餐桌上,政变也在餐桌上。比如春秋时晋国的骊姬要谋害太子申生,搞掂权臣里克的办法便是"特羊之飨"(杀一头羊请里克吃饭)。吴国的公子光要刺杀王僚,办法则是请他来吃太湖叉烧鱼。叉烧鱼是当时的一道名菜,有一整套专门的烹调技术,光的厨师(实则杀手)专诸学了三个月才学会。僚听说有叉烧鱼吃,欣然前往,却没想到专诸一把短剑就藏在鱼的肚子里。结果自然是叉烧鱼没有吃到,自己反倒成了"叉烧鱼"。

　　请客吃饭既然有如此之多的好处,——既能拉关系,又能搞阴谋,还能公然杀人或预谋杀人,当然也就成了中国人社会生活和政治生活中时时可以祭起的法宝。甚至在与洋人办交涉时,往往也都照此办理。可惜洋人未必都"吃"咱们这一套,每每心中抱怨耽误时间。正式谈判时,也不因为"吃"了咱们的便稍有让步。"鬼子"的确不懂中国国情。他们不知道,中国人甚至在与上帝和神灵们打交道时,也是要请客吃饭的。从这个角度讲,它确实是一种"工作需要"。事实上不少人的工作也是如此,——不是请人吃饭,就是被人请吃;不是陪人吃饭,就是被人陪吃。所以"革命不是请客吃饭"这句话,后来就变成了"革命不是请客,就是吃饭"。民谣说:"工作就是开会,管理就是收费,协调就是喝醉"。是啊,不先在酒桌上"勾兑"一番,怎么协调关系呢?

　　人人有份,大家同吃

　　不过,如果以为请客吃饭就只不过吃吃喝喝,一饱口福,或拉拉扯扯,行贿受贿,则大谬不然。一般的说,在中国,求人办事,红包要送,饭也要吃。如果所托之事不大,那么,不送红包只请吃饭也行。只送红包不请吃饭则不合适。如果只送红包不请吃饭,那就多半是"一锤子买卖",只有交易没有交情了。可见,请客吃饭这事,并不就是吃吃饭,送送礼,套套近乎,而是"别有用心"。

　　前面说过,在中国人看来,食物是生命之源。因此给人食物,请人吃饭,是一种很重的情谊;而接受他人的食品,则是受了很大的恩惠,必须加以回报。但在通常情况下,这种回报并不困难。你请了我一顿,我还你一席就是。一来一往,两下里也就扯平了。

事实上也是如此。被请的人,很少有不回请的。而且往往是被回请了以后,对方又要以"回请"的名义再请一次。或者隔一段时间,倒过来,上次回请的,这次主动先请;上次先请的,这次回请。总之是循环往返,没完没了。结果自然是谁也不欠谁的,或弄不清谁欠谁。如果其目的仅仅在于"回报",岂非南辕北辙,不但还不清旧账,反倒白白便宜了商家? 然而大家还是乐此不疲。

原因就在于不管谁请谁,都好歹在一起吃了饭。

一起吃了饭又怎么样呢? 就有关系了。我们知道,中国人吃饭,无论家人团聚还是宴请客人,都必定是全体共食:所有的筷子,都伸向同一盘菜;所有的勺子,都伸向同一碗汤。不管上什么菜,至少在理论上人人有份,每个人都可以而且应该吃上一口的。像西方人那样,各点各的菜,各吃各的饭,甚至各付各的账,在中国人看来就简直是莫名其妙。

显然,在这里,最重要的是"人人都有份,大家一起吃"。也就是说,中国人真正看重的不是吃,或不仅是吃,而是"一起吃"。或者说,共食。请神吃饭是人神共食,请人吃饭是主客共食。因为是人神共食,所以胙肉只能吃掉不能倒掉;因为是主客共食,所以主人和客人必须吃同一种东西,甚至用同一菜盘、汤盆、饭桶。可以说,共食,才是中国人酷爱请客吃饭的秘密所在。

事实上,请客吃饭的意义也正在于此。所谓兄弟,不就是在一起吃、吃同一种东西吗? 那么,如果我们也在一起吃了同一种食物,岂非也是兄弟? 所以,无论你我是否同宗,也不论你我是否相识,只要在一起吃了饭,就有了同一生命来源,也就是"哥们"了。即便不是哥们吧,至少也是熟人。所谓"熟人",也就是经过了烹煮和料理,从而具有"可食性"的人,当然可以"吃"。如果是"生人",就"开不得口"。相反,如果关系很"熟"(已经过反复多次烹煮),又在饭桌上(正在再次烹煮中),便可以请他帮忙,对方也多半不好意思拒绝。如果拒绝,等于把已然煮熟的东西再回生,岂不"夹生"? 在中国,做人切不可"夹生"。因为"生"并不要紧。火到猪头烂,"生的"总可以慢慢变成"熟的"。"夹生"就不好办了。再煮吧,煮不熟;不煮吧,又吃不得。算什么东西呢?

同样,餐桌上答应的事,就得努力去办。餐桌上的许诺是开不得玩笑的,否则就叫"食言"。言出于口,食言便意味着把吐出去的东西再吞进来,别人鄙夷不说,自己想想也恶心。何况你应承下的,又是哥们的事。说话不算话,弟兄们怎么看呢?弄不好可就真的要"吃不了兜着走"啦!

所以,中国人一旦要求人帮忙,便多半要请客吃饭。当然,请客吃饭也不一定就是有求于人,更多地还在于建立一种比较亲密的关系。因为请客吃饭的意义,不在于或不完全在于"给人吃",更在于"一起吃",即不完全在于"吃了人家的嘴软",而在于"同吃一碗饭"的情谊。这种情谊使中国人的人际关系温情脉脉,什么政策、规章、天理、王法,都有可能被它消解。

当然也不一定要请客吃饭,只要能聚在一起吃就行。聚在一起吃,就多少有些"共食"的意思。所以,即便是吃份饭,吃自助餐,也要聚在一起。关系好一些的,还要把自己的菜拨给对方,或从别人碗里夹菜吃。

餐桌上的学问

正是由于这个原因,中国人不太喜欢分餐制。

尽管许多人都承认,分餐制科学、卫生、不浪费,但同时也认为,那种进餐方式太冷漠,太没有人情味。岂止是没有人情味,简直就是怠慢客人,好像怀疑人家有传染病。所以,越是大家都懂科学卫生,反倒越不好意思分餐。相反,为了表示大家都是"兄弟",是"自己人",是"铁哥儿们",就必须将所有的筷子都伸向同一菜盘,这样才"不分彼此",才真正是"同吃一碗饭",也才能真正获得意味着同一血缘的生命因素。

甚至就连别人的病也无妨一并传染过来,至少要表示不怕传染。什么是"兄弟"?就是"不求同年同月同日生,只求同年同月同日死"。

做不到这一点,至少也得"同年同月同日病"吧? 要知道,"食人之食"是要"死人之事"的,那么,不妨先"病人之病"。作为主人,无妨看作酒菜之外的又一"投资";作为客人,则无妨看作接受情谊的一种"表态"。总之,共餐的目的,是情感的交流、心灵的沟通、血缘的认同,因此不能考虑卫生,也不用顾及身体,而简直要有赴汤蹈火、视死如归的精神,所以餐桌上的流行歌曲便是"感情浅,舔一舔;感情深,打吊针;感情铁,胃出血"。一个讲义气的人,应该能够为朋友两肋插刀,献出生命连眼睛都不眨一下。如果连喝醉酒或吃出病来的风险都不敢承担,谁还会相信你敢为友谊而万死不辞呢?

同理,吃的方式,吃的礼仪,也大有讲究:浅尝辄止表示礼貌,同时也表示生分(生就是"不熟",分就是"不共");开怀痛饮表示不客气,同时也表示很亲热(亲就是"有血缘",热就是"刚煮熟")。又如,吃得很响表示没教养,但为了表示主人的饭菜好,或表示自己是回家而非做客,又必须"吃得香"。吃得香才吃得开,吃得开才好开口。当然,为了营造气氛,主人也要懂得待客之道并有所动作,比如敬菜、敬酒。敬酒的学问主要有三条:一是要注意先后次序,即尊者先,卑者次;二是在碰杯时,自己的杯子要低一点,以示谦虚;三是自己要先喝完,叫做"先干为敬"。这无非是表示:兄弟我为朋友两肋插刀,是不怕"胃出血"的了,您老人家则可随意。这种敬酒如发生在同辈之间,则被敬者也往往只好硬着头皮干下去。另外,还有一种更亲密的方式,就是喝"交杯酒",或用同一酒杯喝酒,或把双方的酒相互混入,则更加是不分彼此,"吃一个娘的奶"了。饭桌上不分彼此,生活中就会同甘共苦。它也意味着肝胆相照、荣辱与共和同心同德。总之,"醉翁之意不在酒",而在乎人际之间。

餐具也有讲究,而餐具中最具中国特色的则是筷子。两根筷子夹住一块食物,正像两人面对一只饭桶的那个"乡"字,本身就有"共食"之意义。所以用筷子给客人夹菜,几乎是宴会上不可或缺的礼仪。它表示客气,也表示和气,同时也未尝没有把对方紧紧夹住,以防脱落的意思在内。其实,中国人最早也是用刀叉的,正如中国人最早也是实行分餐制的。甘肃武威皇娘娘台齐家文化遗址出土的一件骨质餐叉，和现在西餐所用之叉在外形上就几无差别。但，筷子终于取代了刀叉，共食也终于取代了分餐。有人说，这是因为发明了桌子。有了桌子，就可以围在一起吃饭，不用像先前那样，每人面前放一张几，各吃各的了。既然大家都挤在一张桌子上吃饭，用筷子当然要比用刀叉便当得多。

问题是，发明了桌子，为什么就一定要围在一起吃饭呢？即便围在一起，也可以像西方人那样各吃各的呀！说白了，还是中国人爱共食。那张便于围在一起吃饭的桌子，说不定原本就是为了共食而发明的。中国人喜欢过群体生活，喜欢扎堆儿抱团儿，喜欢和亲人朋友团聚，当然也喜欢围在一起吃饭。围在一起，又是共食，当然要用筷子。用筷子，无论自己进食，还是给客人夹菜，都很方便，而且既稳重，又文雅，还极富人情味。不像西方人进餐，用刀切像屠宰，用叉戳像攻击，还冷冰冰的，也不能给别人夹菜，一点人情味都没有。在中国人看来，没有人情味的饭食是决不会好吃的，而没有人情味的进餐方式则是一点意思也没有的。

显然，对于中国人来说，饮食的味道，决不仅仅只是食物的味道，还必须包括餐桌上特有的那种"人情味"。中国的菜肴，便体现了这种团结、和合、交融的群体意识和文化精神。中国菜，无论煎、炒、蒸、煮、烧、烤、炸、拌，几乎都无不是将主料和佐料混在一起下锅上桌，决不会像西方人那样，肉是肉、鱼是鱼、盐是盐、胡椒是胡椒地各自独立，分得一清二楚。一些大菜名菜，如"全家福"、"佛跳墙"、"霸王别姬"之类，更是多种主料的和合，味道早已不分彼此。而且，按照中国的烹调学、营养学和食疗学的说法，这种"和合"，有利于阴阳协调，是一种极科学的做法。

当然，最好是，食物本身既"味道好极了"，人情味又很浓，而最能体现这双重目的的，大概就是火锅了。

火锅的文化意义

火锅简直浑身上下都是中国文化。

火锅热,表示"亲热";火锅圆,表示"团圆";火锅用汤水处理原料,表示"以柔克刚";火锅不拒荤腥,不嫌寒素,用料不分南北,调味不拒东西,山珍、海味、河鲜、时菜、豆腐、粉条,来者不拒,一律均可入锅,表示"兼济天下";火锅荤素杂糅,五味俱全,主料配料,味相渗透,又体现了一种"中和之美"。更重要的是,火锅能最为形象直观地体现"在同一口锅里吃饭"这样一层深刻的意义,可以说是不折不扣的"共食"。更何况,这种"共食"又决不带任何强制性,每个人都可以任意选择自己喜爱的主料烫而食之,正可谓"既有统一意志又有个人心情舒畅"的那样一种生动活泼的局面。所以,北至东北,南到广州,西入川滇,东达江浙,几乎无不爱吃火锅。

还有一点也是极为重要的,那就是火锅要用火。

用火,是人类文化史上的一件大事。我们民族用火的历史相当悠久,早在一百七十万年以前就已开始(云南元谋人),吃火锅则至少有八千年的历史(大约在磁山、裴李岗文化时期)。事实上,中国文化一直把会不会用火、熟食还是生食,看作进步与落后、文明与野蛮的分野。《礼记·王制》说:东方的野蛮人叫夷,南方的野蛮人叫蛮,都"不火食"。《礼运》篇也说,我们的先民,起先也是不会用火的,只能生吞野果,茹毛饮血。后来,"圣王"出现了,"修火之利",这才有了烹调、酿酒、服饰与建筑,也才有了礼仪,有了文化。这就正对应了列维·斯特劳斯的那个著名公式:生/熟 = 自然/文化。直到现在,以用火为界限,生与熟也仍有褒贬之别,如生吞活剥与烂熟于心,生拉硬拽与熟门熟路等。此外,如生涩、生疏、生硬、生造、生僻等词,亦有明显贬义。至于"生番",则直接指"不火食"的野蛮人;"夹生",则往往是骂人的话;而"人生地不熟",则是很不幸的事。

这就不可等闲视之。因此在上古,就要有人专门来管理"火食"。这个人的任务是:一、看管火堆;二、烹煮食物;三、分配食品。可见其权力和责任都很重大,工作性质也很神圣。因为神圣,所以也是"善",而"火食"也就称为"膳食"。这人既然掌握了食物的分配权,当然也就掌握了群体的领导权。可见最早的"政府",一开始就是"厨房内阁"。只是到了社会分工更为精细，政府职能更为多样以后，"膳食科长"才不再由"内阁总理"兼任，而另派他人专司。但在远古，这人的地位仍一直很高。传说中担任过高辛氏或颛顼氏"火正"一职的"黎"，大约就是这种专司管火和"火食"的人。

当时的族群肯定很小，族人中年轻力壮者外出采集和狩猎，年长体弱又富于经验者留家看火，并烹烤食物。外出劳动者日暮归家，寒风暗夜中大家围定火堆，享用熟食，真是何其乐也！因此，"火食"并不单单只是"熟食"，更重要的还是"共食"。所以，它也是"伙食"，即"共火而食"，故"伙"字从人从火。

共火而食的人就是"伙伴"。"伙伴"原写作"火伴"，据云起源于古代兵制。古代兵制，五人为列，二列为火，十人共一火饮煮，即为"火伴"。《木兰诗》云："出门看火伴，火伴皆惊惶"，这里的"火伴"便泛指同一军营的人，相当于今之"战友"。其实共火而食，古来如此。不过一般共火而食者多为家人，不足为奇。只有军营里，才是非亲非故而成"伙"。所以后来，便把不同的人因同一目的而结合成群体，称为"结伙"，并由此产生出合伙、入伙、打伙、搭伙、散伙、团伙、平伙等概念，而"火食"也就变成了"伙食"。

火锅，大概就是对原始时代和古代战争中"共火而食"的远古回忆吧！中国菜肴，无论煎炸蒸炒，一般都是在厨房里加工完成后才端上桌来，只有火锅把烹调过程和食用过程融为一体，不但把锅端上桌来，而且让火贯穿始终。这不正是一种最古老也最亲切的方式吗？围在一起吃火锅的人，不是家人，便是伙伴，不是兄弟，便是朋友，不是极富人情味吗？尤其是在北风凛冽大雪纷飞的数九寒冬，三五友人，围炉共酌，传杯换盏，浅吟低唱，真是何其乐也！白居易诗云："绿蚁新醅酒，红泥小火炉，晚来天欲雪，能饮一杯无"，我怀疑那就是请朋友来吃火锅的邀请函。

由此可见，火锅不仅是一种烹饪方式，也是一种用餐方式；不仅是一种饮食方式，也是一种文化模式。作为饮食方式，火锅可以多人合吃，也可以一人独食，然而独食者又何其寥寥。在火锅店里，我们实难见到一人独食者。这不是为了省钱，更因独食无趣。一般地说，中国人是不喜欢独食的。独食难肥，共食才能吸取营养；独食无味，共食才会其乐无穷。如果不得已而自斟自酌，就要在想象中与人共食："举杯邀明月，对影成三人。"否则就叫做"喝闷酒"。喝闷酒不但了无趣味，而且还会"伤身"。如果与友人共饮，则"酒逢知己千杯少"，喝得过量也无妨。

这就是请客吃饭的意义了。它不仅是吃喝，而且是共食；共食也不仅是聚餐，而且是同吃；同吃也不仅是同在一起吃或吃同样的食物，更是吃人情，吃血缘。有了人情和血缘，一个又一个群体才得以建立和巩固，个体也才得以生存。显然，中国人喜欢请客吃饭，并不是中国人好吃，而是中国文化的思想内核——群体意识所使然。

四　烟、酒、茶

说烟

说起来，中国居然有那么多人吸烟，似乎是没有什么道理的。

烟，即烟草，西文 tobacco，译名"淡巴菰"。这玩艺不是咱们的土特产，据说是葡萄牙水手在十六世纪的时候带到中国来的。不过这个来历，现在已很少有人记得。因为从十六世纪到现如今，好歹也有几百年的历史，就不好再算是"番邦贡品"，得算是"国货"了。这在文化史上也是常见的事。比如辣椒，据说原产南美洲热带地区，十七世纪时才传入中国。但你去问湖南人、四川人、陕西人，有几个承认吃辣椒是吃"外国佐料"的？

中国烟民的人数也很多，早已超过始作俑之国。而且，虽有科学家警告于前，政府限制于后，却并未发现有人数锐减之势，反倒又有不少人加入这一行列，终于在烟草的世界里，也形成了一个"泱泱大国"。

这实在是一件很奇怪的事。

中国人按说是不该也不会吸烟的。吸烟并非祖传，而国人重传统；吸烟并无好处，而国人讲实惠；吸烟有害健康，而国人善养身；吸烟形象不佳(国产影片中流氓特务无不吸烟),而国人尚道德。这样一种既非国粹,又无实利,既碍长寿,又欠正派的嗜好,竟然能为国人欣然接受,且屡禁不止,便一定有文化上的原因。

原因仍在于"群体意识"。

烟和群体意识有什么关系呢?因为香烟和酒饭,甚至和音乐一样,能够使人"群",也就是能协调人际关系。两个人见了面,递根烟过去,拍拍肩膀,说起话来就比较融洽。哪怕刚刚发生过一点小冲突的,只要递了烟,气氛也就会缓和许多。而吸烟者在受到家人(父母、妻子等)指责时,辩护的理由也有一多半是"要应酬"。这虽然会被视为"托词"或"狡辩",但也有相当成分是实情。不信你去问烟民们,他们什么时候吸得多?一是需要提神的时候,比如写作时;二是需要解闷的时候,比如旅途中;三是需要应酬的时候,比如酒桌上。另外,据我观察,北方的烟民似较南方为多,也因为北方人比较豪爽,讲义气,重感情,爱交朋友。当然,他们喝起酒来也比南方人凶。

事实上,烟的一个重要文化功能就是交际。中国传统的交际之物,有酒与茶。"茶交隐士,酒结豪侠",但都不如烟。因为你总不能一天到晚拎着一瓶酒或一壶茶,逢人就倒吧?然而怀揣一包烟,却可走遍天下。"相逢开口笑,递上一支烟",实在是自然得很,也便当得很。求人办事时,递上一支烟,只要对方也是烟民,往往都会接过去。因为人家请你抽烟,至少也是友好的表示。况且一支烟实在微不足道,收下不算受贿,拒绝则又未免小题大做。但是,东西再小,也是人情。只要对方接了烟,也就算是领了情,开了口子,搭了桥梁,下面的文章也就比较好做,至少不会碰得灰头灰脸。俗话说:拳头不打笑脸。面对人家递过来的烟,一般人也很难拉下脸来。

烟能帮我们交人,也能帮我们识人。比方说,吸烟者多半大度、豪爽,但也可能马虎、放荡;不吸烟者往往严谨、沉稳,但也可能拘谨、小器。搞"公关"的人都知道,吸烟的人要比不吸烟的人好打交道。这不仅因为烟能起到"敲门砖"的作用,还因为吸烟者往往性格外向,不吸烟(不含戒烟)者则多内向。外向者多爱交际,爱交际者多爱聊天。聊天时，如果大家都吞云吐雾，又相互递烟，便气氛融洽，谈兴更浓。相反，如果大家都不抽烟，则久谈必有"枯坐"之感，难得尽兴，实际上往往也未必有神侃海聊之兴致。除女人在一起总有话说外，不抽烟的男人在一起，便多半只能谈正事（除非有酒）。他们内心有了郁闷，也往往无法找朋友排遣，或只能去喝"闷酒"。

通过烟，还可以看出人与人之间关系的深浅。客客气气递烟，说明关系尚浅，还很"生分"，尚处于建立友好关系的探索阶段，或说明二者之间有一定的鸿沟（如属上下级关系）；相互抢着递烟，说明双方地位相等，或视为相等，但关系半生不熟，又都愿发展友好关系；随随便便递烟，不计较是否"礼尚往来"，说明关系较深，已达到"无论怎样也没关系"的程度；伸手到对方口袋里掏烟，掏出来还要散给别人，那就简直是亲密无间、不分彼此的"铁哥们"了。当然，一般地说，相互递烟，总以次数大致相等为宜。抽别人的多，或只抽别人的，便多少有些不尊重对方，也显得自己小器。至于请客吃饭时，只要被请者中有烟民，香烟实乃必备之物。如果让客人自己掏烟，是很丢面子的事。酒菜总比香烟贵，岂能因小失大？所以，在请客吃饭的宴席上，烟也往往是不可或缺之物。它的重要性，一般说要超过点心糖果之类，有时还略胜于茶。

说酒

如果说烟能打开局面，那么酒则能打破界限。中国传统社会是一个等级社会，讲究内外有别、亲疏有差、长幼有序、贵贱有等，如若逾越，便是"失礼"。现代社会虽然平等多了，但年龄、资历、地位之类的差异总是存在的。也就是说，人与人之间总是有界限、有隔阂的。能最有效地消除它们的，也就是酒。真正的酒席上是"没大没小"的，因为非如此不能尽兴。一杯下肚，全身放松；两盏入杯，宠辱皆忘。等到善于公关者以"花言巧语"强行劝酒，稍会饮酒者以"豪言壮语"自作多情时，酒会便空前热闹起来。有的高声叫添酒，有的低声唱小曲，有的换酒杯，有的换座位，总之是一派"胡言乱语"。这时，所有的人，都既无分宾主，亦无分贵贱，人人都是"酒神"，各个都是"醉鬼"，真真正正是人人平等,大家一样。亲疏贵贱,男女老少,种种差别都被酒精消解。什么规矩、防范、禁忌、礼仪,也都化为乌有,只剩下不分彼此的和睦融洽。中国人之爱喝酒,爱劝酒,爱在喝酒时猜拳行令,吆五喝六,吵吵闹闹,要的就是这种平等和融洽,亲密和热闹。

　　中国人喝酒的资格很老。历史学家一致认为,中国的谷物酿酒,起源于新石器时代,惟在是源于仰韶文化时期抑或龙山文化时期的问题上尚有争议,总之是十分久远。酒的种类,三代时就有很多,有澄酒,又称"清酒",是久酿后又滤去酒糟的米酒;醴酒,又称醪,即老糟、捞糟,是短期内酿成的连糟糯米酒;香酒,又称鬯(chang),是用郁金香草或香茅草加在米酒里浸泡的酒。这些酒,主要是用于以下方面:一是敬神,因为神只闻香味不吃食物,酒香扑鼻,自然敬神最宜;二是做菜,如"周代八珍"之一的"渍",就是香酒牛肉;三是治病,即用酒浸泡药材,以便药性发散;四是公关,谓之"酬酢"。"酬"是主人敬酒,"酢"是客人回敬,今人谓之"应酬"(应即酢)。总之,酒原来是一种有实用价值的东西,并非简单的只是饮料。

　　然而,正如请神吃饭终于变成请人吃饭,实用的酒也终于变成了人的一种享受。据说当年有个叫仪狄的,发明了一种"旨酒",进奉给大禹。禹喝了以后,觉得"味道好极了",于是便断言:"后世必有人以酒亡国者",结果不幸而言中。他的孙子太康,便因酒而"亡其国"。末代子孙夏桀甚至因"酒浊"而"杀庖人",结果也亡国。殷的纣王,也是以肉为林,以糟为山,以酒为池,划船在酒池里豪饮,饮到烂醉时,便举行男女三千人的裸体舞会,终于弄得家破人亡。所以,"周革殷命"以后,周公便发布禁酒命令,如有群饮,于法当斩。后来,《汉律》也规定"三人以上,无故群饮酒,罚金四两"。以后禁酒的事还很多。比如曹操,就曾下令禁酒,还因此而杀了反对禁酒的孔融。这事我在《品人录》一书中有交待,请读者参看。

　　其实曹操也是喝酒的,否则怎么会有"何以解忧,唯有杜康"的诗句?事实上,官方要禁的,并不是酒,而是酗酒和群饮。只因酗酒和群饮屡禁不止,有时便只好连酒一并禁了。禁酗酒好理解,因为酒喝多了,便神志不清。为君者神志不清必乱政,为民者神志不清必乱礼,两者都会导致亡国,非禁不可。禁群饮也有道理。因为大家在一起"共食",谦恭礼让,思一粥一饭来之不易,便会感念君父,更加效忠朝廷。聚在一起"群饮",酒壮了胆,难免说些不忠不孝发牢骚的话,弄不好便会起心"谋反",至少也会弄得秩序大乱。所以,尽管"共食"是大家聚在一起吃,"群饮"是大家聚在一起喝,都是"群",但"共食"就该提倡,而"群饮"便要禁止。

不过,一群人聚在一起喝酒这事,当真要禁,那是禁不了的。比如国宴、家宴,给上司接风,为朋友饯行,还能不聚在一起喝点儿?于是便只好规定不得"无故群饮酒",也就是"群饮"要有"正当理由"。这倒是难不住中国人。有个相声讲,某单位领导宣布,为了记念伟大的科学家巴甫洛夫,加深对"条件反射"原理的理解,全体到烤鸭店吃烤鸭一次。结果,"学习效果"很好,同志们在酒席上都"感动地流下了哈拉子(口水)"。

于是又只好规定,即便是在一起喝酒,也要讲究礼仪。这就不怎么行得通了。因为饮酒之乐,恰在无拘无束。当年,齐威王问淳于髡(kun):"先生能饮几何而醉?"淳于髡回答说:"臣饮一斗亦醉,一石亦醉。"威王不懂。淳于髡说,如果是大王赐酒于殿堂,监视酒政的执法官站在臣的旁边,纠察失仪的御史官站在臣的背后,臣诚惶诚恐,伏地叩首而饮,不到一斗便简直醉了。如果是乡下人在一起喝酒,坐无分贵贱,席无分男女,敬酒没有时间限制,搏戏完全自由组合,抓住了异性的手也不受罚,瞪着眼睛看人也不受禁,女人的首饰乱七八糟地落了一地,鞋子袜子也乱成一团,在这种气氛下,臣便是饮八斗,也只有两三分醉。可见饮酒之乐,全在身心的放松,哪里能"行礼如仪"?

需要放松身心的人很多,帝王将相如此,平头百姓也如此。需要靠酒来结交朋友协调关系的人也很多,商界官场如此,市井村间也如此。何况还有文人。文人没有酒,就没有灵感了。所以,历史上的禁酒令,常常不过一纸空文。但一来二去,弄得酒的名声不太好,却也是事实。比如说,"酒肉朋友"啦,"酒色之徒"啦,"酒囊饭袋"啦,"酒色财气"啦,都不是什么好词。

当然,名声最坏的还是"酒色"二字。酒是色媒人,三杯落肚,便"色胆包天"。当年西门庆勾引潘金莲,便正是在她"一盅酒落肚,哄动春心"之时。更有一个名叫苏五奴的,公然让自己的老婆张四娘当"陪酒女郎"。请张四娘陪酒的人,当然都"醉翁之意不在酒",一门心思只想早点把苏五奴灌醉,好和四娘干那事。苏五奴便说,只要多给我钱,便是吃"餬子"(蒸饼)也醉了,用不着喝那么多酒啦!这就叫"饮餬亦醉"。酒既为淫乱的祸首,正统的道学先生,自然主张禁酒,或主张酒只能用于祭祀和官方的酬酢。

于是酒的地位,便逐渐地让位于茶。

说茶

中国人饮茶的习惯,显然晚于饮酒。虽然有人认为我们民族的饮茶,已有上万年的历史,但此说在学术界尚有争议。比较靠得住的文字记录,始见于西汉末年,当时称作"槚(jiǎ)",《尔雅》说是"苦荼"。但"荼"是菊科草本植物,"茶"是山茶科木本植物,风马牛不相及。大约是茶味之苦近于荼,才把"茶"也称作"荼"吧!郭璞注云:"槚树小似栀子,冬生叶,可煮作羹饮"。又说槚叶早采的叫"荼",晚采的叫"茗",也叫"荈"(chuǎn),也就是老叶粗茶。到唐代陆羽著《茶经》时,才把"荼"字减去一横,写成了"茶","荼"字反倒很少有人认识,害得一些念白字的,老是把"如火如荼"念成"如火如茶"。

茶之正式得名如此之晚,可见饮茶也不会太早。商周青铜器中没有茶具,汉墓出土食品中也不见茶叶,至少说明当时饮茶尚未形成一种风气,或非生活之必须。过去曾有一种说法,认为茶原产印度,是从印度进口的。佛门多饮茶,可为明证。有人还言之凿凿,说是禅宗祖师菩提达摩带来的。达摩从天竺西来,跑到梁武帝那里谈佛论禅,结果话不投机,只好折了一根芦苇做船,渡过长江,北入嵩山,躲进少林寺的一个山洞里,"面壁而坐,终日默然",一坐就是九年,连小鸟在肩上筑巢都没有察觉,终于双眉尽落,落地而生为茶叶,所以上品的茶叶又叫"珍眉"。湖北鄂西山区有"五峰珍眉",品质甚佳,不知是否系达摩双眉一脉相传？其实《三国志》和《世说新语》中都有饮茶的记录。《三国志》上讲，韦曜参加孙皓的宴会，因不善饮酒，便代之以"茶荈"。《世说新语》云，任育长到王导家做客，因不识好歹，便问喝的是"茶"还是"茗"，被传为笑柄。可见三国两晋时，饮茶已是上流社会的高雅习俗，那时节，达摩祖师还没出世呢！

实际上，茶树原产何方，是土生土长还是印度进口，抑或"中外合资"，都不要紧，要紧的是饮茶这件事，是不折不扣的中国文化。

中国人爱喝茶，和西方人爱喝酒完全是两回事。西人饮酒乃取其汁，国人饮茶乃取其气。西方的人体科学，注意的是体液。他们曾根据血液、黏液、黄疸汁和黑疸汁在人体中的比例，把人分为多血质、黏液质、胆汁质和抑郁质四种类型，称之为 temperament。这个词，究其本源，实应译为"液质"，中国人却译为"气质"，就因为中国人是以"气"为"质"的。中国人认为，一个人的素质和品质，取决于他胸中之气：充盈着正气的是君子，充盈着邪气的是小人，充盈着清气的是雅士，充盈着浊气的是俗物。所以我们常说某人气宇轩昂，某人气度不凡，某人盛气凌人，某人一团和气，某人帅气，某人俗气，某人大气，某人小气，某人妖里妖气，某人怪里怪气等等，就是这个道理。

气充盈天地，有清有浊，有雅有俗。就拿香气来说，香而妖，香而艳，香而浓，香而媚者，都是俗气。暴发户的如夫人，浓装艳抹，珠光宝气，香水洒得越多，越是俗不可耐；农夫新割的稻草麦秸，被秋阳暖暖地晒过以后，则最是清香可人。因此甚至有人认为花香不如药香，酒香不如茶香，药与茶，才是至清至雅之物。

何况饮茶也是好处多多。茶能防癌，不像烟有害于健康；茶能醒脑，不像酒多喝乱志。所以历来有禁酒的，有禁烟的，却断乎不会有禁茶的。事实上茶也是中国人尤其是中国文人雅士的爱物。中国人在家里要喝茶，出门也要喝茶，上班后第一件事是泡茶，开会时更是人手一杯。到中国人家做客，虽有女宾来访摆糖，男宾来访敬烟之别，但泡茶都是必不可少的。客人来访主人捧上一杯清茶，既礼貌周全，又全无媚态，则彼此的交往，便完全是"君子之交淡如水"。如果竟无茶水招待,那么,不是主人不通人情,便是客人不受欢迎。"连茶都不泡一杯",简直等于下逐客令。

可见,茶也有交际的功能。所以,中国人不但喜欢请客吃饭,有时也要请客吃茶,比如"吃讲茶"和"吃早茶"就是。吃讲茶是旧社会江湖上用于摆平纠纷的一种手段,吃早茶则是如今商场上用来谈生意的办法之一。吃早茶不像摆酒宴那样排场,又不像只有清茶一杯那样寒酸。过于排场,谈不成事情;过于寒酸,又不好意思,只有吃早茶最为适宜。它既能让人静下心来认真谈判,又比坐在公司里唇枪舌剑讨价还价更有人情味,更便于套交情拉关系走后门,还能顺便解决一下早餐问题,岂非妙不可言? 当然,无论搞阴谋,抑或谈生意,也确乎可以借此冲淡一点血腥或铜臭。

至于清朝官场,则又是一番风味。待客之茶,只作摆设,并不真喝。如果长官谈得不耐烦,要下逐客令,便会端起碗来,说声"请喝茶"。这时,你最好自己知趣,起身告辞。即便不告辞,长官身边的听差也会拉长声调大呼"送客"。这一绝招,不知是谁的发明,也真亏他想得出。可见,喝茶也好,饮酒也好,吸烟也好,吃饭也好,在中国确实是一种文化现象。不过本章已说得不少,读者诸君恐怕也要不耐烦了。那就还是"端茶送客"吧!

第二章　服饰

一　文明与野蛮

人命关天

吃饭是头等大事,穿衣这事也不小。

有句老话,叫"人生在世,吃穿二字"。老话也不一定就对。人生在世,岂能就是"吃穿二字"? 但人活在世上,不能不吃,不能不穿,倒也是事实。所以,饮食和服饰,就不但都很重要,而且还有瓜葛。

奇怪,穿衣戴帽和吃饭能有什么关系呢? 偏偏就有。比如"服",就有"吞食"的意思,如服药、服毒。只不过只有吃药(包括吃毒药)才是"服",吃别的就不算,但好歹是"吃"。还有修饰,也并不简单地只是穿着打扮或体面好看,也和吃饭有关的。上古没有"修"字,只有"脩",两字相通,脩就也就是修,而脩的本义则是"干肉",或加香料制造而成的干肉。它的字形,是一个人拿着一把锤子面对一大块肉,表示"捶而施姜桂"的意思。不管什么肉,总要先洗干净以后才好晾晒,所以脩这个字又有洗涤的意思。如果把十条干肉捆在一起,就叫"束脩"或"束修",是古代诸侯大夫相互馈赠的礼物,也是学生向老师致送的酬金。所以孔子说:"自行束修以上,吾未尝无诲焉。"

修(脩)是"制造干肉",饰则是"擦拭饭碗"。"饰"这个字,本义是"拭",也就是拂拭、清洁。从字形看,是一只手拿着一条餐巾,在拂拭食品或食器上的灰尘和污垢。《周礼·地官·封人》说:"凡祭祀,饰其牛牲",这里的"饰"便是使其清洁之意,不是装饰打扮。所以修(洗涤)和饰(擦拭)也可以连起来,叫"修饰"。

修饰不是可有可无的,也马虎不得。古时,一个人如果没有好名声,就叫"修名不立";而一个大臣如果搞腐败,犯了贪污罪,也不叫"不廉",而叫"簠簋不饰"。簠(fǔ),长方形,是一种古代食器,青铜制,有盖有耳,用以盛黍稷稻粱。簋(guǐ)也是一种古代食器,青铜或陶制,圆口圆足,也用以盛黍稷稻粱。也就是说,簠是方饭碗,簋是圆饭碗。"不饰"则是"不常擦拭,没弄干净"。饭碗既然弄不干净,当然要"丢饭碗"啦!

又岂止是会丢饭碗,弄得不好,还会掉脑袋。春秋时,一个名叫诸师声子的人就差点因此而脑袋搬家。因为他在参加国君的宴会时,穿着袜子就登上了酒席,于是他的国君卫出公便勃然大怒,喝令"推出午门斩首"。尽管诸师声子再三解释,说自己不脱袜子,是因为脚上生疮,恐怕君王见了会呕吐,也无济于事,最后只好落荒而逃,才幸免一死。

这也奇怪。不就是没脱袜子吗? 也值得说翻脸就翻脸,甚至要问以死罪? 原来,古人席地而座,因此进门必须脱鞋。脱鞋之后,脱不脱袜,则要看身份。如果身份相当,可以不脱;如果是卑者见尊者,如臣下见君主,儿媳侍翁姑,就一定要光着脚,叫做"跣足"。跣足是表示敬意的方式。当年晋悼公盟会诸侯于鸡丘时,为了向执法如山的中军司马魏绛表示敬意,就曾"跣而出"。君对臣示敬尚且要"跣足",诸师声子"袜而登席",当然要被视为"大不敬"。能死里逃生,实属万幸。

袜子不脱不行,帽子乱戴也不行。另一个名叫子臧的人就当真为此掉了脑袋。这位子臧,大概也确实是个花花公子,竟喜欢一种名叫"聚鹬冠"的装饰。所谓"聚鹬冠",大约就是用鹬羽做成的帽子。鹬

（yú）羽色黄、褐、沙灰，密缀细碎斑纹。聚鹬而冠，可能比较好看，却是"非礼之服"，或者说是"奇装异服"。他老爸郑文公听说后，十分厌恶反感，居然买通强盗，把自己这个亲生儿子，诱拐谋杀在陈宋之间的某地。

这又奇怪。不就是一顶帽子吗？何至于谋杀亲生儿子呢？但在中国古代，帽子却是不好随便乱戴的。比如春秋时陈灵公戴着楚国的便帽（南冠）去会情妇，东周王朝的使臣单襄公便断定他要倒大霉，也该亡国。后来，陈灵公果然被情妇的儿子射死在马厩里，楚军也打进了陈国。所以我们现在还说："不要乱扣帽子。"帽子戴错了，那是要出人命案的。

人命关天，当然不能含糊。穿衣戴帽，又岂能说是小事？

其实，中国人并没有厚此薄彼，只重饮食不重服饰。我们常说的"衣食住行"、"衣食父母"等等，"衣"不是就排在"食"的前面吗？衣不蔽体，不是和"食不果腹"同样悲惨吗？所以，就像吃饭是政治问题一样，穿衣也会和政治发生关系。就拿前面提到的那位身为"内阁总理"的"天官冢宰"来说，他就不但领导着一大帮厨子，也领导着一大帮裁缝。在他的下属官员和职员中，也有不少人在编制上，是归属于"服饰部"的①。人数虽然没有"膳食科"多，却也相当可观。

文明与野蛮

事实上，正如治国之道常常被看作是烹调术，它也常常被看作是纺织业。中国古代的所谓"圣王"，都被描述成"经天纬地"的大人物。经，是织布机或纺织品的纵线，纬则是横线。经天纬地，就是像纺纱织布一样有条有理地治理天下。

其实，所谓"治理"，原本也是纺织业上的术语，即把一团乱麻或乱

---

①　计有：主管帷幄幕帐之类的"幕人"45人；主管首饰和旗帜的"玉府"78人；主管裘衣的"司裘"52人；主管皮革的"掌皮"50人；主管丝织品的"典丝"22人；主管麻织品的"典枲"26人；主管王后和命妇服装的"内司服"11人；主管缝纫事物的"缝人"120人；主管印染事物的"染人"26人；主管王后、命妇发式和头饰的"追师"11人；主管鞋袜的"屦人"16人。

丝，"理"出一个头绪来。治理的"治"，本来是"乱"（亂），而"亂"这个字，本义又是"治"。它的字型，上面有"爪"，下面有"又"，中间是丝。丝容易"乱"，所以必须用一只手在上面抓着，又一只手在下面托着，才有可能"理顺"。理顺就是"治"，不理顺或理不顺就是"乱"。天下大乱以后便是天下大治，天下大治以后又天下大乱，真是"剪不断，理还乱"，所以要有"经天纬地"的大人物来收拾局面。后来，大家也觉得治和乱都用一个字，难免混淆不清，于是才用治水之"治"，代替了理丝之"亂"（乱）。

治理天下国家，既然有如"理乱丝"，或如"烹小鲜"，则"王天下"者，也必是裁缝或厨师。比如伏羲（庖牺）是大厨师，黄帝（轩辕）则是大裁缝。据说，他是我们民族最早的服饰发明家，也是最早拟订服饰体制的大礼学家。黄帝的主要发明，是旃、冕和旒。旃是一种军旗，冕是一种礼帽，旒则是旗下的飘带和冕前的下垂物。看来，黄帝的主要贡献，在于"饰"。而养蚕业和制衣业的发明人和领导人，则分别是他的正妻嫘祖和他的臣属胡曹。当然，他们的功劳也都可以照例归于黄帝。据说，自从黄帝制定了服饰礼仪后，紊乱无序的天下便变得井然有序了。以后，尧、舜二位，也照此办理。传位到禹，虽然自己的穿着不讲究，但祭礼之服还是不含糊的。这就叫做"黄帝、尧、舜垂衣裳而天下治"。

伏羲是三皇之首，黄帝是五帝之先，尧和舜都是神话了的部落联盟长，他们几位带了头，以后的"圣王"，或比圣王低一等的"明君"，或比明君还低一等的候补明君，以及预备辅佐他们平治天下的儒臣门，便都相当地重视服饰的事情，而且往往能"上纲上线"到国家兴亡、民族存亡的高度。比如衣襟向右开（右衽）还是向左开（左衽），就不是可以马虎的小事。有一次，孔子和他的学生讨论对管仲的评价问题。他的两个学生子路和子贡都认为管仲"不仁"。因为管仲原是公子纠的师傅。齐桓公（即公子小白）与公子纠争夺君位，杀了公子纠，公子纠的另一位师傅召忽因此殉节而死，而管仲非但不自杀，反倒投靠桓公，成了桓公的得力辅佐，这不是叛徒吗？怎么能算是"仁"呢？孔子却说,啊! 要是没有管仲,我们这些人,只怕都早已披着头发,衣襟向左边开了! 可见,在孔子这里,衣襟向哪边开,至少比谁当国君要重要一些,也比什么"从一而终"要重要一些。

这就很有些非得要弄清姓资姓社,分个白猫黑猫的味道了。其实,不管白猫黑猫,能逮老鼠就是好猫。同样,也甭管右衽左衽,穿着舒服漂亮就是好衣服,哪怕当中开缝也行。然而孔子他们不这么看。在孔子他们看来,衣襟要是开反了,就会从文明变成野蛮。儒家是很看重这个区别的。用他们的话说,就叫"夷夏之别"。夷就是蛮夷,也就是野蛮人;夏就是华夏,也就是文明人。文明人和野蛮人有什么区别呢? 首先是吃饭不同,——野蛮人吃生肉,文明人吃熟食。再就是穿衣不同。《礼记·王制》说:东方的野蛮人叫"夷"(东夷),披头散发,身上刻花纹(披发文身);南方的野蛮人叫"蛮"(南蛮),也是光着身子,脸上脚上刻花纹(雕题交趾);西方的野蛮人叫"戎"(西戎),披头散发,拿野兽皮裹在身上(被发皮衣);北方的野蛮人叫"狄"(北狄),拿鸟羽毛做衣服,住在洞里(衣羽毛穴居)。这些都是"不开化"民族,通通只能算作野蛮人,没法和华夏民族相提并论。

其实华夏民族先前也是茹毛饮血光着屁股的。能拿兽皮鸟羽遮遮身子,就很不错。任何民族都有一个"开化"的过程。"开化"之前,谁不是这样? 然而现在不同了。现在既已得了"先王教化",衣冠楚楚起来,自然要视披发文身为野蛮,羞与为伍。甚至连衣襟向左边开都要视为奇耻大辱,不能接受。

原来服饰是文化的象征和标志,是有文化与没文化、文明与野蛮、进步与落后的分水岭,那当然不得开玩笑。因此,一个中国人,如果穿上了"夷狄"的服装,就会为他人所不齿。比如《阿Q正传》中的那位钱太爷的大儿子,从东洋留学回来,腿也直了,辫子也不见了,一身的西装革履,手上还拎了根"司的克",自以为摩登得了不得,可是父老乡亲都不"吃"那一套,背地里叫他"假洋鬼子"。"鬼子"已不是人,何况还是假的? 自然不但"人格"卑下,只怕连"鬼格"也没有。连带他的老婆,虽然因此而跳了三回井,也为虽穷且乏又罕有头发却毕竟留着一条小辫子的阿Q所不齿,认定她竟然"会和没有辫子的男人睡觉,吓,不是好东西!"所以,当阿Q躲在土谷祠里大做其"革命梦"兼"女人梦"时,便把"假洋鬼子的老婆"从候选人的名单中坚决地剔除出去。

体与面

衣襟开反了尚且不行,不穿衣服就更不行。禽兽才不穿衣服,野蛮人才不穿衣服么!有谁愿意做禽兽做野蛮人呢?没有。

所以,依照传统礼法,不要说裸体,便是露出腿子也是犯规的。只有在极为特殊的情况下,才可以裸露上身或胳臂,谓之"肉袒"。比如西汉太尉周勃,为了翦除吕太后的余党,要夺军权,就对将士们说:愿意帮助姓吕的,把右边胳膊露出来(右袒);愿意帮助姓刘的,把左边胳膊露出来(左袒)。结果,"三军皆左",周勃便顺利地接管了兵权,灭了诸吕。又比如,赵国的大将军廉颇,为了向蔺相如表示敬意和歉意,就曾"肉袒负荆","至蔺相如门谢罪"。"荆"是带刺的荆条,可以为鞭;古人受刑,要"右袒"。所以,你要是有事没事的也光着膀子,大家就以为你要"负荆请罪",或者是要找人打架了。

除此以外,肉袒体裸,都是严重的失礼行为。不吃那一套的,只有两类人物。一类是江湖好汉,还有一类是魏晋名士。李逵,大约是经常光着膀子的。嵇康,打铁的时候想来也曾光着膀子。嵇康是名士中的名士,而名士则是魏晋时代的"嬉皮",很"前卫"的,也很"酷",既不把别人放在眼里,也不把礼法放在眼里。何况他们还要吃药。吃药以后要发散,吃酒以后要出汗,于是他们便常常帽子也不戴,衣服也不穿。其中有个叫刘伶的,更公然一丝不挂地在家见客。客人一看,脸都白了,他反倒理直气壮地对客人说:天地就是我的房屋,房屋就是我的衣服,请问诸君为什么要走进我的裤子里面来?大家也只好把他当疯子。但说得出这种疯话的,也就是刘伶吧!

自己裸体是"无礼",观看别人裸体当然更是"失礼"。春秋时的曹共公就干过这种事。他听人说流亡公子重耳的肋骨是连成一片的,竟然趁着重耳洗澡的时候,躲在帘子后面偷看。这种严重的失礼行为,当然要受到严惩。所以重耳回国当了国君(即晋文公)后,第一个要报复的就是曹国,而且不费吹灰之力就把他灭了。

　　大概正是这种文化上的原因,裸体艺术和健美运动,在近代中国便一再受挫,风波迭起。因为裸体艺术和健美运动,既是自裸,又是观看他人之裸,是双重的"不礼",岂能容忍?至于日本的"男女同浴",西方的"天体运动",当然更加不合中国国情,即便有人倡导,也断然不会有人响应并以身试法的。《诗经》上说:看看那些老鼠吧!老鼠尚且有张皮。人要是没有礼仪,那就连老鼠都不如。可见光有血肉之躯是不行的,还得要有服饰。只有"体",没有"面",也不"体面",甚至"不是人"。

　　这就难怪中国人要相当重视服饰了。人活一张脸,树活一张皮嘛!事实上,在中国人看来,"衣不蔽体"和"食不果腹"是同等的悲惨,而"解衣衣我"也和"推食食我"同样恩重于山。中国的平民百姓,只要不是穷到实在活不下去的程度,也通常会有一两件比较"体面"的衣服,以用于较为重要的场合。不过,所谓"体面",也并非一定就是富丽华贵或崭新漂亮。孔子就曾赞美他的学生子路(仲由),说穿着旧丝绵袍和穿着狐皮貉裘的人站在一起,却毫无愧色的,大概也就是阿由吧!可见中国人的注重服饰,首先不是要漂亮,也不是要舒服,而是要"合礼"。

　　古人很看重服饰的礼仪,一旦失礼便可能酿成大祸。公元前559年,有一天卫献公约请孙文子、宁惠子两位吃饭。孙、宁二人依照礼制,准时准点穿上朝服,衣冠楚楚地等在朝廷,一直等到太阳落山也不见献公的影子。一问,才知道他老先生还在园子里射鸿。两位大夫没有办法,只好又衣冠楚楚地赶到园子里。献公见了他们,连"皮冠"也不脱,就和他们说起话来。孙、宁两位当场勃然大怒。因为"皮冠"是田猎和军事的服饰。皮冠面对的,不是野兽,就是敌人。因此,即便是君见臣,也要先免去皮冠,才能说话,否则便是侮辱。卫献公请客吃饭,不按时开饭已是失礼,又居然戴着皮冠和被请的人说话,当然要被视为有意侮辱。君视臣为禽兽,则臣视君为寇仇。孙文子便发动政变,把卫献公驱逐出境,直到十二年后才得以回国。穿衣戴帽的事,岂是含糊得的？

二　道德与礼仪

金鱼袋，石榴裙

礼仪，其实也是很麻烦的。

穿衣要怎样才"合礼"？无非两条。一是合身份，二是合场合。所谓"合场合"，就是在不同的场合下，相应地使用不同的服饰。比如参加正式会议，穿着太随便就不合适；而闲居在家，西装革履的也很可笑。所以，稍微有点身份的人，尤其是古代那些既有身份又注重礼仪的人，常常就会不停地换衣服。比如，行礼时着礼服，祭祀时着祭服，治丧时着丧服，上朝时着朝服，闲居时着燕服。穿什么衣服，就得配什么鞋。穿祭服着舄（重底鞋），穿朝服着履（一般的鞋），穿燕服着屦（葛麻制单底鞋），出门着屐（木底鞋）。光是鞋就有这么多种，别的就更不用提了。

但这些规定，都必须严格遵守，否则便是"失礼"。

不过更重要的还是要合身份。中国古代的服饰是有制度的。什么人用什么服饰，包括款式、面料、色彩、纹饰，都作了严格的规定。比如周代的时候，只有天子、诸侯、大夫、士这些有一定地位的男子，才能使用上衣下裳的款式，妇人和庶人就只能穿衣裳相连的"深衣"。汉代的平民百姓则只能穿本色麻布，染个颜色都不行。唐以后，又规定明黄色为皇帝专用，所以赵匡胤"黄袍加身"，也就意味着登上了帝位。明代则规定官民人等不得服用蟒龙、飞鱼、斗牛等图案，或一定品级的官员可用蟒，不得用龙。蟒袍和龙袍是不同的。穿蟒袍的是大臣，穿龙袍的是皇上，并不是随便什么人都可以"龙飞凤舞"。

用了高于自己身份的服饰，便是"僭越"，犯了"大不敬"的罪；但如特许使用，则是极大的恩典，应予特别的炫耀和声明。比如，宋朝的时候，凡有资格穿紫色、绯色公服的官员，都必须佩挂金、银装饰的"鱼袋"。服紫佩挂金鱼袋，服绯佩挂银鱼袋。服紫色要三品或四品以上，服绯色也要六品以上。如职位品级太低，又有特殊情况（如出使等），需要佩挂鱼袋，必须先借用紫、绯之服，时称"借紫"、"借绯"。如果穿紫佩鱼是皇上所赐，则是一种较高的荣誉，在填写自己的职衔时，必须加以申明。例如宋初向太祖上《三礼图》，奏请重新制定服饰制度礼仪的博士聂崇义，就被赐紫服、佩金鱼袋。因此这位老兄的正式职衔的全称就是"通议大夫国子司业兼太常博士柱国赐紫金鱼袋"。身上穿件紫衣服，腰里挂个金鱼袋，也算一种职称，必须添进"干部履历表"里去，或印在"名片"上，还要特别说明是政府颁发的而不是借来的，这在今人看来未免可笑，但在古人看来则极为正常。

显然，在中国古代，服饰的等差，首先并不取决于"贫富"（有没有钱），而是取决于"贵贱"（有没有衔）。没有地位，钱再多，也是白搭，此即所谓"民虽有富者，衣服不得独异"也。汉制更规定，平民凡有一人经商者，其全家人均不得服用锦、绣、绮等丝织品，也不得服用毛织品、细葛布和白细苎麻布。所以到了可以"鬻官卖爵"的年代，商人们都愿意花成千上万的银子，去"捐个前程"，买个官位，比如清末商人胡雪岩，靠帮左宗棠筹饷而"赏穿黄马褂"即是。总之，不穿衣服固然是"失礼"，衣服穿的不对头同样是"失礼"。

既然一定的身份才能使用一定的服饰，那么一定的服饰也就代表了一定的身份，成了人们的"身份证明"，或成了身份、地位、职业的代名词。比如大家熟知的"冠盖"（达官贵人）、"布衣"（平民百姓）、"袈裟"（佛教僧侣）等。

又如"缙绅"，原指"系绅带而插笏"。笏，是古代大臣们上朝时，随身携带用来写"发言提纲"或做"会议记录"的狭长板子，有点像今天的"商务通"。这板子在不用时，就插在腰间那条绅带上，就像今人把呼机或手机别在皮带上一样。所以，缙绅也就是大臣。后来，凡是有系绅插笏之资格，再后来，凡有一定社会地位的人，便都称为"缙绅"，又称"绅士"，用今天的话说就是"皮带族"。不过，今天的"皮带族"可不都是绅士，甚至可能连"白领"都不是。至于现代"绅士"们，则八成是不会把手机、呼机、商务通"一个都不能少"的全都别在皮带上的。

　　此外如"乌纱帽"、"石榴裙",也都用于指代某些特定身份的人。"乌纱帽"是明代公服,"石榴裙"是唐代时装。戴"乌纱帽"的好歹也是个七品县令,穿"石榴裙"的则多半是都市丽人。再如"纨绔",原本是指用细致洁白的薄绸(纨)做成的一种不连裆的套裤(绔),类似于今之开裆裤。这种服装,依例只有贵胄子弟才能服用。贵胄子弟穿着这样"又轻又薄"的开裆裤到处吃喝玩乐,寻花问柳,自然"轻薄"得可以,所以"纨绔"又用来指古时的"高干子弟"和"轻薄少年"。至于长衫,则为儒生之服饰。孔乙己的一件长衫,尽管又脏又破,却决不肯脱下,就是害怕丢了他读书人的身份之故。

　　人生礼仪

　　一个人的服饰既然由身份来决定,那么,身份的获得也就当然由服饰来表明。比方说,授予学位要戴博士帽,授予军衔要换肩章等等。人的一生中,身份显然要屡屡变化:成年、婚娶、生子,最后要死。有的人,还要担任和晋升职务,获取功名。这样,服饰的变换便贯穿一个人的终身,成了一个人的人生礼仪。

　　人生礼仪中最重要的是男子的"冠礼"和女子的"笄礼"。冠礼和笄礼,说白了,就是改变发式。清代以前,古人是留全发的。婴儿生下三个月后,要选择黄道吉日,剪一次头发,只保留两小撮。这两小撮头发,男孩留在左右两侧,有如牛头,叫"角";女孩则一前一后,有如马首,叫"羁"。也有按男左女右的方位只留一小撮的。也就在这一天,母亲把孩子抱去见父亲,父亲拉着孩子的右手或抚摩着他的头,给他起一个"名"。这一仪式,无妨叫做"命名礼"。它标志着承认孩子已正式来到人间,加入家族。

　　剪去的头发长出之后,便不再剪,而是向两边分梳,长齐眉毛,叫做"两髦"。所以儿童又叫"童髦"。或者把"两髦"总束起来,扎在头上,一边一束。这两束头发,男孩的状如兽角,叫做"总角";女孩的状如树桠,叫做"丫头"。所以孩童时代又叫"总角之时",年幼或地位低的女孩又叫"丫头"。

男孩长到二十岁（二十岁左右），女孩长到十五岁，就要举行"冠礼"和"笄礼"。所谓"冠"，就是把头发盘到头顶上，先从根部束住，盘成髻然后加冠以固定。"笄"则是不用冠，只用"笄"或"簪"固定。冠笄之前，要先用"筮法"来决定日期和加冠加笄的来宾，叫"筮日"和"筮宾"。这日期，便有似于西方之"受礼日"；这来宾，则有似于西方之"教父"。届时，来宾就在一定的礼仪程序中把规定的服饰授予该青年，并为他们取一个"字"。宾取之字与父命之名，一般都有一定的联系，其意义或相同，或相反，或相关。如颜回字子渊，取"渊乃回水"之义；又如曾点字晳，取"点乃小黑"而"晳乃色白"之义；再如苏轼字子瞻，苏辙字子由，盖因轼是车前横木，瞻是凭轼观看，而"辙由轨出"。这两个人的名和字，倒与他们的性格相符：苏轼做人行事较为前瞻，苏辙则循规蹈矩得多。

有了字，也就有了尊称。直到民国时期，中国人如要表示尊敬或客气，都要称对方的字，有如俄国人之称"父名"（彼得洛维奇之类）。卑者对尊者说话，只能称字。尊者对卑者说话，则直呼其名。但是，无论尊卑，自称都不能称字。子路固然只能说"由也为之"，便是孔子，也只能说"丘也闻之"。如果自己称字，便是失礼，也是大笑话。

一个未成年的小孩子，当然是无须尊称的，故儿童无字。加冠加笄之后，有了字，也就意味着"成年"，故冠礼和笄礼即"成年礼"。既已成年，便可婚嫁，所以古人也就常常在举行冠礼和笄礼的同时，为子女订婚许嫁，而"冠礼"也往往称为"婚冠礼"。一个女孩子，到了十五岁，如果还没有找到合适的婆家，便不举行笄礼，也不取字。因为未嫁之女决不能抛头露面与外人结交，只能藏在深闺，当然也就没有尊称的必要。所以女子未嫁之前，便叫"待字闺中"。意思是女儿还小，还没有一个"字"，不是嫁不出去。其实她又哪里是在等待什么"字"，多半是当爹妈的还没有物色到"乘龙快婿"，或嫁妆还成问题罢了。

男子结发加冠后才能娶妻，女子许嫁后才能结发加笄，于是，"结发"就几乎成了"结婚"的同义词。当然，不是所有的夫妻都可以叫做"结发夫妻"。"二婚"就不算。原则上讲，只有那些刚刚成年就结婚的，才好这么叫。刚刚成年就结婚，当然不可能结过好几回。所以，但凡第一次结婚的夫妻，也都可以称作"结发夫妻"，而不拘结婚时芳龄几何。但要说清楚，结发，即行冠礼笄礼，不是把夫妻两人的头发捆在一起。

有句话说："男大当婚，女大当嫁。"冠礼和笄礼作为"成丁礼"，当然是人生礼仪中最重要的一项。不过到了周代，便只有贵族子弟成年以后才能"冠"，庶民子弟则只能"帻"，即只能用头巾把头包起来，而不能戴冠。可见，"高帽子"也不是人人都好随便戴的。所以，我们今天还把恭维他人，称作"戴高帽子"；把喜欢别人吹捧，叫做"爱戴高帽子"。只是到了"文化大革命"中，高帽子才落到了"牛鬼蛇神"的头上。这也不奇怪。因为"文化大革命"原本就是要"大革文化命"，服饰的文化意义，自然也就被颠倒了。

其实，这一大"发明"也是有"针对性"的。因为被戴"高帽子"的，不是"走资本主义道路的当权派"，就是"反动学术权威"，想当然平时都爱戴"高帽子"，或戴过"高帽子"，那就让你们戴个够，看你们以后还想不想戴！

义务与修养

的确，"高帽子"是不好随便乱戴的，因为它意味着特殊的权利和义务。

就说"冠"。依周礼，贵族子弟之加冠，凡三次。首加"缁冠"，这是参加各种政治活动的服饰。次则加"皮弁"，这是猎装和军帽，所以往往同时还要带剑。三加"爵弁"，乃"宗庙之冠"，地位仅次于"冕"。有冠有冕，自然"冠冕堂皇"。只有冠没有冕，也是不小的体面，何况还能佩剑？所以贵族子弟都很盼望着能早日加冠。

一加缁冠，有治权；二加皮弁，有兵权；三加爵弁，有祀权。"国之大事，唯祀与戎"，因此贵族们的"冠"，便有非同小可的意义，应视为生命的一部分，即便到死，也不能"免冠"。公元前480年，卫国发生内乱。战斗中，孔子的忠实信徒子路被人用戈击断了冠缨。子路说："君子死，冠不免"，便一面用双手系着冠缨，一面被人砍成了肉泥。孔子听到这个消息后,痛不欲生,立即吩咐厨房倒掉所有已做好的肉酱。

三次加冠后,初冠之青年还要拜见国君和元老,倾听他们的教诲。这很有必要。因为服饰不仅意味着权利和义务,同时还意味着道德的修养。就拿成年人的发式来说,无论贵族男子的"冠",庶民男子的"帻",还是女子的"笄",都要束发。束发当然有实用的功能。古人留全发,倘不束在头顶,随风飘散,既不成体统,亦诸多不便。不过,在中国文化这里,它还有一层意思,就是"约束"。就是说,一个人,一旦成年,就要接受社会道德律令的规范和约束,其标志就是"束发",一如犹太人与上帝签约后的"割礼"。所以,束发的时候,主持仪式的嘉宾就要对束发者发表训词,也就是趁机进行道德教育吧。

显然,"修饰"也就是"修养"。蓬头垢面不但不雅观,而且不道德,因为那意味着不能修饰和约束自己,也就同时意味着不能接受社会道德的规范。所以孔子说:"自行束修以上,吾未尝无诲焉。"这里的"束修",应理解为"束发修面",而不是或不仅仅是通常说的"十条干肉"。即使是十条干肉,也不完全是或仅仅是学费,而主要表示自己能够接受老师的"约束"和"修饰",因而才叫"束修"。同理,孔乙己穿长衫并不可笑,可笑的在于那件长衫又脏又破,不洗不补,与理应修饰的读书人身份不符,这才成为笑柄。

读书人为什么就特别要讲究修饰呢? 因为他是"文人",是"君子",是"士",因此不能不"文"。有一次,卫国大夫棘子成问孔子的学生子贡:一个君子只要有优秀的素质和品质就行了,何必还要修饰呢(君子质而已矣,何以文为)? 子贡的回答是:如果文就是质,质就是文,虎豹的皮也就是犬羊的皮啦! 也就是说,君子与小人,就像虎豹与犬羊。虎皮豹皮之所以比狗皮羊皮高贵,就因为虎豹的毛是有花纹(文)的。如果去掉这些有文采的毛,虎豹之皮也就与犬羊无异。同理,君子如果"不文",又与小人何异? 所以,对于中国文化来说,文饰首先是道德的需要,而不是为了漂亮好看。

其实,古代中国人的服饰,几乎无不具有道德的意义。比如冠就是贯,表示一以贯之、始终如一的意思;弁就是辩,表示辩明身份、明辨是非的意思;冕就是免(免是冕的本字),也就是勉(勉本写作免),表示勤勉国事,以德相勉的意思。又比如,衣就是依,表示依附;衽就是任,表示担任;襟就是禁,表示禁止;至于履,则表示履行职责、实践礼法,也表示脚踏实地、行得正站得直,等等。

最有趣的是饰物。比如戴冠冕的人,都要在两耳之处各垂一颗珠玉,叫做"充耳"。充耳并不真的要塞进耳朵,而是悬挂在耳旁,提醒戴冠者不要轻易听信谗言,叫做"充耳不闻"。冠冕的前后两方,则要悬挂玉串,提醒戴冠者不要去看那些不该看的,叫做"视而不见"。视而不见,充耳不闻,也就是"非礼勿视,非礼勿听"的意思。可惜后来世风日下人心不古,这两个词的意思也就全变了,没多少人知道它们和服饰还有什么关系。

看来,服饰这玩艺,意思还不小。

因此我们很想知道,它究竟都有些什么意思。

三　非　凡　意　义

共食与共衣

首先,衣服是最贴身的东西。

贴身又怎么样呢? 最贴身的,往往也就是最亲密、最可靠、最放心和最有感情的。因为在中国人这里,"身"和"心"是一体化的(这一点我们下面还要说到),所以"贴身"往往也就"贴心"。比如"贴身侍卫",便不但最为亲切可靠,而且简直就是"心腹"。大宅门里的小姐太太,也多半会有一两个这样的"贴身心腹"。她们不但会把小姐太太的日常生活打理得舒舒服服,必要时还要替小姐太太们管闲事,办外交,甚至吵架,比如凤姐身边的平儿,探春身边的侍书,都是。

贴身,是不可以等闲视之的。

那么,什么是最贴身的呢? 人之中,最贴身的是母子,所以"世上只有妈妈好"。其次是夫妻,所以"一日夫妻百日恩"。物之中,最贴身的是衣服;衣之中,最贴身的是内衣。内衣,古人叫"衷"。它不但最为贴身,而且简直就是着衣者本人及其内心世界的代表,因此才有无动于衷、言不由衷、衷心感谢、互诉衷肠、道出衷情等说法,都是以衷衣代中心,以贴身代贴心。

衣既为人之最贴身者,自然也就往往被赋予情感的意义,或用来表现和传达情感,比如"慈母手中线,游子身上衣,临行密密缝,意恐迟迟归";比如"长安一片月,万户捣衣声,秋风吹不尽,总是玉关情";比如"一行书信千行泪,寒到君边衣到无";比如"想给边防军写封信,不拿纸笔拿起针"。中国古代的游子和战士,都喜欢穿母亲和妻子缝的衣,纳的鞋。只有穿着这样的衣,身上才暖和;只有穿着这样的鞋,脚下才踏实。

这样的衣服和鞋帽,当然不能轻易让给别人,就像老婆不能转让一样。即便那衣服是买来的,只要自己还穿在身上,也不能随便脱下来送人。尤其是内衣,倘若随随便便就脱下来送人,岂非轻率地"以身相许"?所以,尽管中国人喜欢聚在一起吃饭(共食),却不喜欢和别人换衣服穿(共衣),除非是战友或情人。

《诗·秦风·无衣》写的是战友之间的共衣。这首诗译成白话文就是:谁说我们没有衣穿?我和你共一件战袍!君王就要出兵了,整理好我们的长矛,我和你同一战壕!谁说我们没有衣穿?我和你共一件衣裳!君王就要出兵了,整好我们的刀枪,我和你同上战场!这实在是一种极重的情分。这种同袍共衣的感情,和同火共食是一样深刻的。军营里同火共食,出征时同袍共衣,上了阵就会同生共死,同心同德,同仇敌忾。因此我们不难体会,韩信说汉王"解衣衣我,推食食我"时,是一种什么样的心情。

《红楼梦》第七十七回写的则是情人之间的共衣。这一回写宝玉偷偷去看病危的晴雯,晴雯先是咬下指甲,递到宝玉手心里,然后"又回手挣扎着,连掀带脱,在被窝里,将贴身穿着的一件旧红绫小袄儿脱下,递给宝玉"。这两个动作,很明显地有"以身相许"的意思。"宝玉见她这般,已经会意,连忙解开外衣,将自己的袄儿褪下来,盖在她身上,却把这件穿了。"这意思自然也很明白。所以晴雯才说:"今日这一来,我就死了,也不枉担了虚名!"所谓"虚名",即晴雯与宝玉有"私情"的指控。晴雯和宝玉虽然要好,却不曾像袭人那样,真的"贴身"过,所以是"虚名"。但如今,已用内衣为代表,相互"贴身"过了,所以不再"枉担",也就死可瞑目。

看来,如果说"共食"者义同兄弟,那么"共衣"者则情近夫妻。的确,从身上脱下贴身内衣,带着体温,也带着体味,无论如何也都象征着穿衣人自己,若非极为亲密,岂能亲相授受。以中国人之内向,一般友人见面,不过鞠躬作揖,握手拥抱都不会,哪里还会"贴身"?能贴身者,无非夫妻、情人而已。即便夫妻,也要"举案齐眉,相敬如宾",又岂能随意互换亵衣?看来,可共衷衣者,也就只有情人了。

其实即便是外衣,有时也能代表那穿衣的人。许多民族都有这样的习俗:死者的衣物,如不殉葬,就要分给亲友,以为纪念。这正如祭祀的食品最终要被吃掉一样,并非为了节约,而因为这些衣物中,残留着逝者的信息,睹其物如见其人,衣其衣如近其身。元稹悼念亡妻的诗云:"衣裳已施行看尽,针线犹存未忍开",表达的便正是这种情感。

于是,衣服就不简单地只是衣服了。它不仅具有物质的意义,也具有精神的意义。不仅属于肉体,也属于心灵。

身与心

衣是身的代表,身则是一个人肉体和心灵的总代表。

身的含义很多。首先是指身体。不过这"身体",有时包括脑袋,有时不包括(比如"身首异处"),甚至只算中间部分,也叫"躯"。但它的本义,却是"身孕",——胎。它的字形,无论甲骨文、金文、篆文,都是像一个人怀胎之形。所以直到现在,我们还说一个女人怀了孕是"有了身子"。

怀胎,是生命的孕育,因此,"身"又引申为生命,比如献出生命是"献身",放弃生命是"舍身",丧失生命是"亡身",将生命置之度外是"奋不顾身"。生命既然就是"身",则生命的全过程也就是"终身"。不但肉体生命是"身",社会生命、政治生命、道德生命等,也是"身",如身份、身家、出身、进身(提高社会地位)、翻身(改变社会地位)、身败名裂(丧失社会地位)、身价百倍(社会地位大幅度提高)、人身攻击(侮辱人格,并非殴打身体)。实际上,肉体生命和社会生命、政治生命、道德生命有时也难舍难分。比如"明哲保身",就很难说要保的是哪个"身"。

生命当然都只能是自己的。因此,"身"又指自己,所谓自身难保、身先士卒等是;又引申为亲自,如身临其境、身体力行、亲身经历;又引申为担任、承受,如以身作则、身受其害等。这可真是"怎一个'身'字了得"。

这里特别值得注意的有两点。

第一,只有自己才能称"身",叫"自身";别人称"人",叫"他人"。"身无分文"是自己没有钱,"人言可畏"是别人的话很可怕。与自身同义的还有"躬"和"朕"。躬指身体,如鞠躬;也指自身和亲自,如事必躬亲,躬逢盛世等。朕是自身,原是古人自称的谦词。秦始皇以后,规定只有皇帝才能称"朕",结果谦虚变成了骄傲。"自身"既为皇上所独有,臣下当然也就"身不由己",连衣服也不能随便穿了。

第二,生命既与身体同一,则灵魂也与肉体混同,或以肉体代心灵。比如意志不得自由,本是"心不由己",却说"身不由己";体验他人情感,本是"感同心受",却说"感同身受"。看来,中国人的知觉、感受、体验、领会,都是先"身"而后"心"的,就连体验之"体",领会之"领",都与"身"有关。中国人从来就不相信不能用身体感官确定的东西,而只相信自己的"切身体会"。所以在教育上,言教不如身教;在认知上,耳闻不如目见;在学习上,心知不如力行;在事业上,立命必先安身。身不能安,则心不能定。于是就连一个人的道德修养,也不能叫"修心",而叫"修身"。"修身"不是健美,不是体育锻炼,其实与"身"没多少关系。

当然,要说一点关系都没有,也不对。《礼记》就说"礼义之始,在于正容体、齐颜色、顺辞令"。这就是"修身"了。这门功课,从小孩子一生下来就要开始。具体的做法,是垫上尿布以后,用一块布先把婴儿的两条腿包起来,又用布带从上到下捆紧,使婴儿身体笔直,只露出脑袋,俗称"打包",有的地方叫"蜡烛包"。据说,只有这样,才能保证孩子长大以后腿是直的,也才能保证他是一个"正直的人"。

可见身心一体,心由身定。

一个人的"心"既然是由他的"身"来定的,那么要得到他的"心",便必然在这个人"身"上打主意,甚至要在他的服饰上做文章,比如清人入关后之强迫汉人剃发易服即是。这些南下的征服者们坚信,只有当中原汉族在服饰上与自己"俱为一体"时,被征服者才会和自己"心往一处想,劲往一处使",才不会再把满人看作"夷狄",对于大清帝国的兴衰荣辱,也才会"感同身受"。果然,清王朝覆灭时,许多汉人都如丧考妣,坚决不肯剪掉头上的小辫子。反倒是"皇帝陛下"(溥仪)本人,带头革了那辫子的命,害得宫里宫外遗老遗少们,一个个都跟丢了魂似的。

同样,在日常生活中,对一个人的"关心",也往往落实在对方的"身"上。比方说吃饭的时候给人家夹菜啦,天凉的时候提醒别人"加件衣服"啦。因此,关心又叫关怀、体贴,亦即"贴身"。身体相贴,体温相存,所以又叫"温存"。衣服穿在身上,其间当然有"温"存焉。就连小动物都知道,天寒地冻的时候,要互相依偎在一起。故而共衣便是体贴,体贴便是委身,委身便是交心。实际上,当一个人脱下自己的衣服,把它披到另一个人身上时,他们的心确实是"紧紧贴在一起"了。

与子同袍,能不是一种很重的情分吗?

衣人之衣,能不"怀人之忧"吗?

衣与依

其实,衣服衣服,衣与服,都有文化内涵。

先说"衣"。

衣是最贴身的东西,而贴身也就是"依"。依,它的甲骨文字形,是一个人在胞衣中成形。去掉这个人形,剩下的部分,便是甲骨文的"衣"字。所以,衣,最早是胎儿的胞衣,即"人之衣"。同时,衣也就是依,起先是胎儿之所依托,后来是人之所依。人们裹在衣服里,就像胎儿裹在胞衣中,衣服,岂是小看得的?

这样一来,共衣就是共依(共同依托同一对象,或互为依托),而同袍就是同胞(好像一母所生,有了血缘关系)。两个人,如果既同火共食,又同袍共衣,那就既有同一生命源头,又有同一生命依凭,肯定会亲如兄弟情同手足,成为"穿一条裤子"的铁哥们。

其实,"衣"这个字,本身就有"相依"之意。衣字的字形,无论甲骨文、金文、还是篆文,都是由上下两部分组成。甲骨金文"象曲领,两袖中空,左右襟衽掩合之形",看来真是上衣的形状。篆文却是上面一个"人"字,下面也是一个"人"字,许慎说"象覆二人之形"。覆即颠倒、翻动。这两个人在那里颠来倒去地干什么呢? 当然是在"体贴"。后来这两个相互体贴着人的中间又多一个较小的人(大约是生了孩子),就成了甲骨金文的"依";孩子长大了站在两个人的旁边,就成了篆文的"依"。孩子总是要依靠、依赖、依傍大人的。可见,衣也就是依,就是相互依存,甚至相依为命。

这当然很重要。所以"依"这个字的使用频率便很高:依傍、依从、依附、依归、依顺、依随、依托、依循、依仗、依允、依照、依凭、依据、依靠,甚至依赖。这也不奇怪。依,首先是二人关系,或人际关系,或人与人的关系。这种关系,在以群体意识为思想内核的中国文化这里,当然是头等重要的关系。

依则恋。依恋是中国人所谓"人情"的核心。父母在,不远游,承欢膝下、绕行膝下等等,讲的都是依恋之情。恋家、恋国、恋父母、恋故乡,甚至恋古人,也都是中国人特有的情感。就说乡恋。中国古典诗词中描写乡恋之情的,真是何其多也。——"举头望明月,低头思故乡"(李白);"露从今夜白,月是故乡明"(杜甫);"独在异乡为异客,每逢佳节倍思亲"(王维);"无端更渡桑乾水,却望并州是故乡"(刘皂);"故乡今夜思千里,霜鬓明朝又一年"(高适);"不用凭栏苦回首,故乡七十五长亭"(杜牧);"共看明月应垂泪,一夜乡心五处同"(白居易);等等等等,无不脍炙人口。

乡土尚且难离,何况最"贴身"的夫妻和情人? 当然也是依且恋的。事实上,中国的男女关系,更看重的是"依恋"而不是"性爱"。西方人的两性关系,往往带有好奇和探究的内容,因此不惮于婚前性关系,也乐意于与不同的男女成为性伙伴,为的是多一些体验和经验。中国人的婚姻,却主要不是为了"一夜之欢",而是要"相依为命","地久天长"。因此,一个女人和一个男人发生性关系,便是"以身相许",定了"终身"的。如果被那男人"始乱终弃",便会"痛不欲生"。像西方女人那样满不在乎另寻新欢的事,她们连想都不会去想。要想,也是"寻短见"。

其实男人也差不多。一个多情的男子,如果和一个女人发生了关系,哪怕这女人是妓女,也会产生依恋之情。"从别后,忆相逢,几回魂梦与君同"(晏几道),其所念念不忘依依不舍者,不过只是"彩袖殷勤捧玉钟,当年拼却醉颜红"的一位歌女,是否真有性关系都未可知。甚至只有"一面之交",也能产生依恋之情:"去年今日此门中,人面桃花相映红。人面不知何处去,桃花依旧笑春风"(崔护)。

依恋之情既然如此之重,所以离别就是极其痛苦的事:"相见时难别亦难,东风无力百花残,春蚕到死丝方尽,蜡炬成灰泪始干"(李商隐)。一旦重逢,便喜出望外:"今宵剩(只管)把银钆(灯)照,犹恐相逢是梦中"(晏几道)。总之,依恋、眷恋之情是"人之常情"。一个没有依恋、眷恋之情的人,会被看作是"无情无义",而一旦无情无义,也就"形同禽兽",甚至"禽兽不如"。因为连阿猫阿狗、小鸡小鸭,也有依恋之情呢!

衣与服

再说服。

衣服又叫"衣着"。着,就是"附着",或"加上去",比如着色、着墨,当然还有着装。所以,衣服也就是"依附"。

依附者是不能脱离被依附者的。没有被依附者,依附者就没有"着落"。皮之不存,毛将焉附?身之不存,衣将焉附?所以依附与被依附者的关系,就是一种从属关系,叫做"服从"(像衣服从属于身体一样)。服从得好,叫做"服帖"(像衣服贴在身上一样)。服帖才会受到"体贴"(贴在身上),才能被"关怀"(搂在怀里),也才有可能"进身"(地位上升)。事实上,中国传统社会要求的,就是这样一种"人身依附关系"。每个人都依附于另一个人,或依附于群体,就像衣服之依附于身体:子女依附于父母,妻妾依附于丈夫,下级依附于上级,所有的人都依附于皇帝。皇帝似乎没有什么人要依附,因此是"孤家寡人"。其实皇帝也要依附的。他依附于皇权,依附于国家和民族这个群体。一旦失权亡国,那就"猪狗不如",甚至只有"死路一条"。

可见依附者固然不能脱离被依附者,被依附者也不能脱离依附者。于是依附者也好被依附者也好,便都有义务来维系这种关系,只不过其义务各自不同。子女、妻妾、臣民的义务是"服从"。表现为道德要求,就是子孝、妻顺、臣忠。父母、丈夫、君王的义务则是"关怀"。表现为道德要求,则是君仁、父慈、夫爱。但服从是首要的。子女、妻妾、臣民如果不服从,那就等于当众剥掉了父母、丈夫、君王的衣服,是一种极让后者丢面子的行为,必将受到严惩。反过来,如果后者无法使前者服从,则等于连衣服都不会穿,同样是没有面子的事。所以,"怕老婆"是可笑的,而"怕丈夫"则被视为理所当然,不会成为笑柄。在中国的任何笑话集中,都决找不到一则"怕丈夫"的故事,因为中国人并不觉得那有什么可笑。

依附的对象并不限于某个人(父母、丈夫、长官、皇帝等),也可以是某个群体(家庭、家族、团体、单位、组织、政府等)。直到现在,中国人如果有了什么"问题",也仍然习惯于找"单位上"去"解决";有了什么"想法",也仍然习惯于找"组织上"去"谈心"。中国人似乎很少想到要依靠自己的力量去成就某一事业,事实上认真做起来也有诸多困难,当然还是"依靠上面"来得便当。即便失误,也会有人替你担待,至少不必担心被"抓辫子"、"扣帽子"和"穿小鞋"。辫子、帽子和小鞋,都是特殊的"服饰",过来人无不知道它们的分量。当然,有了成绩,也首先归功于领导和群众,自己则不过只是做了一点"微不足道"的小事情。结果,是没有哪个国家的政府和各级部门像中国这样责任重大,任务繁多。不但每个人的吃喝拉撒睡、生老病死退,都要责无旁贷的管起来(管得不好群众还要"骂娘"),而且一旦为了改革而"断奶",还得教会大家如何去"自谋生路"。

依附的对象，甚至还可以是古人、洋人，是某种思想或某一学派。中国人说话写文章，过去是开口闭口子曰诗云，后来是必先引用马恩列斯，时下则言必称弗洛伊德或海德格尔等等，只可惜老外并无"关怀"咱们的义务，所以也不见这样引用有什么好处。好在咱们这么说，这么写，主要还是一种心理需求。不这么说这么写，别人看了"不顺眼"（好像衣服没穿对），自己心里也"不踏实"（好像脚下没穿鞋）。反正靠他人也好，靠组织也好，靠古人也好，靠洋人也好，总得"靠"着什么："在家靠父母，出门靠朋友"，"大海航行靠舵手"，自己和个人是"靠不住"的。甚至就连上级，有时候也得靠下级。在中国，会做领导的，总是要在群众中发现和寻找"可靠分子"，以为"依靠对象"，否则便会变成"孤家寡人"，什么事情都做不成。

于是，一旦依靠对象发生问题，便不知"何去何从"。何去，是"上哪去"；何从，则是"跟谁走"。跟着谁，就朝谁的方向走。所以"何去"取决于"何从"。"从"这个字，简化得实在好：一个人跟着另一个人。哪怕只是"跟着感觉走"，好歹也是"跟"。谁要是宣布"走自己的路"，没准就会被视为神经病。

总之，衣服就是依附。衣服依附于身体，自身依附于他人，由此构成一个庞大而复杂的社会关系网络，在这个网络里，每个人都如被熨斗烫过一样，"服服帖帖"。这大概也就是"圣王"们"垂衣裳而天下治"的秘密所在吧？

四　时　尚　问　题

东边日出西边雨

看来，服饰这事，还真不能视同儿戏。往大里说，它即便不是"治国之纲"，至少也是"治国之方"。往小里说，它是一个人内心美丑和道德修养的表现，也是对他人的尊重和一种礼仪。也就是说，服饰、礼仪、道德是三位一体的。失仪必失礼，失礼必失德，失德必失国。这样,一个人,尤其是一个有身份有地位有修养的人,就不能随随便便,想穿什么就穿什么,想怎么打扮就怎么打扮。

因此,中国文化在传统上,是反对和厌恶"奇装异服"的。在许多中国人眼里,奇装异服简直就是坏人、流氓、色鬼和品性恶劣者的代名词。改革开放以前,但凡正派人士和良家妇女,只要一见到身着奇装异服者,就像见到了麻风病人,避之惟恐不及。这种厌恶和反感,在历史上甚至曾经导致谋杀案的发生。比如郑文公之杀子臧就是。事后有人评论说:"服之不衷,身之灾也。"一件奇装异服,竟招来杀身之祸,而舆论还认为是理所当然,可见穿衣戴帽,还真不能随人所好。

穿着奇装异服要遭人非议、厌恶,甚至嫉恨,穿着过时的服饰,用过时的方式装饰自己,则会遭人笑话。白居易诗云:"小头鞋履窄衣裳,青黛点眉眉细长,外人不见见应笑,天宝末年时世妆。"原来,唐玄宗开元、天宝年间,流行胡服,女装多"襟袖窄小"。到了唐宪宗元和年间,早已流行"大髻宽衣",袖宽往往超过四尺。至于画眉,也由时兴细而长的"蛾眉",改为时兴阔而短的"广眉"了。其实,蛾眉原本是极美的。杜甫诗云:"虢国夫人承主恩,平明上马入金门,却嫌脂粉涴(wò)颜色,淡扫蛾眉朝至尊。"就是说杨贵妃的姐姐虢国夫人自恃天生丽质光彩夺人,朝见皇上也不施粉黛,却仍要"淡扫蛾眉",可见蛾眉之美。然而,曾几何时,"青黛点眉眉细长"竟成为"外人不见见应笑"的过时装饰了。可见"时髦"也是极重要的。朱庆馀诗云:"洞房昨夜停红烛,待晓堂前拜舅姑,妆罢低声问夫婿,画眉深浅入时无?"讲的就是这个道理。

既痛恨奇装异服,又害怕过时落伍,这可真是"东边日出西边雨",有点让人摸不着头脑,也和饮食的表现大相径庭。

说来也是有趣,饮食和服饰虽然都为中国文化所看重,实际情况却似乎不大一样。饮食比较保守,服饰则比较新潮。饮食的变化可以说是最小最慢的。古人用筷子,今人也用筷子;古人吃米饭馒头,今人也吃米饭馒头;五千年前吃火锅,现在依然吃火锅。无论食品原料、烹调方法、进餐方式、习惯口味,都基本保持"中国特色",难得一变。当

　　虢国夫人承主恩,平明上马入金门,却嫌脂粉涴颜色,淡扫娥眉朝至尊。

　　(选自《新增百美图说》,邱寿岊作,光绪十三年苏州石印本。)

然,要说一点没变,也不是事实。不过,即便最爱吃麦当劳、肯德鸡的孩子,也不是天天都吃。如果天天吃,还爱不爱,就很难说;长大了,还爱不爱,也很难说。再说,不吃西餐和洋快餐的,毕竟还是大多数。所以,仍有人认为,在西方文化不断传入,世界文化趋向认同的未来,饮食,可能是"中国特色"的最后一块阵地。

服饰的情况就不大一样了。如果说饮食是一位因循守旧的老先生,那么,服饰便像一个追新逐奇的小姑娘。中国的服饰,曾屡经变化。说得远一点,有赵武灵王的"胡服骑射";说得近一点,则有辛亥以来的"逐年西化"。今日之服装,不要说与千百年前大相异趣,便是与十多年前也大不相同。但不管怎样时尚化,总归是和国际接轨而不是和传统接轨。传统的服饰,大概只剩下了博物馆的意义。城市里已很难见到中山装,农村里小伙子的白羊肚手巾和姑娘的大辫子,也不大容易看见了。

事实上,咱们这个最最痛恨奇装异服的国度,恰恰也是最最爱赶"时髦"的地方。许多外国名牌在中国的畅销,就连外商也感到奇怪。他们无法理解,一个中国人竟会用数月的工资去换一块体面的包装布,"十六岁的花季"们也能潇洒地走进时装专卖店,用父母的血汗钱换取时髦。看来,我们确有必要讨论一下与服饰有关的时尚问题。

时髦之谜

一般的说,所谓"时髦",总是新奇玩艺。赶时髦就不会反对奇装异服,痛恨奇装异服就不会赶时髦。中国人又反对奇装异服,又爱赶时髦,岂非莫名其妙?

说怪也不怪,原因就在于中国文化的思想内核是群体意识。

依照群体意识,每个人都是群体的一员,每个人的生存都要以群体的存在为依据,每个人的价值也要以群体的判断为标准。换句话说,每个人的尊卑、贵贱、优劣、是非、善恶、美丑,都归群体和他人说了算。更何况,服饰这东西,原本就是穿来给人看的。如果没人看,穿得再漂亮也没有意思。陆游诗云:"驿外断桥边,寂寞开无主。"花儿尚且不能无人观赏,况美貌盛装之人乎?所以爱美的女子一旦无人观赏,也就无心梳妆。这就叫"士为知己者用,女为悦己者容"。

　　既然穿衣打扮,原为让人观看,则每个人的服饰,便必须依照对象而确定,不能随心所欲,别出心裁。完全不假修饰,固然粗野鄙俗,让人"看不起";过于讲究修饰,又未免虚伪做作,让人"信不过"。所以孔子说:"质胜文则野,文胜质则史,文质彬彬,然后君子。"什么是"彬彬"? 彬彬,就是"相半之貌"。文质彬彬,就是既文雅又朴质,既有修养又不失本色,这样才是真正的君子。

　　正人君子既然必须"文质彬彬",当然也就不能"奇装异服"。奇就是"不正",异就是"不常"。不正常,也就"不正经"。不正经,不是"歪",就是"邪"。奇装异服既然是"邪门歪道",正人君子当然穿不得。

　　那么,其他人呢? 更穿不得。因为其他人似乎更没有资格搞特殊。什么是奇? 什么是异? 奇就是"少见",异就是"不同"。"少见"便难免"多怪","不同"则异于"凡响"。如果是老外,自然"稀罕少见";如果是皇上,自然"与众不同"。所以,老外和皇上的服饰虽然和咱们不一样,却不叫"奇装异服"。中国的普通老百姓就不行了。要啥没啥的,有什么资格自行其事、与众不同? 没有。既然没有,那你就规矩点。

　　实际上,奇装异服之所以遭人物议,表面上看是因为不合"礼",实质上则是因为不合"群"。想想看吧:大家都穿这样的衣服,你却偏要穿那样的衣服,这不是存心要和大家过不去吗? 不是存心要让大家瞧不顺眼吗? 不是公然不把大伙放在眼里吗? 不是太狂妄、太自大、太目中无人、太自以为是了吗? 难道别人都不爱美就你懂行? ——厌恶、反对、痛恨奇装异服者,大多是这种心理。

　　不能说这种心理毫无道理。道理也很简单:既然服饰是对他人的尊重,那么,穿着"奇装异服",当然也就要被视为对他人的蔑视。并且不仅仅是对某一个人的蔑视,而是对公众、对群体的蔑视,这就理所当然地会引起"公愤"。至于穿着过时服装,用过时的方式装饰自己,情况则又不同。表面上看,这也是"不合群"。但这种不合群,并不是故意和大家作对，更不是看不起群众，反倒会被群众看不起，当然也不会引起反感、憎恨和敌意。

赶时髦的情况又要复杂一点。中国人爱赶时髦吗？爱的。中国人承认自己爱赶时髦吗？不承认。所谓"时髦"，即"流行于时者"。没有一定的人数，就称不上"流行"。所以，时髦也是一种群体行为，与奇装异服不同。奇装异服是"标新立异"，故意"与众不同"；赶时髦则是"随波逐流"，生怕"落伍掉队"。二者之间，有着本质的差别。事实上，中国人反对奇装异服，并非反对"时髦"，而是反对"独异"。"独异"是一个人和大家伙儿闹别扭，所以会成为众矢之的；"赶时髦"则是大家一窝蜂地去做同一件事，当然不会犯众怒。

其实，赶时髦的人都有一种"合群性"。他们眼见得群体前进了，生怕跟不上，这才去赶。因此不是"不合群"，毋宁说是"合群之心太切"，过于猴急而显得可笑，不够稳重而被人鄙夷。可见，赶时髦即便有什么"不是"，其错误也不在"时髦"，而在于"赶"。因为依照群体意识，要时髦，也得大家一起时髦，你一个人匆匆忙忙地赶什么呢？

然而，时髦这玩意，不赶又是不行的。不赶，就会过时。一旦过时，再赶上去，不但讨不到什么便宜，反倒更加可笑。同样，太赶，也是不行的。因为是时髦，就不会是"老一套"，总是新鲜玩意，也就多少有些风险。如果还没弄清它是否会流行于时，就匆匆忙忙赶了上去，结果无人响应，岂非成了奇装异服，或奇装异服的跟屁虫？这就不能不预留后路。办法则是宣布自己不赶时髦，甚或视赶时髦为可鄙。结果，赶时髦就成了一个贬义词，专一用于那些追新逐奇赶潮流跟浪头，手忙脚乱变来变去的人。其实，中国人哪有不赶时髦的。想当年，搞"文化大革命"的时候，一夜之间，全国到处都是黄军装、红袖章，那可是中国历史上最大的时髦。

超前有风险，落伍遭耻笑，因此，中国人处理时尚问题，就有两条原则，也是两条古训，一条叫"变通以趋时"，一条叫"不为天下先"。

"变通以趋时"与"不为天下先"

先说"变通以趋时"。

中国人喜欢变吗？不好说。一方面，中国人最不喜欢变，最好是"天不变，道亦不变"，大家墨守成规，照葫芦画瓢，便天下太平。因此有"以不变应万变"甚至"万变不离其宗"的说法。另方面，中国人又最善变。而且，有时变化之快，弯子转得之大，连自己都会吓一跳。比如，刚刚还骂过革命党的，一转眼辫子就盘到头顶上去了；前不久还自称"大老粗"并以"大老粗"为荣的，一转眼，就有了"大专以上学历"和"高级职称"。总之，当真要变，也可以变，而且说变就变，又哪有什么"祖宗成法不可变"！

这就叫"变通以趋时"。也就是说，时代变了，服饰及其他方面，也要跟着变，否则就是"不合时宜"。不合时宜便会落伍。严重一点的，则会丢了身家性命。因为"时变"常常因于"政变"，"易服"往往意味着"易主"。大家都跟着去朝拜新皇帝、当新国民了，你自家一个人还穿着旧时冠服，便难免被视为"敌对分子"。要不然，大小也就是换件衣服变个发式的事情，为什么不跟着做？即便不是对抗，至少也是心里面闹别扭，背地里犯嘀咕。

这就不讨人喜欢，也"吃不开"。

所以中国又有一句古训，叫"识时务者为俊杰"。就是说，时势变了，风头变了，大家都跟着变了，你也要尽快变过去，否则就会"背时"。背时就是倒霉，趋时才有甜头。关键要看什么东西"行时"。"行于时"才"行得通"。行得通的事不做，偏去做行不通的事，岂非犯傻？所以不变不行。尤其是服饰，就更得跟着变。你想，行头行头，如果不"行"（行时），还能叫"行头"么？

何况要变也不难。反正首先要变的，都不过是表面的东西，如服饰之类。骨子里的东西，亦不妨依然故我。所谓"洋装虽然穿在身，我心依然是中国心"，就是这个意思。换句话说，"改头换面"不等于"脱胎换骨"，"焕然一新"并不妨碍"我心依旧"的。

但是表面文章，却也不可不做。因为跟不跟，是"态度"问题；跟不跟得上，是"水平"问题。水平不高，无可指责；态度不对，便要整肃。所以时势变了，人们也会跟着变，至少在口头上和表面上是如此。只要口头上和表面上变了,就不会有人追究。便是有人想追究,也无从下手。因此一到时势大变,想顶也顶不住的时候,中国人也会敷衍敷衍。叫挂龙旗就挂龙旗,叫挂五色旗就挂五色旗,叫挂青天白日旗就挂青天白日旗,甚至叫挂膏药旗就挂膏药旗。这也是中国人的生存之道:随机应变,曲线救国,先存活下来再说。

当然也有真变的。近一百年中国的变化就很大,近二十年又为最。显然,中国人并不一味地反对"变",更不反对"趋时",反对的只是某个个人的"超前"和"出头"。"出头的椽子先烂","枪打出头鸟","始作俑者,其无后乎"。历史上那些带头搞改革的,几乎都没有什么好下场。商鞅是被车裂了的。王安石虽然没有被车裂,名声却一直不好。再说带头也没什么好处。第一个吃螃蟹的虽然在理论上是英雄,可又有谁记得他是张三李四?

因此又有第二条原则,叫做"不为天下先"。

所谓"不为天下先",不但是"不为戎首""不为祸始",而且也"不为福先"。也就是什么事都不要走在前面。坏事固然不能带头干,好处也不能得在前面,因为那会遭人嫉妒。一两个人嫉妒问题还不大,如遭众人嫉妒,那就要倒霉了。最好是"随大流"。既不用担风险,又不用费脑筋。就算错了也没关系,反正"首恶必办","胁从"则可以"不问"。冲在最前面的人牺牲倒下之后,胜利的果实岂非正由中下游者享用?

这正是群体意识的体现。在一种"群体至上"的文化中,个人总是渺小的,群体才是伟大的。群体强,个人弱;群体力量大,个人能耐小;群体代表着正确方面,个人则难免要犯错误。所以,一个人,只有融入群体才"吃得开",被称为"分子"的则往往"吃不开",比如"地主分子"、"右派分子"、"反革命分子"。因此有人戏言,说中国知识分子之所以又"穷"又"臭",就在于不幸而为"分子"之故。总之,变也好,不变也好,快变也好,慢变也好,都不是问题的关键。关键是既要"随机应变",又要"随波逐流"。反正只要"合群",就不会有什么错误。如果居然"敢为天下先",成了"分子",那麻烦可就大了。

从上与从众

的确，"合群"才是最重要的。

什么是"群"？"兽三为群，人三为众"。兽为群（如羊群），人为众（如民众），合起来就叫"群众"，也就是像羊一样跟着"牧羊人"（君）、跟着大家一起走的"人众"。于是，中国人的变通趋时，又有两条原则，一是"从上"，二是"从众"，——一个人跟着另一个人，最后变成三个人。

其实，时髦几乎从来就是"从上"的。"上有所好，下必从焉"，历来如此。"楚王好细腰，宫中多饿死；吴王好剑术，国人多伤疤"，审美风尚的形成往往源于上流社会的好恶与倡导。"一丛高鬟绿云光，宫样轻轻淡淡黄，为看九天公主贵，外边争学内家装。"（王涯《宫词》）宫廷、豪门、都市，从来就是形成时尚、领导潮流的"头羊"。

这是有例的。比如"长冠"（又叫"斋冠"），是一种竹皮冠，相传是刘邦发迹之前发明的，所以又叫"刘氏冠"。刘邦发迹之前，不过是个混混。虽然谋了个"泗水亭长"的差事，也不过是个试用的吏员。他头顶上的那个竹皮冠，又能怎么样？只因为它是高祖早年所造，后来竟被定为官员的祭服，而且爵非公乘以上，还没资格戴。又比如"花钿"（又称"额黄"），是一种两眉之间的装饰。它的缘起，据说是南北朝时，南朝宋武帝之女寿阳公主一日仰卧檐下，一朵梅花正好落在额上眉间，染成颜色，拂之不去。宫女们见之奇异美观，便竞相效仿，蔚为风气。李商隐《蝶》诗云："寿阳公主嫁时妆，八字宫眉捧额黄"，说的就是它。最可笑的是"点痣"，原本是天子后宫嫔妃，月事来临时，不便奉承龙恩，又不便言说，便以朱砂点面为标记，传到宫外，竟也成为一种装饰了。

显然，"从上"就是"崇上"，而"崇上"也就是"崇尚"。一个社会崇尚什么不崇尚什么，谁说了算？难道是老百姓不成？当然是"上面"说一不二。何况"跟着上面走"，大家也心甘情愿。下层社会对上流社会总是盲目崇拜的，再说也"保险"。因为一方面，惩罚总是"自上而下"的；另方面，也"刑不上大夫"。这样，从上，就可以避免承担始作俑者

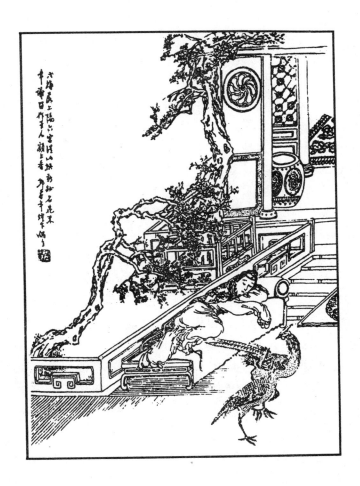

　　南朝宋武帝之女寿阳公主,一日卧于殿檐下,一朵梅花正好落在额上眉间,拂之不去,竟形成一种眉间装饰——额黄(花钿)。

　　(选自《新增百美图说》,邱寿昌作,光绪十三年苏州石印本。)

的风险,即便错了,也不会被视为奇装异服而受到追究。更何况,在中国古代社会,无论饮食起居、服饰装扮,宫廷较之民间,都市较之乡村,上层较之下层,总是更豪华、更排场、更精美、更先进。跟着上面走,就既保险,又可"得风气之先",何乐而不为呢?

"从众"的心理也如此。中国人做事,对错先不论,只要是"大家"都这样做了,便先有了三分"合理因素"和"保险系数"。即便果真错了,也毋庸忧虑会受惩罚。因为"法不治众",惩罚总是针对少数人的。要打击和能打击的,只是"极少数"、"极个别"胆敢出头的"分子"。至于"群众",则只是教育问题,顶多问个"盲从"之罪。但"盲从"其实是无罪的。因为既然是"盲",当然也就"看不清"。看不清就不知道,不知者不为罪。何况看不清的,又不止一个两个,可见不容易看清。是非本不易看清,咱们又有点盲目,哪能不犯错误呢? 话说到这份上,你就是想追究,也追究不下去了。

中国人喜欢"从众",还因为依照群体意识,每个人的价值都要由群体来确证。这样一来,群体和他人,便成了鉴定衡量自己言行是非对错的标准。群体和他人可以做的,自己也可以这样做;群体和他人都不做的,我们自己就做不得。比如阿Q欺负小尼姑,明明是"非礼",阿Q也要强词夺理地说:"和尚摸得,我摸不得?"其实和尚何曾摸过? 又有谁说和尚摸得? 没有。可见是胡说。但阿Q却非得假定和尚摸过摸得不可。因为只有如此假设,他的非礼才是"从众",也才合理合法,心安理得。

既然说话办事,都是跟着别人跑,用别人的眼睛看事物,用别人的脑袋想问题,按照别人的发生做事情,则一旦犯了错误,亦往往不假思索地便把责任都推到别人的身上,委过或迁怒于别人。比如阿Q,捉不到可以咬得很响的大虱子,便迁怒于王胡;挨了王胡的打,又迁怒于假洋鬼子;挨了假洋鬼子的打,则又迁怒于小尼姑,并把所有的账,都算到最后才见到的小尼姑身上:"我不知道我今天为什么这样晦气,原来就因为见到了你!"可惜阿Q早生了几年,又没有文化,否则他的"调戏"吴妈,完全可以委过于读了当代某作家的书。然而阿Q也不幸,只好怪小尼姑的脸上,不该"有一点滑腻的东西"了。

这当然很便当,也很省心,只可惜也不会有什么长进。因为把责任都推到别人那里去了,没自己什么事,自然也用不着反省,用不着改进。一个不知反省的人,对别人也不会有真正深刻的理解;而一个对自己都不负责的人,又怎么谈得上对国家民族负责? 如果只是某一两个人这样,倒也罢了。倘若全民族每个人都如阿 Q,则其前途也就十分堪忧。

"一窝蜂"与"一刀切"

问题还不止于此。

就说阿 Q。阿 Q 的欺负小尼姑,究竟是一时冲动呢,还是预谋已久呢? 我们知道,阿 Q 是个内心没有成算的人。要说他早就在策划这样一个"非礼事件",显然不是事实。但要说他从来没有想过,也不是事实。阿 Q 有一个"理论":凡寡妇,都想偷汉;凡尼姑,均与和尚"吊膀子"。如此,则所有的尼姑,便都曾经被和尚摸过。这就使他愤愤不平:和尚摸了,我阿 Q 没有摸,岂不是吃亏? 那就一定要摸他一次!

显然,所谓"和尚摸得,我摸不得",其实还有一层意思没有说出来,那就是:"和尚摸了,我也要摸"。换一种更带普遍性的说法,则是:"别人有的,我也要有。"

这种心理,就叫"攀比"。

中国人喜欢攀比。你穿名牌,我也要穿名牌;你戴首饰,我也要戴首饰;你分房子,我也要分房子;你评职称,我也要评职称。反正得"大家一样,人人有份"。这似乎也很合理。因为依照群体意识,我们原本就是从众从上,跟着别人走的。既然别人没有的我们也不能有,别人没干的我们也不能干,那么,别人干了,我们为什么不能干? 别人有了,我们为什么不能有?

于是,就有了"一窝蜂"和"一刀切"。

鲁迅先生早就描述过中国人的"一窝蜂":一个人在街上吐了口口水,并蹲下来看,立即就会围上一大堆人。这时,如果看客中有一个人发一声喊,拔腿就跑,那么,大家也就会跟着一哄而散,真不知"何所闻而来,何所见而去"。

中国人的这种"一窝蜂",真是随处可见,随时可见。就拿锻炼身体来说,喝红茶菌便都喝红茶菌,打鸡血针便都打鸡血针,做甩手操便都做甩手操。最近听说又有人推出"喝尿疗法",不知能蔚然成风否?当然,身体毕竟是自己的。拿自己的身体去做"一窝蜂"的实验品,那也最多是"咎由自取"。倘若连国是也如此操作,比如一窝蜂地去大办钢铁,或一窝蜂地去抓走资派,便难免弄得国无宁日。建国后的许多运动,尽管事后证明并不正确,当时却能毫不困难地发动起来,原因之一,便不能不部分地归结为这一民族心理。

中国人为什么会"一窝蜂"?非他,群体意识而已。依照群体意识,凡属群体的,也一定是正确的,谁愿意犯错误呢?凡属群体的,也一定是保险的,谁又愿意担风险呢?就算错了,犯错误的又不是我一个人,吃亏的又不光是我自己,怕什么!反倒是,如果大家都进步了,都沾了光,占了便宜,就我一个人落伍吃亏,那才叫惨呐!更何况,中国人早就把脑袋,把思考选择的权利和相应的责任都交给了群体交给了他人,只怕是连想都不会想,就跟着跑了。

当然也就会"一窝蜂"。

与"一窝蜂"相配套的操作系统叫"一刀切"。所谓"一刀切",就是对一应问题,各色人等,均不问高矮胖瘦、青红皂白,一律按同一标准处理。比如,一到六十岁,不论身体好坏,能力高低,工作是否需要,都统统退休。不到年龄而自愿退休者,则一律不准其退。这显然是"一窝蜂"的翻版。但"一窝蜂"是群众的事,"一刀切"则是领导的事。群众沉在基层,难免是非不清;领导高屋建瓴,难道也不明事理?不是不明,而是太明,——不"一刀切",就会"摆不平"。你让张三退休李四不退,张三不会有意见?你让王五晋升赵六不升,赵六不会闹情绪?没法子,只好"一刀切"。所以尽管谁都明白"一刀切"并不合理,但不管谁当了领导,也都只能如此办理。

其实,即便"一刀切",有时也不灵的。因为攀比攀比,除了"攀",还有"比"。既然是比,就要比个高低,比个优劣,比个胜负,比个水落石出。于是,你盖三星饭店,我就盖五星的;你分了三房一厅,我就要四房两厅。可见,攀比并非就是"人人有份,大家一样",骨子里还是"出人头地,高人一等"。这样,从众,也就表现为两个方面。一方面是"跟着"别人走,另方面则是一心要"比过"别人。因为"跟不上"固然没面子,"比不过"也同样没面子。所以非攀比不可。

这就牵涉到"面子"了。事实上,服饰礼仪也好,攀比心理也好,都关乎面子,而面子,则是每个中国人都不能没有的东西。

那么,面子是什么?

第三章　面子

一　命之所系

面子与中国人

面子是中国人的宝贝。

面子几乎主宰着中国人的一切。人际关系,要靠面子来处理和维系;社会生活,也要靠面子来决定和操作。就说请客吃饭。什么人该请,什么人不该请;什么人该"再三敦请",什么人不过随口说说,都一律取决于面子。请来以后,什么人该先入席,什么人该后入席;什么人该坐在首席,什么人只能"打横作陪",甚至站在旁边,也一律取决于面子。被有面子的人请去吃饭固然是有面子,能把有面子的人请来吃饭也同样是有面子。请客的人,为了给客人面子,明明是杯盘交错,水陆杂陈,也得说"没什么菜"。被请的人,明明是口味不适,胃口不佳,但为了给主人面子,也得连说好吃,作大块朵颐状。当然,在这里,掌握"分寸"是极为重要的。——吃得太少,似乎怪罪主人招待不周,是不给主人面子;吃得太多,狼吞虎咽,又显得自己没教养,或没见过"世面"。总之,一应行动,均应以面子的得失为取舍,由面子来操纵和指挥。

甚至有时吃饭直接就是吃面子。比方说,吃公家的东西不掏钱,是有面子;吃别人吃不到的东西,也是有面子。有些地方招待外宾,总是要特地弄些明令禁食的"山珍海味"(如娃娃鱼)来,还要特别声明这是"国家某级保护动物",弄得老外们莫名惊诧,不懂主人们为什么要拉了他们一起来"违法乱纪"。但如果招待的是"内宾",则多半会"领情"。有的人,还会以此作为回去吹嘘的资本。相反,如果被请之人面子很大,却又未享受到应有的待遇,比方说,没有坐在上席,或没有等他,没有请他吃最好的东西,或没有让他先动筷子,那麻烦就大了。即便不当面翻脸,也会怀恨在心,找机会让你吃不了兜着走。

穿衣也一样。衣服穿在身体的表面,当然是"面子",也是"体面"。一个人,如果穿着不得体,是很没面子、很不体面的。在中国,只要稍微"体面"一点的场所,都会挂出告示:"衣冠不整,恕不接待"。然而,当真不敢公然入内者,却未必都是衣冠"不整",而往往是穿着"寒酸"之故。为此,一个人,只要不是实在穷得揭不开锅,一般总有一两件所谓"出客"的行头,以便在必要时,可以堂而皇之地出入"体面"的场所,赶饭局,赴酒宴,在旅游景点照相。甚至有的人为"体面"故,还会找阔绰一点的朋友,借一套名牌裹在身上,人模狗样的,大步地在街上走。

所以,中国人的服饰之道,就可以总结为三句话:重人前而轻人后,重外衣而轻内衣,重礼服而轻便服。上海人有句俗话,叫"不怕天火烧,就怕摔一跤"。因为反正家里什么也没有,一把火烧光,亦无足可惜。全部的家当和体面,却在一条裤子上。倘若一跤摔下去,弄脏弄破,那就面子丢光,"没脸见人"了。

没脸见人又怎么样呢?轻一点的会"吃不开",重一点则要"掉脑袋"。比如项羽,历来百战百胜的,但最后一仗惨败,这就面子丢光,连家也回不得了。他自己的说法,是"籍与江东子弟八千人渡江而西,今无一人还,纵江东父老怜而王我,我何面目见之!"所谓"何面目见之",也就是"拿什么脸面去见人"。古人要面子很实在,不像今人脸皮厚,只是轻描淡写地说一句"不好意思"便罢了,所以项羽终于自杀。这虽然是"死路一条",但"死路"好歹也是一条"路"。你看,项羽一自杀,就有很多人来说他是英雄,为他唱赞歌,打抱不平;他又留下了"无颜见江东父老"的成语典故,也算是对历史文化有所贡献,可以名垂千古的。反正,项羽的面子总算是争回来了,虽然是在死后。

相比之下,祥林嫂就惨得多。祥林嫂一女而事二夫,这在鲁四老爷之流看来,是极丢脸面的事。虽然也曾以死相争,但终究没有死成。不但"从"了,还和第二个男人生了个儿子。这就非但不能挽回面子,反倒有"假正经"嫌疑。由是之故,鲁四老爷便不许她参与祝福的筹备工作。这简直类似于开除她的"人籍"。大约祥林嫂自己也觉得"心虚",便用血汗钱去捐了门槛,让千人踩万人踏,却仍不能"起死回生"。然而,别人丢了面子,还有"死路一条",祥林嫂却连这条路也不能走——到了阴间,要被阎王爷锯成两半,分给两个男人。活也不能活,死也不能死,那才叫"走投无路"呐!

可见,丧失面子,有时会比丧失性命还要可怕。失身的少女,落榜的少年,被俘的战士,还有其他那些"丢了面子"的人,往往会竟至于"寻短见",道理也就在这里。

死要面子

所以,中国人会"死要面子"。

所谓"死要面子",就是说,为了面子而去死,或让别人去死,或死了以后还要争面子。为了面子去死,已有项羽为例;死了以后还要争面子,则可以举楚成王为证。说起来,这位楚成王,其实并不怎么样。正因为不怎么样,所以他不是死在别人手上,而是死在自己儿子的手上。公元前626年(鲁文公元年),他的儿子商臣(即后来的穆王)带了兵来逼宫,而且一点情面也不讲,竟不肯让他老爸吃了熊掌以后再死。成王没有办法,只好自己去吊死。但是,吊死以后,却不肯闭眼睛,因为拿不准那些不肖子孙会给自己一个什么样的谥号。谥号,是古代帝王、诸侯、卿、大夫等人死了以后,获得的一个盖棺论定的称号。它是对死者的总体评价,也是死者最后的面子,非争不可。起先议定的谥号是"灵"。这是"恶谥":"乱而不损曰灵"。成王一听,便不肯闭眼睛。子孙们见他"死不瞑目",没法子,只好改谥为"成"。这又是"美谥":"安民立政曰成"。成王这才满意地把眼睛闭上。

还有为了面子让别人去死的。公元前605年(鲁宣公四年),楚人献给郑灵公一只特大的鳖(即王八)。灵公用他来宴请群臣,却惟独不让子公吃。原来,上朝的时候,子公的食指忽然自己动了起来。子公便对别的大夫说,我的食指一动,就有好东西吃。这话灵公也听见了。所以他不让子公吃那王八,便显然是故意不给子公面子。子公为了挽回面子,竟然径自走到烹鳖的鼎前,"染指于鼎,尝之而出"。子公的"染指"虽然给自己争回了面子,却大大地扫了灵公的面子。君臣双方既然都不给对方面子,那就只有"翻脸",——也就是把面子给"翻转"过来。翻脸的结果,是双方都要置对方于死地,只不过子公抢先了一步,让灵公再也吃不成王八。而且,这位老兄死了以后,还得了一个"灵"的"恶谥",比起那位临死之前求吃熊掌而不得的成王来,可就惨得多了。

中国人为什么死要面子?就因为中国文化的思想内核是群体意识。依照群体意识,每个人都不是单独的个人,而是生活在一定社会关系中的人。比方说,君臣关系中的君或臣,父子关系中的父或子等等。不是单独的个人,也就没有独立的价值。君只有在臣的面前才是君,父只有在子的面前才是父。一个人,一旦真的成了"孤家寡人",那他就什么也不是(正因为此,孤家寡人才成了帝王的谦称)。这样,君也好,臣也好,父也好,子也好,甭管什么人,都必须有和自己"相对"的"对象",也必须能够时时"面对"他人。不能面对,就失去了"关系",也就"不是人"。

这就要有"面子"。

实际上,要面子,正是为了面对他人。如果自己没面子,或伤了别人的面子,就无法"面对",只会"错过"。错是"错开",过是"过去",都是"不能面对"的意思,简称"不对"。然而,中国人的社会关系又是成双成对的(比如君臣、父子、夫妻、兄弟)。应该"面对"而居然"不对",

当然不仅是"错过",而且是"过错"了。所以,中国人便用"过错"来表示过失与错误,用"不对"来表示"不正确"。过失是"因过而失",错误则是"因错而误"。误掉了什么?失去了什么?非他,"面对"而已。

其实,正确不正确,与"对不对"的,原本没什么关系。两个人"对"上了,不一定正确;不对,也不一定就不正确。但是,依照群体意识的原则,人与人之间只能"对",不能"不对"。结果,"不对"便成了"不正确"的同义语。

于是,当一个中国人同意另一个人的意见和观点时,他就会说:"对!"也就是表示心心相印,可以面对的意思。这自然是大家都有面子的事。如果要表示不同意见,则轻易不能直统统地说"不对",而要先说"对对对",然后再在"不过"后面做文章。意见不同,就是"不对"。不是"错",就是"过",怎么是"不过"呢?这无非表示,你我是兄弟,是同志,一直就很"对",没有谁存心和你"过不去"。现在虽然要表示一点不同意见,但在感情上、心理上、立场上、关系上,还是"对"的。为了不致引起误会,就得先打个招呼,声明自己的本心是"不过",而非"不对"。如果不打招呼,直统统的就说"不对",便等于说不想和对方"面对",或认为对方不够资格"面对"自己,那就无异于翻脸了。因此,尽管那些和对方不同的观点意见终归还是要说出来,但,是先说"不过",还是先说"不对",引起的心理反应却大不一样。

对不起与看不起

不过,话是这么说,事情却未必那么好。群体意识虽然在理论上规定了人与人之间都应该"对",不能"不对",然而在事实上"不对"的事情却时有发生。这时,如果其中一方确有"过错",或认为是自己"不对",或虽然并无"不对"却又不敢得罪对方,便应该说"对不起"。所谓"对不起",就是说,不是我不想"对",而是因为您老人家面子太大,我自己面子又太小,想"对"也"对不起"。

同样,如果对方接受道歉,便会说"没关系"。这意思是说,你我原本没有关系,根本就没有"面对"过,哪里谈得上"对得起"还是"对不起"?也不存在"对不对"的问题。这就等于委婉地否定了对方的"过错"。对方既无"过错",双方又已"对话",则两个人又重新"面对面"了。两个人只要面对面,就有关系,也就要照顾到对方的面子。因为对方对方,即面对之方,岂能不讲情面? 所以中国人的"窝里斗",多半是背后搞鬼;而一到搞政治运动和阶级斗争时,领导者也往往要采取"背靠背"的方式来进行。"背靠背"才真是"没关系",可以放心地揭发批判他人,而不必顾忌"对不起"。

显然,"对不起"的前提是"对得起",至少是很想"对",只因为不小心伤了对方的面子,弄得"不对"了,便只好赶紧把自己的面子也损伤一点,以便能够重新"面对"。如果两个人面子的大小本来就差得远,那就连说"对不起"的资格也没有,只能低眉垂目,作不敢仰视状,如臣下对皇上、小民对长官、奴才对主子,都如此。如果后者居然胆敢"面对"前者,便是"大不敬",所有的人都会认为他"不对"。所以臣下称皇上为"陛下",意思是自己的眼睛只敢看着丹陛之下,不敢"面对",因为面子尺寸悬殊太大,根本就"对不起"。尽管臣下朝见皇上,也叫面君、面圣、面奏、面谏,但其实是根本不能"面对面"的。无论君臣谁是谁非,只要皇上不同意臣下的意见,就可以随便治臣下的罪。因为臣下还没有开口,就先已经"对不起"了,哪里还有平等对话、正常讨论可言?

因此有"俯首称臣"的说法。俯首,也就是不敢面对。同样,称王子、公主为"殿下",称大臣为"阁下",称朋友为"足下",也是如此,意即只能遥望对方的宫殿之下或台阁之下,或只能看着对方的脚下,都是低眉垂目,不敢正视的意思。不过,"阁下"、"足下"云云,后来已成为谦辞、敬语,并非真的"对不起"。正如自称"鄙人"、"犬子",都当不得真。中国人说话,但凡涉及到面子,就讲不得"实事求是"。比如《儒林外史》里写到张乡绅来拜望新中举的范进,说是世先生这"华居","其实住不得"。这就看不懂了:既然是"华居",为何便"住不得"? 可见"华居"云云,是靠不住的;"其实住不得",才是真话。同理,当别人称自己的儿子是"犬子"时,也千万别以为真是"狗娃子"。《三国演义》里面讲,孙权向关羽提出两家联姻,没想到姓关的一点面子也不讲,竟断然拒绝说"虎女"岂能嫁给"犬子"。口气倒是大得很,只可惜后来还是败走了麦城。

面子的重要性也就在这里:没有面子,就无法"面对"。你不给别人面子,别人就会"对不起";自己没有面子,别人就会"看不起"。"看不起"和"对不起",虽然只有一字之差,却有天壤之别。"对不起"是谦辞,本质上还是"对得起",至少是希望可以"面对"。"看不起"却连一点希望都没有了,根本就"不放在眼里",哪里还有什么"对不对"可言?

所以,一个人,尤其是先前曾经被人"看不起"的,一旦有了"脸面",便会迫不及待地想要人"看"。当年,项羽灭了秦王朝时,尽管天下未定,强敌在前,还是心急火燎地要回老家去,道是富贵而不还乡,岂非穿着漂亮衣服在夜里行走(衣锦夜行)? 这也是人之常情。就连阿Q,进城做贼小小地"发"了一下,也要在未庄的酒店里"摆阔",掏出钱来,"满把都是铜的银的"。难怪曹操要派雍州人张既出任雍州制史,唐高祖李渊也要拜秦州人姜谟为秦州刺史了。用他们的话来说,就是:衣锦还乡,古人所尚,现在让你回老家当官,算是穿上漂亮衣服在大白天行走了吧?

不过,这种要面子的办法,也未必高明。因为说不定老家的乡亲中会冒出一个愣头青来,当街喝道:这不是俺村上的红头阿三吗? 他八岁时还尿炕呢! 这就会大煞风景。更何况,大智若愚,大巧若拙,大音希声,大器晚成,真正有面子的人,并用不着"摆谱"。相反,只有惟恐别人"看不起"的,才会架子端得十足,到处耀武扬威。所以,项羽军中有人听了楚霸王那番高论以后,便讥笑说他是"沐猴而冠"。是啊,你看现如今那些牛逼烘烘的家伙们,是不是有一种大猕猴戴高帽子的感觉?

然而,"沐猴而冠"也好,"衣锦昼行"也好,都不过是方法问题,水平问题,原则却只有一个:每个人都要有面子。无论你贵为天子,或贱若草民,都一样。

二　面子丢失之后

赔偿之法

死要面子,并不是说说玩的。

面子少说也比身体重要。事实上中国人为了面子,向来就不在乎"身受其害"。比方说,贸然地到别人家里做客,正巧人家在吃饭,尽管主人再三邀请你"一起随便吃点",但为面子故,明明自己饥肠辘辘,也得婉辞,并坚持声明自己"刚刚吃过"。此即脸面重于身体之明证。因为身体受点损失,不过"皮肉之苦";面子受了损失,那可是"心灵的创伤"。

当然,丧失面子,倒不一定即等于丧失性命,但伤人面子,却也至少也不下于折人胳膊断人腿。因此,一旦发生"侵面"事件,其严重性决不亚于"人身伤害"。这时,被伤害的一方便一定会要求得到偿还,——或是由伤害者自动进行赔偿,或是由被伤害者自己设法得到补偿。反正是,杀人偿命,借债还钱,伤了面子当然也得赔面子。

对方自动进行赔偿,一般是出现在这种情况下:伤害乃是无意,而伤害的程度又不大。这时,如立即认赔,多半也都能化解矛盾,不致酿成大祸。通常的办法,是用自动降格的办法表示歉意,声称自己面子太小,没有资格和对方"相对",——"对不起"。这样"一损对一损",也就两下里扯平了。如果对方面子原本就大,双方原本就"对不起",那就只好自己打自己的耳光,骂自己"不是人","狗眼看人低","有眼不识泰山"等等。总之是以贬损自己,来变相地或直接地抬高对方,以此作为赔偿。这些办法之所以行之有效,是因为一个人的面子正如这个人本身,并不能独立地存在,而只能存在于一定的人际关系之中。当两个人"面对面"时,一方面子的亏损,即等于另一方面子的增益。此方的亏损越大,则另方的进账也越多。自己亏了自己,也就等于赔了对方。

不过,这种赔偿办法,一般只用于平辈之间,或卑者对尊者。尊者对卑者说话,有时也会故意贬损自己,比如哥哥对弟弟自称"愚兄",长官对下属自称"学生",国君对大臣自称"寡人"(意谓寡德之人)等。但这往往是表示谦虚,笼络人心,并非赔礼道歉。

尊者是不能当真贬损自己的。他的赔偿办法,只能是设法给对方一个更大的面子。比如《红楼梦》第四十六回写贾母因贾赦要强娶鸳鸯而"气得浑身打颤",一肚子火发在正巧在旁的王夫人身上。王夫人与此事并无关联,贾母无端怪她,话说得又重,又是当着众人的面,她在众人之中又是地位最高的,自然很没有面子。及至探春提醒:"这事与太太什么相干? 老太太想一想:也有大伯子的事,小婶子如何知道?"贾母这才发现,错怪了王夫人。不但伤了王夫人的面子,对于"一贯英明"的自己而言,也是没有面子的。于是便先对薛姨妈(王夫人之妹)说:"可是我老糊涂了",算是认错;又说:"你这个姐姐,他极孝顺",实则进一步认错;又批评宝玉(王夫人之子)说:"我错怪了你娘,你怎么也不提(醒)我,看着你娘受委屈了",这就已带赔礼性质;最后又要宝玉"快给你娘跪下,你说:太太别委屈了,老太太有年纪了,看着宝玉罢",这就已是赔罪了。这一下,王夫人自然捞足了面子,忙笑着拉起宝玉来:"断乎使不得,难道替老太太给我陪不是不成?"

显然,这里的症结是:贾母不能向王夫人陪不是(贾母既放不下这个身份,王夫人也消受不起),而王夫人丢失的面子又只能由贾母帮她找回来。于是才有这么多拐弯抹角。薛姨妈在血缘上是王夫人的妹妹,在身份上又是亲戚,所以先拿她做转弯的契机,面子就比较好看;宝玉是王夫人的儿子,贾母的孙子,辈分最低而血缘最亲,拿他作替罪羊,既不伤面子,又不伤感情,赔偿了王夫人,自己却并不亏本。贾母的这个算盘,实在打得很精。但贾母却兴犹未尽,还要扳本,于是又批评凤姐(王夫人之侄女兼儿媳)说:"凤姐儿也不提我!"那凤姐也是面子专家,居然一口咬定:"自然是老太太的不是。"理由是:"谁叫老太太会调理人? 调理的水葱儿似的,怎么怨得人要?"其实,贾母的"不是",是错怪了人;凤姐的"不是",则是没有提醒。但贾母的"不是",是不能深究的;凤姐的"不是",则又是冤枉的。以凤姐的身份地位,怎么能提醒？而贾母的错误，又怎么能揭发？凤姐既不能喊冤（会扫了贾母的面子），又不能认账（原本没有错误），只好胡搅蛮缠。然而效果却极好。不但贾母赚足了面子，连众人也都"笑起来了"。大家都有不是，大家又都有面子。倘若不是碰上这群面子精，哪有这样的好事？

　　当然，要玩这种"面子游戏"，也得大家都有眼色，懂得"游戏规则"才行。比如贾母要宝玉跪下替她赔罪时，王夫人就较不得真。一较真，就麻烦了：你犯的错误，凭什么要我儿子来认账？同样，当一个人对我们说"对不起"时，我们也不能当真去丈量一下，看看他的面子到底有多大，和我们的面子是"对得起"还是"对不起"。实际上，当一个人对另一个人说"对不起"时，他并不认为自己的面子当真就比对方小。当真比对方小，说"对不起"就没意义了。所以，说"对不起"，并不吃亏，至少也能确证自己的面子其实并不太小。相反，如果说了"对不起"，对方还不依不饶，则冲突就会升级。因为这意味着对方并不承认大家面子一样大。你"不仁"，那就休怪我"不义"。你既然不肯承认我说"对不起"是谦虚，是客气，是自贬，是给你面子，那就只好去证明你的面子原本就和我不一个量级，我对你的伤害原本就理所当然了。

补偿之法

　　赔偿是别人的事。别人伤害了咱们，当然归别人来赔。不过这也得对方的伤害乃是无意且伤害程度不大才行。如果对方的伤害是故意的，他就不会赔；如果伤得太重，也赔不起；如果那面子竟然是自己丢的，当然就更没有人来管。所有这些情况，都只能由丢面子者自己去设法寻求补偿。

　　补偿也包括两种："自补"与"他补"。

　　所谓"自补"，就是通过自己的努力，自己从自己这里把面子捞回来，其原则可以具体表述如下：凡因不慎或失误而因某事丧失面子者，可以通过另一事所获之面子而予以补偿。但一般说来，两事之间应有联系，且后一事之所获，应大于或至少等于前一事之所失。比如一个战士当了俘虏，是丢脸的事。但如果被俘后竟能越狱，且越狱途中又俘虏了敌人一个军官，便仍是英雄。又比如，一个少女被人强暴，也是丢脸的事。但如果竟能手刃强暴者，则也仍不失为烈女。

在这里，有两条原则是必须遵循的。一是"相关原则"，二是"等值原则"。比如一个男人的女朋友跟别人跑了，是没有面子的。这时，哪怕他正好得了奖，升了官，或者赚了一大笔钱，也于事无补。他只有再找一个女朋友，才能把面子补回来。而且，这个新找的女朋友，还得比原来那个更漂亮更让人羡慕才行。

不过，并非所有的事都可以自己去想办法。如果这面子是别人给弄掉的，自己就补不了。这就要有"他补"。所谓"他补"，就是从他人那里夺回面子。"他补"原则可以表述如下：凡因他人的伤害而丧失了面子的，可以通过伤害他人使其丧失面子而获得补偿。因为所有人的面子都是"相对"——相互面对的。如果我也能让你丢面子，则你让我丢掉的面子，也就算是找了回来。

当然，按照"等值原则"，加之于后者的伤害一般也应大于或至少等于前者之所受。比如，张三打了李四一耳光，则李四至少也要还张三一耳光，才能挽回面子。最好是，张三打了李四一耳光，李四则还张三两耳光；赵六踩了王五一脚，王五则打断赵六的腿。因为张三、赵六是发难者，占了"先"，因此必须加大还手分量，才有可能打个"平手"。张三挨了两耳光，赵六断了一条腿，当然也会认为是吃了亏，丢了面子，必得砍断李四的手或打断王五的腰，才会甘心。

这就叫"以眼还眼，以牙还牙"。这是中国人处理人际关系的一条准则，即无论是恩是仇，都必须"回报"。而且回报的量级，还要大于给予者。"人敬我一尺"，则"我敬人一丈"；你伤了我的脸，则我一定要剥你的皮。当然，回报也不一定非得即时即地，也可以留待将来。报恩，可以是"来生做牛变马"；报仇，也可以"十年不晚"。但必须回报，则是一定的。而且时间拖得越久，"利息"也越高。比如这一回你只是打歪了我的鼻子，或降了我的官职，那么，十年之后再来报复，便可能会要你的脑袋，甚至将你满门抄斩。无论江湖、官场，都如此。中国历史上和生活中的仇仇相报，往往也就因此而愈演愈烈。

此外,在"面子之争"中,如果对方并未直接或有意损伤自己的面子,只是用较大的面子盖过了自己,从而间接地让自己丢了面子,那么,通常的做法,便是设法弄到更大的面子再盖过去,成为一种"面子竞赛"。这是一种颇具"中国特色"的"竞技活动",其惊险和观赏程度并不亚于西人的赛球和赛马,而且还更有"文化味儿",派头也更足。明朝某年间,有刘、项两家争面子。两家都是大族,夸富摆阔已无济于事,大打出手又有失体面,只好抬出祖宗来帮忙。有一日,刘家贴出一副对联,道是"两朝天子,一代名臣"。"两朝天子",说的是刘邦创立的汉和刘裕创立的宋(南朝),皇帝都姓刘;"一代名臣",说的是明朝开国元勋、"诚意伯"刘基(伯温),当然也姓刘。项家既没人当过皇帝,也没有出过名臣,看了这副对联,只有干瞪眼。后来,来了个过路的秀才,替项家撰得一联,道是:"烹天子父,为圣人师"。"烹天子父",说的是楚汉相争时,项羽曾俘虏了刘邦的父亲,军前扬言,要把老头子下油锅。没想到刘邦要赖皮,说你我曾经结为兄弟,我爸就是你爸。"哥们"要是打算拿"咱爸"做菜吃,别忘了给"兄弟"我一碗汤喝。项羽无奈,只好不烹,但仍算得上是"烹天子父"。"为圣人师",说的是春秋时代项橐(túo),《史记》上讲他"生七岁而为孔子师"。刘伯温虽然是一代名臣,比孔子还差得远,更比不上孔子的老师。这一下,可把刘家给扎扎实实地压下去了。项家争足了面子,那秀才自然也挣足了银子。

圆场之法

面子比赛,有比不过的时候;棍棒相见,也有打不赢的时候。所以它们都并非获得补偿和解决问题的惟一途径。更何况,"文斗"也好,"武斗"也好,都毕竟是既破财又伤心,还挺费神的事。弄得不好,还会危害社会治安,影响各社会阶层的势力均衡。均衡一打破,秩序便无非维持,很可能所有的人都会没了面子。

所以,中国人又发明了一种解决面子争端的办法,那就是"讲和"。

讲和又叫圆场,其要义是"圆"。所谓"圆",也就是让双方都有面子。这也不是完全办不到的事。因为冲突双方原本都是"面对面"的。

现在没有面子,无非是"翻了脸"。如能再翻过来,岂非重新"面对"?问题是,他们自己是翻不过来的。即便想翻,也拉不下这个脸。这就要有人出来"打圆场"。

所以,讲和的关键,是必须有一个(或几个)"和事佬"。和事佬必须同时具备两个条件:第一,他自己必须极有面子;第二,他必须有办法让双方都有面子。不能让双方都有面子是不行的。只能让一方有面子,那就不是"打圆场",而是"拉偏架"了。自己没有面子就更不行。如果连自己的面子都成问题,又如何能保证大家都有面子?这就和体育竞赛中的裁判不大相同。和事佬和裁判一样,都必须"公正",至少是必须看起来公正,但裁判可以判平局,也可以判输赢,而且裁判自己的竞技水平不一定要高于运动员。和事佬却只能判平局,不能判输赢,而且自己的面子一定要大过冲突的双方。俗话说,纸包不住火。和事佬要把冲突双方的"火"都包起来,他的面子就不能是纸做的。

有时,如果和事佬的面子特大,不用说什么,也能讲和。比如《水浒》中的那些好汉,都是"不打不相识"的。常常是为了一点小事,伤了面子,一言不和,便大打出手。不可开交之时,一位在江湖上极有"脸面"的人,比如晁盖、宋江,或次一等,吴用、戴宗也行,出"面"了,说大家都是兄弟,不要伤了和气。于是,双方收兵,握手言欢,尽释前嫌,结为兄弟,一起去吃酒,或去干"替天行道"的勾当。

所以,说到底,和事佬之所以能够和事,起着关键作用的还是面子。因为一个"有脸面"的和事佬来讲和,这本身就是"赏脸"的事,不能"给脸不要脸"。这时,哪怕心中不服,有气,憋屈,但,不看僧面看佛面,也只好不再计较。就说孙悟空,取经路上受了多少委屈多少气?可是观音菩萨出面了,打着如来佛祖的旗号说好话,也就只好"大事化小,小事化了",仍忍辱负重地保护那"对敌慈悲对友刁"的蠢和尚去西天。一身是胆打遍天下无敌手的齐天大圣尚且如此,何况我辈芸芸众生?

更何况,在这种情况下,如果当事的某一方仍不肯善罢甘休,那就不但是自己"不要脸",而且是不肯给那位"头面人物"以面子了。这时，他就必须承担和那位极有面子的和事佬"翻脸"的风险，也必须承担敌方由一股力量变成两股力量的风险。因为一旦出现这种情况，和事佬为了挽回自己的面子，其施加给不肯"买账"者的报复，往往会数倍于原先的敌方，所以一般都不肯冒这种风险。相反，如果和事佬面子极大，则他的"出面"，本身就是极大的面子。"某某也出面为我主持公道呢！""连某某也被惊动了呢！"这本身就是引以为荣的事，不但能够扳本，而且可能还有"红利"。

当然，斗也好，比也好，和也好，都是强者的事。倘若是弱者，便只有任人欺凌，如祥林嫂；或者向更弱的弱者去实施"他补"，如阿Q。阿Q是一个很要面子，又没有丝毫条件和能力获得面子的人。但凡这一类人，对于自己和他人面子的比例，从来就是估计错误的。阿Q因为自己没有胡子，便觉得有资格看不起王胡，结果是挨了王胡的打，面子和里子一起丢光；因为自己尚有辫子，又觉得有资格看不起假洋鬼子，结果又挨了假洋鬼子的打，面子和里子同样一起丢光。最后只好去欺负小尼姑。欺负小尼姑，原来是极丢脸的事，而阿Q竟以为大有面子，就因为能够博得酒店里闲人们的喝彩。酒店里的闲人们原本也大都是些没有多少面子可言的人，但能够观赏到一个比自己更没有面子的人欺负他人，便觉得自己也有面子，所以"九分得意地笑"。他们的观赏和喝彩，对于阿Q来说，就是"赏脸"，也就是"给面子"，所以阿Q要"十分得意地笑"。

不过，阿Q虽然一时也争得了面子，却也遭到了报复，——被小尼姑骂作"断子绝孙"。这就严重。"不孝有三，无后为大"嘛！何况此话从小尼姑的口中骂出，其刻毒和力量更非同一般。你想，出家人"四大皆空，六根清净"，自己都不生育，哪里还管得了别人？所以"断子绝孙"云云，就不但是辱骂，而且是诅咒了。如果那小尼姑多少有点法力，或者佛门弟子都来同仇敌忾，则阿Q的麻烦就会更大。这样算下来，阿Q的欺负小尼姑，实在是一件赔本的买卖。

三　吃得开与玩得转

面子与本钱

显然,争面子就像做生意,也是要有点本钱的。

可以用来作本钱的东西、事情和条件很多。一般说来,但凡别人没有而只有自己才有,或虽然别人也有,却不如自己多、好,或不如自己先有,都可以视为"本钱"。比方说,阿 Q 看过杀革命党,未庄的其他人没有看过,这就是本钱。阿 Q 也因此而有面子,可以有资格向他人炫耀,有资格在讲述中将唾沫飞到赵司晨(一个在未庄也多少有点面子的人)脸上,有资格在讲述中扬起右手,照着王胡的后颈窝上"直劈下去"。该王胡虽然先前曾轻而易举地痛打过阿 Q,这回却不但不敢还手,而且还"瘟头瘟脑的许多日",就因为这一回阿 Q 的面子实在颇大之故。

不过话又说回来,这个"惟我独有"的东西,也要别人认为有价值才行。比如孔乙己懂得"回"字的四种写法,别人不懂,照理说也应该算是本钱的,可惜别人不买账,也就不算。又比如,阿 Q 的头上有癞疮,别人没有,但并不是什么好东西,连阿 Q 自己也不觉得是面子,当然也就无足夸耀。

历史上公认可以作为面子之本钱的,主要是爵位、年龄和德行。这三种东西,或曰三种条件,在上古确非一般人所能有,因此孟子说:"天下有达尊者三:爵一,齿一,德一。"也就是说爵位高的,年纪大的,德行好的,这三种人,是天底下面子最大的。不过,这只是上古的事。后来,"世风日下,人心不古"了。年纪大,德行好,也未必有面子。六七十岁的农民,见了二三十岁的县官,也得下跪叫"太爷";品德高尚的书生,也远不如贪官污吏吃得开。于是,可以用作"面子本钱"的,就只剩下一种,即社会地位(爵)。

社会地位,一般以"富贵"与否为标志。"富贵"二字虽常联语,但其实是两件事。富指有钱财,贵有地位。贵者或许多富(也不尽然),

富者却并不都贵。子民之中,富莫若商,但从"士农工商"的次序看,则商之地位还在农工之下。古时候,商人再有钱,也不得穿漂亮衣服,只有花钱捐官以后才能摆谱,即富不如贵之证。

所谓"贵",又包括两方面。一是官位显赫,或拥有可以折算成官位的各类头衔,如"相当于某某级"的职称等。其所以是面子,在于它的拥有者是"人上人"。"人上人"既然"高人一等",他人便只能"低眉"而不敢"面对",自然是极有面子。所以,一家公司哪怕只有三五个人,那负责人也一定要自封为"总经理";而副职如果享受正职待遇,则名片上一定要注明是"正处级"或"正司级",以免别人小看了自己。

再就是血统高贵了。或出身名门望族,或世代为官为宦,或皇亲,或国戚,或者姓了某一高贵的姓(如爱新觉罗)也行。上古可以作诸侯、大夫的都是贵族,故官位与血统都统一于"爵"。后代的帝王,在酬劳功臣时,也有既封官又赐姓的。可见姓氏、血统,也是一种面子。屈原说自己是"帝高阳之苗裔",刘备说自己是"中山靖王之后",杜甫说自己是大将军杜预之后,一以神为祖,一以王为祖,一以将相为祖,虽然有点"一代不如一代",但以血统为面子的精神,却也一以贯之。反正姓孔的都是孔圣人之后,姓岳的都是岳武穆之孙。只有姓秦的不敢夸口,因为秦始皇并不姓秦,秦桧倒实实在在地姓秦。然而姓郑的却敢大言不惭地说自己是郑和之后。其实郑和是太监,哪来的后代?但既然姓是面子,也就顾不得许多。曹操的"祖父"曹腾不也是太监?曹操不也照样姓曹?陈寿写《三国志》的时候,不也照样考证出曹操是西汉相国曹参之后?

这个道理,连阿Q也懂。比如姓赵,在未庄原本就是一件有面子的事,何况后来又出了一个秀才。于是,阿Q为脸上有光故,在灌了几碗黄汤后,竟然不识好歹地公然宣布自己也姓赵,而且"细细地排起来",比秀才还要长上三辈。这种僭越的言论,自然不能为赵太爷所容忍。于是阿Q便被叫去训斥了一通:"你怎么会姓赵!——你哪里配姓赵!"姓也者,"人之所生"也。生在某姓,即姓某,不存在"会不会"、"配不配"的问题。但赵太爷既然认为阿Q不配,未庄其他人也自然认为不配,最后大概阿Q自己也默认了不配,便从此不敢姓赵。

　　不过,上述本钱,也不是一成不变的。"君子之泽,五世而斩",一个家族的面子,也就五代而已。到头来,"旧时王谢堂前燕,飞入寻常百姓家",可能一点面子也没有。同样,原来一点面子都没有的,也可能飞黄腾达,封王封侯,身价百倍,这就叫"王侯将相宁有种乎"。总之,面子的大小有无,是会变化的。而且,这种变化有时是很快,甚至是很有戏剧性的。就说阿Q,因为曾经见过革命党一"面",成了"准革命党",便在未庄人还弄不清什么是"革命",稀里糊涂既敬且畏时,短时间地由"阿Q"升格为"老Q",在"天下有达尊者三"中占了"齿"这一条。后来,"咸与维新"了,赵家也有了"柿油党"的"银桃子",阿Q却没有,于是又再次沦为无"齿"之徒,最后还掉了脑袋。

　　面子与实力

　　阿Q得了面子又丢个精光,说到底,还是因为实力不够,因此面子的得失,便完全身不由己。体面体面,总得先有"体",才有"面"。否则,皮之不存,毛将焉附? 体之不存,面将焉附? 无其体而求其面,势必身受其害,脸也丢光。阿Q既无姓赵的资格,又公然宣布姓赵,结果什么也姓不成,反赔了地保二百文酒钱;在别人面前连孙子都不如,偏偏还要说什么"儿子打老子",结果是下回打得更凶。

　　可见面子的背后是实力。赵太爷能不准阿Q姓赵,是因为他地位高;王胡敢打得阿Q满地找牙,是因为他力气大。阿Q又有什么呢? 什么也没有。像他这样要啥没啥的,还死要面子,最后必然是里里外外都赔得干干净净。古人云:"长袖善舞,多财善贾"。面子其实是要靠实力来支撑的。有实力的面子是真面子,没实力的面子是假面子。如果自己的面子都来路不明,又哪里管得了别人? 赵太爷说阿Q不配姓赵,阿Q便不敢再姓赵;阿Q说王胡不配抓可以咬得很响的虱子,王胡就不抓了么?

　　可惜还是有人喜欢做阿Q。公元1873年,年轻的同治皇帝将举行亲政大典。依照国际惯例,西方各国使节届时都要来朝觐皇帝陛下。这下子朝廷头疼了。朝觐的时候,要不要洋人行三跪九叩之礼呢？要，实力雄厚的西方列强早已开罪不起；不要，则大清皇帝和帝国的"脸面"又将置于何地？当然，不要西方各国使节来朝觐，也是不行的。惹又惹不起，赔又赔不起，躲又躲不掉，简直是走投无路。

幸而这时出了个名叫吴可读的宝贝。此人很有些阿Q精神。他上了一份奏折说：洋人无异于禽兽。让他们行三跪九叩之礼，等于是强迫禽兽遵行五伦。能让其行不荣，不能让其行不耻。而且臣认为，如洋人也像国人一样行礼，那才是咱们中国的奇耻大辱哪！也就是说，你洋鬼子不肯行三跪九叩之礼么？你还不配！这样听起来，颇有些像赵太爷训斥阿Q"不配姓赵"。所以吴御史的这份奏折，便博得了满堂喝彩。于是朝贺之时，国人行三跪九叩的"文明"之礼，洋人行免冠鞠躬的"野蛮"之礼。一场差点又要酿成大祸的外交争端，就这样顺利的解决，而泱泱天朝大国，也总算保全了"体面"。

遗憾的是，吴御史和满朝文武都没有想到：第一，列祖列宗可都是让"禽兽"们行过三跪九叩之礼的。据统计，从圣祖康熙到高宗乾隆，一百四十多年间，欧洲各国使节觐见皇帝达十七次，十六次都行了三跪九叩之礼，岂非列祖列宗的奇耻大辱？第二，譬如在阿Q，原本是想姓赵的。赵太爷说他不配，自然是赵太爷有面子。然而那些"如同禽兽"的洋人们，又何曾想过要"姓赵"？既然没有，你又哪来的面子？

好在不会有人说穿这些，——就是有人想到了，也不敢说。当然，吴某人的高论也不宜公开发表，或通报给洋人。洋人智商再低，也不会承认自己是"禽兽"。此论一出，势必战乱重开。何况也没有必要。吴某人之所以要发表这一番高论，无非是要为大清朝廷屈就洋人找到一个说法，自己给自己一个精神安慰，当然只要自己知道就好。

但并非所有的面子都只是一个说法，一种安慰。有些东西，便既"好看"，又"好吃"；既是面子，又是实惠。比方说，一个读书人，不论十七八，还是七八十，未有"功名"之前，都只能叫"童生"，身份待遇与一般小民无异。科举考试及格，成为"生员"（俗称"秀才"）以后，地位便大不同于以前。单是一领"蓝衫"，便可以在乡下人婚丧嫁娶的酒宴上混吃混喝。因为能请到身着蓝衫的秀才到酒席上，在乡下人看来也是一件有面子的事。如果中了举人,立马就是"老爷"。可以做"学官",或当"候补县",或在家以"乡绅"身份结交官府,包揽讼词,横行乡里,鱼肉百姓。如果中了进士,便是"天子门生"。皇上传见,礼部赐宴,金榜题名(名单用黄绫榜公布),树碑立传(名单由礼部出资勒石于太学),光宗耀祖(由礼部发银树牌坊于宗祠)。选作京官的在"天子脚下",分发各省的则尽快候补,叫"榜下即用",又称"老虎班",立马就是"县团级"。可见面子有时也是实惠,而且身份越高,面子越大,实惠也越多。小老婆要"扶正",临时工要"转正",知识分子要"升职称",道理都在于此。

当然也不尽然。也有没什么实惠的(比如"顾问"之类的虚名虚衔),还有要往里赔钱的(比如婚礼丧礼的大操大办)。大操大办婚礼丧礼有什么意义呢?莫非不办婚礼就不是合法夫妻,不办丧事阎王爷就会退货?这道理谁都明白,可谁都得大操大办,因为谁不办谁没面子(趁机敛财者除外)。

这就怪了。一点实惠都没有的东西,争它作甚?

原来,面子本身就是实惠。

面子与实惠

面子的最大实惠,是有面子就吃得开。

面子是中国人社会交往中的"通行证"。有了它,就能逢山开路,遇水搭桥,化难为易,左右逢源,甚至化敌为友,化险为夷。比如林冲得罪了高太尉,无端地被判发配沧州。初进牢房时,被差拨骂了个狗血喷头。及至亮出柴进书函,差拨立马变成了"哥们",说道"既有柴大官人大书札,烦恼做甚?这一封书直(值)一锭金子。"看来,面子也是明码实价的。柴大官人一封书信就值一锭金子,要是亲自出面,那还得了?

其实,不但江湖,便是官场、商界,但凡是人的圈子,面子都是打通关节的法宝。只要面子足够大,那么,别人见不到的,你见得到,别人办不成的,你办得成,甚至刑律王法,也可以通融。往往是,一件天大的案子,有关部门正要雷厉风行彻底查办时,一个"有头有脸"的人出

"面"了，于是大事化小，小事化了，千斤化作四两，一风吹个干净。实在通融不了，也不会当面硬梆梆地顶回去，或者会多少给点小小的通融，比如打板子时打得轻一点，分配牢房时分得好一点。相反，如果没有面子，那么，你到衙门里去办事，见到的便多半是一张公事公办的"冷面孔"，要办的事也是能拖就拖，先放半个月再说。所以人们常说："十个公章，不如便条一张"；而中国人一旦要出门办事，谋生啦，求职啦，打官司啦，便总要请有面子的人写几封介绍信（古时叫"八行书"）揣在身上，以免到时候吃瘪。面子如此神通广大，岂能说它不是实惠？

何况面子还能生面子。

面子生面子的事，历史上很多。比如一个人做了大官，那么他的母亲、正妻，便可以讨一个封号，成为"诰命"；他的子弟，则或可以"任子"，或可以"袭爵"。任子，就是可以保举子弟为官；袭爵，自然就是让子侄承袭官位了。即便不能任子袭爵吧，至少也有光可以沾。这就叫"封妻荫子"。连带已经去世的祖宗，哪怕先前再寒酸的，也大大地体面起来。祭祀的规格，自然跟着升级；家族的祠堂，往往也要重修。这就叫"耀祖光宗"。甚至只要中了秀才，也能"光耀门庭"，不但父兄妻子，便是本家、邻居、乡亲，也理所当然地跟着有面子，如未庄的赵姓即是。

这也不奇怪。面子既然是面子，当然就会有"覆盖面"。一个人的面子越大，其"覆盖面"也就越大。近一点的，七大姑八大姨，姐夫妹夫小舅子，都跟着沾光；远一点的，族人乡党，后代子孙，也受其荫庇。总之，一个人有了面子，则与之有关系的人，也能跟着有面子。当然，反过来也一样。一个人丢了面子，则与之相关的其他人，也难免要跟着丢脸。所以，一旦发生"侵面事件"，奋起力争的，也就往往不止于丢面者本人。

面子的这一性质或功能，真可谓"造福全人类"。因为自己没有面子的人，只要有关系，或扯得上关系，也可以借面子来打通关节，或用来做吹嘘的资本。你想，谁还没个三朋四友、乡里乡亲？谁也不是石头缝里蹦出来的，还能没有个体面的祖宗？"文价早归唐吏部，将坛今拜汉淮阴"，有韩愈、韩信这一文一武两个大人物，普天之下姓韩的，岂非都很荣耀？赵高的名声不好，就说赵匡胤；李莲英的名声不好，就说李世民。甚至外国人也可以拉扯进来，比如姓高的便可以说高尔基是"吾家尔基"。实在找不到体面的同宗，还可以拿老师和朋友来说事，比如自称"胡适之的朋友"、"齐白石的学生"。没上过他们的课？那总读过他们的书吧？这就可以称为"私淑弟子"。私淑，是只要内心景仰就可以的。比如孟子并不得从学于孔子，仍算是孔子门徒，就因其"私淑"之故。这就没有谱，人人都可以沾光了。结果弄得那些正儿八经的学生，便只好特别声明自己是"亲炙弟子"。

这很可笑，也靠不住。就说凤阳，那可是出了"万岁爷"的。然而怎么样呢？凤阳花鼓有云："说凤阳，道凤阳，凤阳是个好地方。自从出了朱皇帝，十年倒有九年荒。"也不怎么样！凤阳真正繁荣昌盛起来，还是在十一届三中全会以后，靠的是改革开放的好政策和凤阳人民自己的艰苦奋斗，没朱元璋什么事。

但面子是只讲"面"不讲"里"的。只要扯得上关系，就有面子。鲁迅先生举过一个例。一个小人物，忽然有一天很兴奋地对众人讲，某某大人物和我说话了。众人羡慕，问他和你说什么？该小人物答曰：他说"滚！"

这当然也很可笑。但可笑归可笑，揭示的道理却很深刻。那就是：任何面子，都只存在于一定的关系之中。和有面子的人有关系，就有面子；和没面子的人有关系，就没面子。总之，一个人面子的大小有无，要由别人、由他和他人的关系来决定。其中，量级大的一方，总是决定着量级小的一方。所以，一个人，如果面子够大，那么，他就有资格决定别人面子的大小，甚至是否有面子，比如赵太爷之决定阿Q是否姓赵，假洋鬼子之决定阿Q能否革命等等即是。也就是说，面子有时也是一种权力，至少是决定面子，或授予、剥夺面子的权力，当然也是实惠。

面子法则

这就不但是"吃得开"，而且是"玩得转"了。

事实上，面子大的人，最让人羡慕之处就是"玩得转"。因为他既然能够决定别人是否有面子及面子大小，也就等于掌握了别人社会生命和政治生命的生杀予夺之权，一般人岂敢怠慢，又岂能不买账？自然上下亨通，左右逢源，要什么便有什么，喜欢谁便是谁。这样的好事，哪个不想？

所以，中国人都要有面子。

不过，面子这东西，也不是想要就能要得到的。除要有实力外，还得懂规矩。面子法则条款甚多，头一条就是"人抬人高"。任何人的面子都是相对的，都只存在于一定的关系之中。当两个人真正"面对面"，或有了一定关系时，面子的大小一般都不会相差太远。就算有差别，面子大的一方也能把另一方带起来。比如皇上驾临某一农舍，则该农舍的面子，便不比县衙小；穷丫头嫁给了阔老爷，也至少是个"如夫人"。如，即"相当于"。太太如果是"一品诰命"，则"相当于正部级"的姨太太，便好歹也是个"从一品"。这就是面子的"增值原则"。

因此，获得面子的办法，除攀附有面子者外，抬高对方的面子，也是一个行之有效的方案。因为依照"相关原则"和"等值原则"，只有面子大小相等的人才能"面对面"，因此抬高对方，也就等于抬高了自己（同理，如果对方贬低了自己，则一定要贬低对方）。比如赠书赠字画时称对方为"方家"、"法眼"就是。对方是"方家"，自己当然也不会是"外行"；既然能入对方的"法眼"，则自己的书画也就必是"精品"无疑。

何况，对方受到你的尊重、抬举、吹捧，一般的说，心里总是高兴的。如果他也是一个懂规矩的人，就会有所回报。而且，依照"人敬我一尺，我敬人一丈"的原则，那回报往往还很丰厚，比如你称我为"方家"、"法眼"，则我也称你为"天才"、"大师"。这就是面子的"回报原则"。反正这种"礼尚往来"的勾当，多半会是一个合算的买卖。花花轿子人抬人。如欲取之，必先予之。那些会做人的，都懂这个道理。

即便做不到这一点，那么，至少也要懂得如何照顾对方的面子。要知道，任何人都是要面子的，也都是有面子的，只不过大小有所不同罢了。但面子再小，也不等于没有。如果自恃地位高，来头大，面子无与伦比，颐指气使，趾高气扬，不把别人放在眼里，碰巧对方又是一个死要面子的人，也可能"不吃那一套"，甚或"撕破了脸"来对着干，这就会把事情弄糟，自己也很可能下不了台。

所以中国人在谈判、发言、讨论问题时，即便自己有理，提出意见前也总要先说"刚才某某的发言很有道理"，或"阁下果然英明之至"云云，然后再在"但是"、"不过"后面做文章。外国人初到中国，往往摸不着头脑，甚至以为中国人爱说假话，言不由衷，或故弄玄虚。殊不知，前面那些拐弯抹角的话，既不是假话，也不是废话，而是为了营造一种和谐的气氛。如果开场便说"我不同意"，则对方必然会觉得扫了面子，脸上"挂不住"（也就是面子会"掉下来"），心中大起反感，对话也就无法进行。可见这种谈话方式，完全是用心良苦，一片好意，而不是耍花招和耍滑头。

懂得这些原则，大体上就不怕没有面子了。

有了面子，还得会用。有面子不用，固然是傻瓜，乱用也是糊涂。面子有如人情，都不可不用，也不可滥用。人情用多了要亏损，面子用多了要磨损，何时用，何时不用，用多用少，都要掌握分寸。如果面子原本不多不大，又在不该用的时候胡乱用掉了，那就是浪费资源。如果那面子原本就是借来的，又用在不该用的时候和地方，比方说，随随便便给别人用了，到该派大用场或者自己要用的时候再也借不来，岂不糟糕？总之，面子必须用得其时，用得其事，用得其所，这就是面子的"适时原则"。

可以借用，这也是面子的一大特点。因为面子是有覆盖面的。这就像发光体，光芒总有外延。于是光照之下，资源共享，利益均沾。有关系的人既然可以"沾光"，自然也可以"借光"。所以，自己面子不够时，可以借面子，比如和领导合影，请名人作序，吹嘘自己曾和某某一起吃饭等等，都是。当然也可以直截了当地请有面子的人出面说情，写条子打电话，插手干预。但这样做代价比较大。最好是借用之后而"物主"并不知情，或不怪罪。不过借得多了，也难免露馅，最好是少借为妙,适可而止。这就是面子的"适量原则"。

面子不管是借来的,还是自己的,使用的时候都要掌握好尺寸。用小面子办大事,事情办不成,还会被人看不起,是丢面子的事;用大面子办小事,或者会被人认为是"小题大做",或者会被人认为是"仗势欺人",同样是丢面子的事。俗话说,看菜吃饭,量体裁衣。面子的使用也一样。不能"拿着鸡毛当令箭",也不能"提着牛刀去杀鸡"。这就是面子的"适度原则"。所以,每个人平时都要有足够的储备,这才能择其适用者而用之。储备不足,也是枉然。

四 面具、角色、戏剧性

面子与面具

看来,面子这东西,既重要又有用。重要,就不可或缺;有用,就多多益善。于是我们就很想知道,这个宝贝究竟是什么。

这就先要弄清面子都有些什么特征。

头一条就是"可看性"。面子,无论大小,都是要给人看的。所谓"不看僧面看佛面",甭管那面子是谁的,哪怕属于如来佛祖,总归是要看。不看,或没人看,则等于没有。实际上"面"这个字,原本就有相见的意思,如一面之交、一面如故、面面相觑。它又常常与"目"联用,如面目如故、面目全非、面目一新。所以面字从目,甲骨文则干脆写成一只眼睛加一个眼眶的形状。李孝定《甲骨文字集释》也说:"盖面部五官中最足引人注意者莫过于目,故面字从之也。"

不过,面与目虽然都和眼睛有关,意义却不同。目是用来看别人的,面则是给别人看的。如果没有人看,则有没有面,或面目是可爱还是可憎,都不要紧。如果有人看,那就一点也马虎不得。比如做一件棉衣,"里子"不妨用旧布,"面子"则必须用新绸。又比如,平时不妨吃咸菜,结婚时则必须大摆宴席。再比如,小学校的危房可以不修,县太爷的进口轿车则不能不买。火车站里,外宾休息室总比一般候车室干净体面,而单位一到有人来参观时,清洁卫生也总比平时做得好,因为要给人看么!

那么什么东西要看？脸。人身上,让人看的,主要是脸。其他部位,或不可看,或无足观,或寻常看不见。惟独脸,不但可看,能看,而且非看不可。俗云:"出门看天色,进门看脸色",如果不善于"察言观色",便很可能会无端地碰一鼻子灰,弄得灰头灰脸地好没有意思。脸,岂能不看?

这就和面子很是相同。实际上面子有时候也叫脸,或者叫"脸面"。其实脸和面原本不是一回事。脸是双颊,不包括眼睛,面才是"头的前部"。但后来脸面混为一谈,面子也就变成了脸,——有面子是"有脸",没面子是"没脸",给面子是"赏脸",得面子是"露脸",失去面子是"丢脸",毫不顾及面子则是"不要脸"。"不要脸"是极刻毒的话。一个人,尤其是一个女人,倘若被骂作"不要脸",便非和你拼命不可。

甚至面子和脸还有一种生理上的联系。丢失面子时会"脸红"(面红耳赤),得到面子,也就是别人"赏脸"或自己"露脸"时,则会觉得"脸上有光"。总之,面子的得失,全写在脸上,一望可知。

不过,面子又不太像是"脸",至少不能简单地说就是"脸"。第一,脸是天生的,基本上不会变化,要变也是变老,面子却可以后天得到,而且会变化,或变大,或变小,甚至"面目全非";第二,脸有美丑,面子却只有美没有丑,所谓"面子上不好看"不叫"面丑",只能叫"没面子"或"丢面子";第三,脸可以修饰,比如揩洗、剃须、抹粉等,面子却不能修饰,只能替换;第四,脸无所谓有用没用,面子却有用,甚至是非常之时用于非常之事的非常之物;第五,脸生而有之,永随各人,面子则不但可以争取,甚至还可以当作礼物或薪水来赠送、发放、赏赐,或者借用;第六,脸只属于每个人自己,面子却不但属于自己,也属于群体,属于每个相关的人。

这样看来,面子又类似于荣誉。但有荣誉者固然有面子,丢面子却不一定是丧失荣誉。比如一位小姐的玉体不慎或不幸被一位男士看见了全体或不可看的部分,便大丢面子,但与荣誉无关。荣誉并非人人都有，且不会丧失；面子却是人人该有的，且稍有不慎，便会丢掉。再说也没有借荣誉的。所以面子也不是荣誉。

面子就是面子。它的特征是：一，人人必备，一旦丧失，便"没脸见人"；二，可以替换，有时会变大，有时会变小，有时还会丢光；三，专供观赏，有人看时挂在脸上，没人看时束之高阁。那么，这样一种可以随时取下又随时挂上的可看之物，又该是什么呢？

说穿了，它就是"面具"。

面具产生于原始社会，在那个巫术礼仪主宰着部落生活的时代，它是酋长、祭司和萨满们与神灵打交道的工具。戴上它，就可以与神灵对话，甚至请神到场，为部落的重大决策指点迷津。既然连神都可以请到，当然是极有面子了。所以，有面子就是有面具。或者说，正因为有面具，才有面子。有面具既然能"通神"，当然也能"通人"，也就在人群中"吃得开"。直到今天，我们还把那些有面子而吃得开的人，称为"神通广大"、"手眼通天"甚至"呼风唤雨"，就因为面子原本是面具，是通神、通灵的工具。

能戴上面具与神灵对话的神通广大的人，当然不是一般的人，而是极有地位的人。所以，面子也就意味着身份、地位。一个人的身份、地位越高，面子也就越大。他们往往又叫"头面人物"，意谓群体的"头脑"和"脸面"。古史上曾说黄帝"四面"，学者们为此争论不休。依我看无非是说他面子又多又大又极广，一人而"面"四方，上上下下左邻右舍都"面面俱到"，所以才做了部落联盟的总酋长。

面具与角色

其实，不但酋长、祭司和萨满们要有面具（面子），其他人也要有的。因为面具不但表明一个人的地位，同时也表明一个人的归属，即他属于哪个群体、哪个阶层，类似于今之"身份证"，当然人人不可或缺。在原始时代，不同的氏族和部落崇拜不同的图腾，也就有不同的面具。只要看他使用什么样的面具，就知道他属于哪个图腾系统，从而判断出是敌、是我、是友。所以，面具（面子）之于人，至少在原始时代，就已是性命攸关的事。如果你没有面具（面子），那就成了一个来历不明的人。用现代术语来说,就叫做"政治面目不清"。不清也就不亲,必须加以防范。甚至,政治面目不清,比公开的敌人还可怕,因为他可能是奸细和间谍。在"宁肯错杀一千"的思想指导下,也可能立马被杀掉。因此,在原始时代,一个人如果不能出示自己的面具,就很难安全地通过一个充满警惕的部落。总之,从原始时代起,人们就是"死要面子"的。因为没有面子,就可能不但生命没有保障,而且会"死无葬身之地"。要知道,就连死者的埋葬和灵魂的安顿,也都是必须按照"图腾系统"来操作的。没有标志身份归属的"面子",死了以后,便只能去做孤魂野鬼。

由此可见,丢失面子,将是一件多么可怕的事。事实上,在原始时代,对于那些犯下为本部落众人所不齿罪行(通奸、通敌等)的人,惩处的办法之一,就是剥夺其面具。失去了这一"面子",也就失去了与自己人交往的工具,当然也就"没脸见人",只能自个儿跑开,到不见人烟的地方去自生自灭。这种惩罚,有时比判处极刑还可怕。久而久之,这种恐惧感就转化为羞耻感,视丢失面子为可耻,进而又把一切可耻之事视为"丢脸"。

面子既然原本是"面具",则它也就同时是"角色",或者说是角色的标志。角色有主有次,面子也就有大有小。但即便跑龙套,也是角色,也要有面子。面子就像京剧中的脸谱,标识着每个人在社会生活的舞台上担任和扮演的角色。事实上,脸谱面子都来源于面具,只不过用在戏台上的叫脸谱,用在生活中的叫面子,作用却都是一样的,合起来便叫"脸面"(脸谱和面子)。所以,一个人,如果自认为颇有脸面,觉得自己的面子又大又光鲜,深怕别人"看不见"或"看不起",多半就会故意"摆谱"。摆谱也就是把脸谱特地摆出来给人看,和京剧中"亮相"的作用差不多。

其实,重要的不是"摆谱",而是"识谱",也就是要知道自己有什么样的面子,扮演的是什么角色,应该如何面对观众和其他人物。如果弄不清,或者演不好,那就会"角色错位",当然也就"对不起"了。比如君是一种角色,臣也是一种角色,父是一种角色,子也是一种角色。好的社会政治秩序,依照孔子的说法,是应该"君君,臣臣,父父,子子",各按所司之角色行事。如果"君不君,臣不臣,父不父,子不子",那就非丢面子不可。严重一点,如宋灵公、楚成王,还会丢了性命。至少,也要被视为"表现不好"。

因此,一个中国人,要想活得滋润、体面,就要"表现好";而要"表现好",就要"守规矩"。中国做人的规矩很多,但原则也很简单:第一要"识相",第二要"懂事"。所谓"识相",就是要会看脸色,知道对方有什么样的面子;所谓"懂事",就是要懂得礼貌,知道自己应该如何表演。比方说,开会时,面子比你大的人还没说话,你就抢先发言。人家脸上已经不耐烦了,你还在那里说个没完。这就是"没眼色",也就是"不识相"。又比方说,一个资格老、辈分高的人来了,打电话说要来拜访你,你就应该立即表示"不敢当,还是我去看您老人家",否则也是"没规矩"和"不懂事"。

规矩首先是"规格"。规格由角色的大小来决定。角色不一样,面具、脸谱、面子的"格式"(尺寸、颜色、花纹、样式)也不同,这就是规格(规定的格式)。这些格式既然都有一定之规,当然轻易改变不得,也滥用不得。所以,一个人,如果角色小而享用的规格高,就是"出格"(如特许使用则叫"破格");如果角色大而享用的规格低,就是"降格"(也叫"掉格"、"掉价"、"有失身份");如果故意要显示自己的身份,就叫"摆格";而如果身份与格式相符,则叫"合格"。合格不合格是很重要的。不合格,就会有人来问你:"你以为你是谁?""你他妈的算老几?"

怎样做才合格? 首先是要摆正自己的位置,知道自己的斤两,扮演好自己的角色,这样别人才会"赏脸"。赏脸的结果,是不但自己有面子,连带自己的父母、亲人、朋友和上司也有面子。比如,一个孩子在客人面前彬彬有礼,规规矩矩,或嘴巴甜,样子乖,因而受到客人的夸奖,这在父母,是极有面子的事情。如果他公然在客人面前"不听话",则是极"丢脸"的事,因为他不给父母面子,使父母不能扮演家长和教育者的角色。这时,恼羞成怒的父母可能会声色俱厉地加以呵斥,甚至大打出手,结果当然是只能连带客人一起都灰头灰脸。所以,那些乖巧的孩子,尽管平日里十分骄横,一旦来了客人,也会作听话懂礼貌状。同样,聪明的女人在外人面前,也会装出一切大事都是丈夫作主的样子,以便那怕老婆的老公,还勉强能够暂时扮演一下大老爷们男子汉的角色,不至于丢尽脸面。

演戏与让戏

这就很有些戏剧性。

中国具有戏剧性的事情很多。就说送礼。在甲,不送是不行的,不送是"不识相";在乙,不收也是不行的,不收是"不赏脸"。拒收礼物,丢了实惠还得罪人,是很不合算的事。但是贸然或坦然收下,也是不行的。有没有受贿的嫌疑先且不说,至少是一方面显得自己贪财,或没见过世面,会丢自己的"脸";另方面又似乎认为对方送礼是理该如此,自己"受之无愧",这显然是小看对方,会伤对方的"面"。所以,尽管最后还是要收,但收之前必有一段推让辞谢的"戏"要演。其过程无非是送礼者先说"务请赏光"。这是拿面子做武器,意谓不收就是不给我面子。收礼者则云"你太客气"。这是用人情作盾牌,因为真正的"兄弟"是无须送礼的。送礼者也只好攻之以人情"请别见外",意谓只有"生人"的礼才收不得。最后受礼者只好请回面子来帮忙:"那么恭敬不如从命。"意谓先前拒收,不是不给面子,而是出于对你的"恭敬";现在收下,也不是自己"不要脸",而是为了"从命"。"恭敬"和"从命"都是面子,但"从命"的面子更大。为了给你更大的面子,只好不顾自己的脸面,收下你的礼物。这可真是得了人情又卖乖,既给自己找了台阶,又给对方戴了高帽。所以,尽管双方心里都知道这是在"演戏",但为面子故,又都非演不可。

事实上,在中国无论做人做事,都带有表演性质,甚至根本就是"做戏"。因为在中国人这里,任何人都不是天生的,而是"做"出来的,并且是"做"出来给别人看的。什么是"做"?就是表演,即戏曲剧本上所谓"作某某状"。中国人在"做人"时,常常要"作某某状",——父母面前作听话状,老师面前作勤勉状,长辈面前作恭敬状,皇帝面前作忠诚状,领导面前作服从状,群众面前作谦虚状,女友面前作潇洒状,男友面前作娇嗲状。总之是只要面对"观众",就要进入"角色"。担任什么角色,就作什么"状"。

不过,一个人的角色,也不是一成不变的。比如在儿子面前是老子,到了老子面前便是儿子。此外,年龄的增长,名声的得失,地位的升降,财富的盈亏,都会引起和造成角色的变迁。所谓"一阔脸就变",就是说地位高了,财富多了,角色大了,面子也大了,对于先前和自己面子相等的人,便会不大看得起。

所以,中国人必须有角色更换以后面子也随之更换的应变能力和心理准备,同时也要有能保持不变的能力。具体来说是:当角色变小时,面子也要相应地立即缩小,免得人们说你不懂规矩;相反,当角色变大时,面子则不一定相应地立即放大,这样可以获得"谦和"、"念旧"、"不忘本"的好评(也是一种面子),也可以免遭"一阔脸就变"的物议(遭人物议也难免丢脸)。《儒林外史》第二回写范进中了生员,身份和角色都发生了变化,他的丈人胡屠户便来和他讲"面子经",说是"你如今中了相公,凡事要立起个体统来。比如我这行事里都是些正经有脸面的人,又是你的长亲,你怎敢在我们面前妆大? 若是家门口这些做田的、扒粪的,不过平头百姓,你若同他拱手作揖,平起平坐,这就是坏了学校规矩,连我脸上都无光了。你是个烂忠厚没用的人,所以这些话我不得不教导你,免得惹人笑话"。胡屠户这些话中虽不乏混账之处,但抽象地看,也还是符合"面子逻辑"的。及至范进中了举,成了"老爷",张乡绅亲自来贺时,胡屠户便不但自己也不敢再"妆大",甚至连"面"也不敢出来了。这正是角色变换之后所必然引起的面子变换。

因此,在社会交往中,要想不伤对方的面子,最好先弄清对方此刻在扮演什么样的角色。比如你的一个老朋友、老同学或儿时伙伴此刻发达了,当了官,做了教授,出任了董事长或总经理,那么,在他的办公室里,当着他的同僚或下属或学生或雇员的面,便断然不可呼叫他的小名或绰号,甚至不可直呼其名,免得他当场下不了"台"。比如陈胜当长工时,曾与伙伴们相约云:"苟富贵,勿相忘。"后来陈胜当了王,伙伴们来找他,却不懂规矩,叫他的名字,说他的隐私,大伤了陈胜的面子。结果怎么样呢?不但没能共富贵,连吃饭的家伙都丢了。

同理,要想给一个人以面子,最便当的办法就是改变他的角色,让他由配角升格为主角,或候补主角。这种升格可以有真实和虚拟的两种。真实的如升官、升职称等,虚拟的如赐紫金鱼袋,赏穿黄马褂等。虚拟的升格还可以仅仅只是口头上的,比如称年龄、辈分比自己小的人为"兄",或自称"鄙人"、"在下"、"区区"等。总之,只要对方在心理上感到变换了角色,就同样行之有效。这就好比演戏。配角抢主角的戏,是"犯规"(情节严重者要被开除出戏班);主角给配角让戏,则是"赏脸"——把原本属于自己的脸谱赏给对方。既然是赏脸,那么,它也就是殊荣、恩典,至少也是客气、情分,不能"给脸不要脸",但也不能白要,而必须回报。回报的方式因人而异。如果对方与自己原本平起平坐,那么对方的让戏便是谦让,必须以略高一级的规格把"脸"还回去;如果对方地位高了许多,就是赏赐,自己可能已无"脸"可还,只有报之以身家性命;如果对方地位低得多,则原本无戏可让,但既有孝敬之心,自然也该"赏脸"。总之,在社会交往中,只要大家都能让着点,那就大家都有面子,都有"戏"。

有意与无意

戏是给人看的,所以面子必须好看。

事实上但凡可以称之为"面子"的,都无不好看。这就像中国戏剧舞台上的脸谱,无论忠奸贤愚,都一律画得漂亮,富于装饰美。比如历史上的暴君、昏君,死了以后,也要有一个"谥号"作为最后的面子。这面子当然不能叫"昏"、"暴"、"戾",只能叫"幽"、"厉"、"灵"。如果你不懂"谥法",便看不出这里面有什么贬义。还有一种更妙的,叫"恭",是"知过能改"的意思。既然知过能改,则先前的错误,也就一笔勾销,仍可坦然地进宗庙去享用牺牲和香烟。又比如,一个同志毛病不少,但做鉴定时,也要给他留点面子,决不可将他的缺点错误直通通地如实写出,而要说"希望今后注意某某方面"云云。似乎这位同志的缺点错误,只不过粗心大意,"不太注意"罢了,其实无伤大雅,无碍于晋升和调动。否则这位同志丢了面子,闹将起来,大家的"脸"上都不好看。

这就和戏剧一样,有一个"台前"和"幕后"的问题:"言"不过是台前的表演,"言外之意"才是幕后的真实内容。读中国书,看中国报,听中国人说话,欣赏中国艺术,都要学会听"弦外之音",悟"言外之意",否则就会不得要领,甚或上当受骗。比如"研究研究",其实并不研究;"以后再说",其实并无"以后",也不会"再说"。你如果傻乎乎地等下去,肯定等不出什么结果来。总之,一切让人不愉快的事,都一定会有比较委婉动听的说法。比如肥胖叫"发福",死亡叫"仙逝",撤退叫"转移",连吃败仗叫"屡败屡战"。当年八国联军打进北京,慈禧太后和光绪皇帝仓皇出逃,官方的说法却叫"两宫西狩"。狩,是打猎的意思。鬼子进京了,太后和皇上哪里还会有心思去打猎?也就是自己哄自己罢了。

但这是不能说穿的。一说穿,就没戏看了。戏剧艺术是一种"有意识的自我欺骗"。大家都知道那是在做假,大家都不说穿,戏才演得下去。比如一个演员演林黛玉,大家都看得十分有趣,你偏要来"拆台",说她原不过某某,既没有病也不曾失恋和葬花云云,便不免大煞风景。

所以,对中国的许多事情,都不宜到幕后去寻根问底,因为那会"拆穿西洋镜",种种"把戏"也就演不下去。比如某领导为了作谦虚状,跑到基层来征求意见,原本只是走过场,甚或是要听评功摆好、歌功颂德的,你却当真一五一十地历数其"不是",这就会使该领导难堪,连带在座的基层领导和同事也会尴尬,以后你就别想有好日子过。又比如开学术讨论会,主持人请来领导和名流"撑门面"。尽管那领导或名流的讲话驴唇不对马嘴,或实在肤浅得可以,你也只能频频点头称是,或作认真记录状。同样,如果哪天我们发现一个公认的坏种或蠢货也忽然"当选"了什么,也千万不要大惊小怪。因为真正的功夫都在幕后,前台的选举不过"行礼如仪"而已。

　　然而生活不是艺术。艺术原本就有"虚拟性",——画的鞋子不能穿,画的苹果不能吃,诗人绘声绘色地描写骑术,自己却不会骑马。所以艺术可以是"有意的自欺",不妨"明知是假,认真去做"。反正一则是"有意识",二来也不过"骗自己"。由于是"有意识",在短时间的艺术想象后,仍能回到严峻的现实;既然是"骗自己",便至多不过只是自我陶醉,尚不至于误国误民。遗憾的是,中国的"面子主义"者,却总是忘记了这两条界限,一方面由"自欺"而"欺人",另方面又由"有意"而"无意",其结果,便势必是害人害己。

　　比如清朝末年,清廷派往欧洲的一位使臣刘锡鸿大人,便是这类因自欺欺人而自我陶醉的角色。当一位波斯藩王对刘大人谈起西方列强的侵略扩张并为此深感忧虑时,刘大人却坦然地告诉他毋庸忧虑,并对他大谈其东方哲学:跑得快的,人喜其捷,却不知那是会摔跤的;走得慢的,人苦其迟,却不懂那是最稳当的。太阳到了中午,就要下山了;月亮到了十五,就要亏缺了。西洋发展得这样快,难道不是自速其亡吗?列强贪欲这样多,难道不会触怒天道吗?至于中国没有铁路火车,那我可以告诉你,我们大清正要建造一种世界上最优秀最神奇的火车头,那就是遵照先王和圣人的遗教,"正朝廷以正百官,正百官以正万民"。这种"精神火车头",举世无双。它"行之最速,一日而数万里,无待于煤火轮铁者也",哪里还用得着与西洋争一日之短长呢?

　　这真是阿Q得可以!你西洋不就是"无闲官,无游民,无上下阁阂之情,无残暴不仁之政,无虚文相应之事"吗?那都是因为孔孟之道"声教迄于四海",使洋人也"得闻圣教"而已。正本清源,当然是"我们先前比你阔得多了"!你欧美不就是富一点、强一点吗?可那种"贪得"之富、"好胜"之强,咱们根本就不屑,——"孙子才画得圆呢!"作为出使欧陆的中国使臣,刘大人的"门面"装得算是够可以的了。可惜,"孙子"们并不吃这一套,而历史的辩证法,亦正如马克思所说,是批判的武器不能代替武器的批判,物质的东西只能用物质来摧毁。以贪得为富、好胜好强的"学生"们还是拿着"先生"发明的罗盘和火药来打"先生"了。这可不是一句"儿子打老子"便可以对付的。结果，"门"被打开，"面"也难保。刘大人的如簧巧舌，哪里抵挡得住列强的坚船利炮？

真话与假话

这就是"面子"了。它既然是"面"，那就肯定不是"里"；既然只能"好看"，那就难免成为一种"文饰"，甚至"文过饰非"。

文饰也未必就不好。爱美之心人皆有之嘛！谁愿意把自己弄得脏脏的丑丑的？谁都要修饰修饰打扮打扮么！尤其是有人看的时候。再说，修饰打扮自己，也是对别人的尊重。一个平时穿着顺便的人，如果忽然衣冠楚楚起来，便八成是要去见什么重要的人，比如贵宾、上司或恋人。当然，反其道而行之的也有。比如京城里的那些"腕儿"，就会光头锃亮胡子拉茬，大裤衩子小背心，趿拉着拖鞋出入那些所谓"体面"的场所。这其实不过是一种"摆谱"、"拔份儿"罢了，意思是"老子偏不把你们放在眼里"。实际上，在任何民族那里，蓬头垢面、不加修饰地"面对"他人，都是极不礼貌的，因为这似乎隐含着"你也配让我修饰吗"的意思。所以，把自己收拾得干干净净，打扮得漂漂亮亮的去见别人，或让别人来看，就不仅是自己要面子，也是给别人面子。

但再合理的事情，也得有个分寸才行。可惜在中国人看来，让所有的人都有面子，比什么都重要。于是，要面子，甚至为了要面子而不惜"文过饰非"，也几乎成为中国人的一种"文化无意识"。比如出门开会特地穿上平时不穿的新衣，客人光临之前把家里突击打扫一遍，外宾参观时专挑"好看"的部门、单位或地段让他们看，上级来检查时"报喜不报忧"。结果怎么样呢？结果是久而久之，有意或无意的"自欺"就会变为有意或无意的"说谎"。至少是，说的是一种情况，实际则是另一种情况。

就说"谥号"，表面上看来大都是很好听的。比如"灵"，无论怎么看都是好词儿：灵验、灵通、灵巧、灵活、灵敏、灵性、灵气、灵感、灵光、灵丹妙药，都是好得不能再好。即便用于死人，也是尊称，如灵牌、灵位、灵柩、灵堂。然而我们看看谥号叫"灵"的国君，又有几个是好东西,几个有好下场? 郑灵公为吃王八,被臣下杀死;陈灵公南冠而会情妇,被情妇之子射死在马厩。晋灵公暴戾不君,站在高墙上用弹弓射人,看人躲避为乐;厨师煮熊掌不烂,他就把厨师杀了,装在畚箕里招摇过市;大臣劝谏他,他反倒派人去暗杀谏臣,最后终于死于非命。这三个,算是最差劲的。此外如楚灵王众叛亲离,走投无路,自缢于臣下之宅;许灵公如楚请兵伐郑,不遂而客死他乡;蔡灵公国破身亡,成为亡国之君,也都很悲惨。看来,越是叫做"灵"的,反倒越是"不灵"。

谥号其实也有两种。一种是炫耀功德的,如文、武、成、襄;另一种则是掩盖过失和不幸的,如灵、恭、闵、哀。这也不奇怪,因为面子就像服饰,也有两大功能:显示与遮蔽,或者炫耀与文饰。正因为面子兼此两种功能而有之,因此面子表现的内容就可能真真假假。当它用于显示时就可能是真的,当它用于遮蔽,尤其是用于"文过饰非"时,就难免弄虚作假。比如康熙庙号"圣祖",乾隆庙号"高宗",大体上还说得过去,而内战外战都很外行的咸丰,庙号竟曰"文宗"(慈惠爱民曰文,忠信接礼曰文),便让人觉得简直就是讽刺。莫非连吃败仗就是他的"慈惠爱民",割地赔款就是他的"忠信接礼"么?

皇上和朝廷既然带头说谎,则臣下和小民们也难免口是心非。事实上,由于做人要按"面子格式"去表演,做事要按"面子法则"去操作,也就容易造成一大批道貌岸然的伪君子,口蜜腹剑的阴谋家,阳奉阴违的两面派。他们"当面是人,背后是鬼","满口仁义道德,一肚子男盗女娼"。而且,越是心狠手辣,就越是慈眉善眼;越是污秽歹毒,就越是道貌岸然。这就不能不让人处处小心时时提防。因为"画虎画皮难画骨,知人知面不知心"。所有人的内心世界都被面子裹着,哪里弄得清真假? 所以,中国这方面的古训也特多,什么"听其言,观其行"啦,"路遥知马力,日久见人心"啦,都是。

其实,不要说那些"大奸似忠"的阴谋家野心家,即使一般的"良善之民",也难免要多少说点空话、套话或假话,或者"见人说人话,见鬼说鬼话"。所谓"一根肠子通到底",平生半句假话不说的,其实并不太多。因为句句都说真话,事事都讲真实,便难免会有"违碍之处",

或让某些人听了不高兴。这就会得罪人。得罪了人，自己的日子就不会好过。

　　平心而论，说假话，甚或搞阴谋，确实也有不少是被"逼"出来的。比如一个人想说真话，但说出来会伤了别人的面子，便只好说假话，或者"打哈哈"。又比如，一个人，能力很强，资历也不浅，明明有资格担任某一职务的，但如果明说，便会视为"有野心"或"厚颜无耻"，也就只好"作谦让状"，或者搞阴谋。例如曹操这个人是有能力的，也敢讲真话。他曾公开宣称：倘若没有曹某，真不知几人称王，几人称帝。这是真话，但也不讨人喜欢，因为把别人的"假面"都揭开了，于是引起公愤。结果呢，别人（如刘备与孙权）都堂而皇之地称了帝，没当皇帝的他反倒成了"奸臣"，你说这算什么事？

　　所以做人必须"世故"。不世故，便会或因不会做人而伤了别人的面子，或因不会认人而为别人的假面所惑。伤人不落好，被惑要吃亏，因此"人情世故"四个字，实在是一门大学问，也是每个中国人必须认真学习琢磨，甚至必须耗尽一生精力才能弄懂学会的"必修课"。不过，世故既与人情有关，那么我们就还是先来看看"人情"是什么吧！

第四章　人情

一　面子与人情

情与面

说完"面子",不能不来说"人情"。

人情与面子的关系很密切。一般地说,有人情必有面子,给面子也就是送人情。比如有个人,先前帮助过你的,你就欠了他的人情。下回他来找你帮忙,你就不好驳他的面子。同样,如果你给了某个人面子,则他也就欠了你的人情。甚至这面子与人情还能转让和借用,比如求情或说情时讲"不看僧面看佛面",或者请于你有恩有情的人来"出面"。但即便是佛祖出面,也还是"人情",得了好处的人也要"领情"。由于人情和面子是如此地相互依存,所以,中国人也常常把它们合起来称作"情面"。

情面是一种任何人都不能不顾的东西。顾就是回头看。一个人,正往前走,要去办"正事"的,情面却从"后门"进来了,就不能不回头去看一下。顾字从页,页本是头,也就是长脸的地方。顾又是"雇"。情面来"雇"你,你连头也不回一下,面子上就会"过不去",也是"给脸不要脸"。因此至少也得打个"照面"。然而这一"顾"一"照"不要紧，非得"照顾"一下不可。原本要公办的事，也就多半公办不成。除非你有本事一开始就不"照面"，比如躲起来，装病，甚至不接电话。

但是，情面这东西，是轻易躲不掉的。躲得了初一，躲不了十五。陌生人还好说，同事、邻居、熟人、朋友，又岂能永远不见？既然终究要见"面"，就不能不讲"情"。结果，天理王法之类这些无须面对的东西，也就只好暂时放在一边。比如宋江杀了阎婆惜，依照王法，是该追究刑事责任的，更何况那婆惜的情夫，又在县里"司法部门"工作。但宋江面子大，人缘好，县里上上下下，都要开脱他。先是县长大人一味拖延，后是刑警队长有意放纵，更兼县政府的同僚们，一个个都到婆惜的情夫张三那里去说情。这些人都是抬头不见低头见的，连那张三"也耐不过众人面皮"，只好一任自己的情妇，去做那刀下的冤魂，这便叫"人情大于王法"。中国的法制难以健全，至少有一半原因在于此。

情面不但可以使某些人生，也可以让某些人死，如春秋时的豫让之刺杀赵襄子，战国时的聂政之刺杀侠累即是。豫让是为旧主智伯报仇，犹有可说。聂政与侠累素不相识，前世无冤，后世无仇，却甘愿冒着生命危险，大老远地从卫国跑到韩国去刺杀他，为的只是侠累之敌严仲子的"情面"。聂政本是个"鼓刀以屠"的"市井小人"，严仲子以"诸侯卿相"之身，屡屡惠顾于他，由是感激，便替他去杀人。豫让也说："士为知己者死，女为悦己者容。今智伯知我，我必为报仇而死。"于是三番两次去杀赵襄子，实在杀不成了，竟请求刺杀赵襄子的衣服，然后自杀，赵襄子也居然"大义之"，答应了他的请求。此外，如专诸之刺王僚，荆轲之刺秦王，也多因情面故。西方的杀手为金钱杀人，中国的杀手为情面杀人，情面在中国比什么都贵重，因为"黄金有价，情义无价"。

情面虽然无价，却有用。又岂止是有用，简直就是法力无边。所以，任何中国人都不能不讲情面，也不能不为将来可能的需要，而预先为自己储备情面。

储备和制造情面的办法很多，但最主要的还是要多多见面。因为情由面生，如果从来也不曾见面，则情由何来？同事、同学、邻居等等

　　西方的杀手为金钱杀人,中国的好汉为友情打人。武
松与蒋门神前世无冤后世无仇,他的"醉打蒋门神",只为
施恩的友谊与情面。

　　（选自《忠义水浒传》）

之所以较有情面，就因为经常要面对之故，因此有"远亲不如近邻，街坊不如对门"的说法，夫妻情分最重，也因为天天都要面对，而恋人与候补配偶当然也就称为"对象"（即面对之象）。"象"如果"对"上了，则为"有情人"。既然是有情人，则在理论上终成眷属。但是，即便真是眷属，比如亲戚，如果不常见面，或久不见面，感情就会淡漠，甚至会趋向于零。所以有"人在人情在"的说法。人在，难免"抬头不见低头见"，不能不顾；人不在了，则反正不怕会有见了面不好意思的事，也就可以不讲情面，只计利害。

当然，并非所有的人都那么薄情寡义，"人一走茶就凉"的。比如前面说的豫让，就是在智伯死了以后，仍要不计利害地报恩还情。无疑，历史上和生活中，豫让这样的人并不多，这才特别地被看作是侠义之士，为人们所崇敬、仰慕、赞颂和表彰，但同时也可见中国文化的价值取向，是肯定和赞同重情谊、讲情面，否定和反对薄情寡义的。一个人，如果念旧，也就是在不再见面的情况下仍然记挂和认定过去的情面，维持过去情面的有效性，就会被舆论肯定和赞扬。相反，如果忘本，翻脸不认人，一阔脸就变，转背就忘情，则会遭到舆论的谴责，甚至有可能被骂作人面兽心，不是东西。比如一个人刚死，身边的人就翻脸，便会有人出来打抱不平，说"某某尸骨未寒，你们就……"云云。那么，反问一句，如果"尸骨已寒"，是不是就可以如何如何呢？这也就等于承认了，"人在人情在"毕竟是一个规律，至多只能要求"情"延续的时间，比"面"稍长一些，不要一下子就情、面皆失，以免大家"兔死狐悲"，想起来"寒心"。

见面问题

看来，维系人情、储备情面之最可靠也最有效的办法，还是多多见面。比如，有事没事的，经常去串串门，走动走动，或者找种种借口，在一起"聚一聚"。在这方面，中国人是很有办法的，而最好的机会，又莫过于过年。这时，除大年三十夜晚的家庭团聚必不可少外，拜年也是很重要的事。关系的亲疏，人缘的好坏，地位的高低，权力的大小，在这时都一望可知。一个人，如果过年时谁也不上门，是很没有面子的。

相反,如果门前车水马龙,家里常开流水席,则面子十足,风光体面得很。如果来拜年的竟是上司、前辈,那就更加体面,足以成为向他人炫耀的资本。婚事和丧事也如此,所以非大操大办不可。如果并未大操大办,贺客或前来吊唁者仍络绎不绝,那就面子更大,人情更多。这时,来人一定要嗔怪:"怎么也不知会一声?"主人则一定要赔罪:"没敢惊动大家。"不敢惊动,是对别人的体贴,当然是人情;而闻讯以后立即赶来,那就更是人情了。因此,也有办红白喜事故意不声张的。不声张的好处甚多。一是做事低调不张扬,显得谦虚(为官者则还可以避嫌),二来也可以检验一下自己人缘的好坏,以及关系的亲疏。由是之故,那些前来贺喜或吊唁的人,一定会连连声明:"刚刚听说,刚刚听说!"但不论是刚刚听说还是早就知道,也不论是立马赶来还是延误多日,主人也都得领情,至少得做领情状。你想,爱国尚且不分先后,这事又怎能计较时间? 只要来了,就是人情,就是面子,就有情面。

制造情面的有效办法还有很多,比如成立校友会、同乡会、联谊会等社团组织,参加各种会议或学习班等。事实上许多人喜欢开会或培训,就因为可以借此机会见见老朋友和认识新朋友。反正基本原则就是要见面。时谚云:"走动走动,向上浮动,不走不动,向下滑动",讲的就是这个道理。

即便实在无法见面,那么,也要不断表示希望见面的愿望。比如,写信时,要写上"如晤"、"见字如面"等字样;分手时,也要互道"再见"。再见就是再次见面,与英文 goodbye 意为"上帝保佑你一人独行"迥异。此外,重逢或初交时的"久违"、"久仰"、"好久不见",也都与"面"有关;久违是久违其面,久仰是久仰其面,好久不见是好久不见其面。久违其面,难免薄情,必须用极富情感色彩的话把面子补足。

如果不想与某人发生人情关系,或必须马上"绝情",则必须设法不和他见面。比如路上相遇,眼睛往别的地方看,甚至绕道而行。对方来访时,装作不在家,或者故意乘别人不在家时去拜访。孔子就曾做过这样的事。鲁国的阳货(阳虎)想让孔子去见他,孔子不去,于是阳货就送给孔子一只蒸熟的小猪。孔子收了人家的人情,不好不去拜谢,又不想和他见面,便故意趁阳货外出时去拜访,没想到"冤家路窄",还是在路上遇到了。圣人既已做出榜样,我辈自然不妨效法,只是事先要探听明白计划周详,不要弄出"遇诸途"的尴尬事体来。

故意不见既然意味着不友好,无意的不见也就可能被视为或误为不讲交情。所以,一个人回到故乡、母校、原单位,就应该尽量设法和所有的亲朋故旧都见上一面。如果不小心漏掉了一位,他就会认为你不给面子,甚或怀疑你对他有意见。意见就是"意"见"面"不见,如无"意见",为何不见? 这种漏掉一人的后果是很严重的,因为别人都已见了,惟独他未见,也就特别地没面子。说不定,本来没意见的,这回可真的有意见了。这当然是很不划算的事。

无意的不见,会引起误会;故意的常见,则让人起疑。"这家伙有事没事的老来找我干什么?"显然是"别有用心"。这就得防着点。更何况,不断地见面,也有弊端。第一,见得多了,难免厌烦,至少不再有新鲜感;第二,见得多了,就容易看透,知根知底,弄不好连隐私也保不住;第三,关系一近,难免随便,一不小心,就会伤了对方的面子,一旦反目,比仇人还可怕。当然,平时不见面,或见面时招呼都不打一个,有事时才贸然地找上门去,就更不妥。"平时不烧香,临时抱佛脚",便是菩萨面前也不灵的。总之,常不见面,固然难免生疏;常常见面,也容易"熟"得烂掉。最好是亲而不近,敬而不远,若即若离,恰到好处。这当然很难,故曰"世事洞明皆学问,人情练达即文章"。

这文章这学问可是人人都得要做的,因为人人都得做人。

人情与人缘

做人首先必须"通人情"。比方说,别人有喜,应该欣然于色;别人有悲,不能无动于衷;别人有难,必须拔刀相助;别人遇险,不能袖手旁观。否则,就是"麻木不仁"。当然,他也休想得到别人的同情和帮助,就会自绝于社会和群体,真的变得"不是人"。

显然,所谓"通晓人情",最重要的就是要有一种"设身处地"、"将心比心"的情感体验态度。具体说来,又表现为正反两个方面。从正面讲,就是要"己欲立而立人,己欲达而达人"。比方说,自己肚子饿了要吃饭,应该想到别人肚子饿也要吃饭,从而"推食食人";自己身上冷要穿衣,应该想到别人身上冷也要穿衣,从而"解衣衣人"。从反面讲,就是要"己所不欲,勿施于人"。比方说,自己不想死,就不要杀别人;自己怕丢面子,就不要伤别人。说话的时候,要尊重对方,称呼上要掌握分寸,不要直呼其名;对方的请求和给予(如敬酒、让菜),即便不能接受,也要婉言辞谢,不要断然拒绝;对方有了错误,即便是下属,也不要当众指责,而应该在没有旁人时温和地批评;对方向你诉说某一事情或心情时,即便不愿听,也不要粗暴地打断,而应该在适当的时候岔开话题;对方与你争辩,即便说得不对,也不要"得理不饶人",只图一时痛快,把对方逼进"死胡同","下不了台"。否则,不但对方觉得大伤面子,恼羞成怒,在旁观者看来,也会认为你"太不像话"。这些虽然说起来都是小事,但会不会做人,也就往往体现在这些小事上。

总之,会做人的人,总是能够表现出关心他人、尊重他人、处处以他人为重、时时替他人着想的心理倾向。比方说,见了面问人家"吃了没有"、"身体好吗",或问"有朋友没有"、"进展如何",甚至帮他寻找对象或门路。这些被西方人视为"打探隐私"的问题,却被中国人视为"有人情味"的表现。又比如,朋友搬家去"凑一把手",邻居外出代为"看门",同事犯了错误代他向领导"说情"等等,也都是"通人情"、"会做人"的表现。

由此可见,做人做人,必须实实在在去"做"。只说不做,同样"不是人"。但关心他人帮助他人的心,则不能是"做"出来的。即便是"做",也要做得不露痕迹。有些人,虽然也热衷于关心帮助他人,但"做"了好事以后,又生怕别人不知道,到处宣扬,或在被帮助者面前,以施恩者自居,时时提醒对方得了自己什么好处,结果弄得对方反感,他人厌恶。真心地帮助他人,应以"不计报酬"、"不求回报"为前提。事实上,由于下面就要讲到的"人情法则",这种回报其实是题中应有之义,无须时时提醒、公之于众的。如果嚷嚷得满世界都知道,不但受惠者会觉得很没有面子,也会让人觉得你其实不会做人。

于是就有了"人缘"的好坏。

用"人缘"这个词来表示"人际关系",是很精当的。"缘"的本义是"衣边",因此有"边缘"的意思。所谓边缘,也就是两物分界之处,同时也是两物相连之处。两物如"相缘",也就有了"关系"。系也好,缘也好,都从"糸"(mì),意谓"细丝"。所以,两个人,如果关系极深,便说"千丝万缕";如果似断非断,便说"藕断丝连"。因为人情如丝,细微而又有弹性和韧性,拉拉扯扯,纠缠不清,"剪不断,理还乱"。用"缘"来表示情感关系,实在再恰当不过。

人际关系既名之曰"缘",则建立新关系便叫"结缘",比如"喜结良缘"、"广结善缘"。良缘也好,善缘也好,都是一种人情,即把情感之丝打成"结",使之更为牢靠。如果两个人以前素不相识,只是由于偶然的机会相遇,或通过他人的介绍相交,却一见钟情,或情投意合,便会觉得彼此十分"投缘",并把彼此的偶遇和相识,视为一种"前生命定"的"机缘",认为彼此之间有"缘分"。所谓缘分,即是人情再加天意。人与人之间,本来在气质、性格、阅历、境遇各方面都有差异,要想真正情投意合,原本就很难;而安土重迁的中国人,又很难有机会在茫茫人海中去寻找知己。这样一来,人情加天意的缘分,就显得更加弥足珍贵。一个人,如在"可遇而不可求"的机遇中得一知己,那就不但是"缘分",而且也是"福份"了。

不过,说一个人"有人缘"或"人缘好",却并不是说他有此缘分或福分,反倒是说他即便无此缘分或福分,也能结交朋友,受人欢迎。或者说,有"缘人"的能力。有此能力就能处理好自己的周边关系,使自己的"边缘"聚满了人。这种良好的人际关系,完全是他自己努力的结果,所以是"人缘",而不是"机缘"。

这就要会做人。而会做人,也就是懂得人情法则。

二 人 情 法 则

基本原则

人情的基本法则是"回报"。

中国人很看重回报。在中国人看来,"有恩报恩,有仇报仇"是天经地义的事。有恩不报固然是小人,有仇不报亦非君子。不过,相比较而言,中国人之重视报恩,又甚于报仇。一个人,如果忘恩负义,便"不是东西";如果恩将仇报,更是"丧尽天良"。但是,如果报恩的程度大大超过施恩,则会受到舆论的一致赞扬。无论怎样加倍地回报,都不会视为过分,甚至干脆就公开宣称:"滴水之恩,当涌泉相报"。

报仇就不同了,必须具体问题具体分析。

一是"仇"的大小。如果只是轻度伤害,或是无意得罪,则"冤家宜解不宜结",最好讲和,不必"以眼还眼,以牙还牙",也不要"睚眦必报",睚眦(yázì)就是怒目而视,引申为小怨小忿。如果别人只是横了你一眼,也要报复,舆论就会觉得你"过于计较,不好相处",也就会弄得自己没人缘。二是报的分量。一般地说,以等值为宜。如果人家不过只是踩了你的脚,你却要砍人家的腿,便太过分,也"太不像话"。三是复仇者与结仇者之间地位和力量的对比。如果地位力量相当,那就是他们自己的事,舆论界一般只作"壁上观";如果是弱者向强者复仇,便会赢得同情、支持和敬佩;如果是强者向弱者复仇,事情就比较麻烦了。因为重人情的中国人,其同情心总是在弱者一方的。除非双方所结之仇非常之大,且结仇时强弱正好相反,否则便难保不会有人出来打抱不平。所以,当韩信功成名就,衣锦还乡时,对当年有"一饭之恩"的漂母,便报以千金;对当年使自己遭致"胯下之辱"的少年,则不予追究,便是深知上述原则之故。

中国文化之所以鼓励报恩,而对报仇作一定的限制,是因为报恩只会加强人与人之间的联系,有利于群体的团结和社会的安定;报仇则可能造成人与人之间的敌对,不利于维系群体,甚至会破坏社会秩序,造成动乱。如果睚眦必报,则更会没完没了,天下大乱。总之,鼓励也好,限制也好,都本之于"群体意识"。

但不管怎么说,回报总是必须的。如果人力不足以回报,便寄希望于"天意";今生不足以回报,便寄希望于"来世"。报恩,可以是"变牛变马"、"结草衔环";报仇,亦不妨化作厉鬼前来索命。故民谚云:

"为人不做亏心事,半夜不怕鬼敲门"。这鬼不是别的,便正是受害人之冤魂,以及同情弱者专打抱不平的厉鬼。中国人相信,"善有善报,恶有恶报,不是不报,时机未到,时机一到,一切都报"。总之,肯定性的情感(恩爱)也好,否定性的情感(仇恨)也好,都必须回报。不懂得这一点,便是"不通人情"。

人情为什么一定要回报呢?就因为情感是要有回应的。比方说你爱一个人,人家却不爱你,就爱不下去;恨一个人,人家却不恨你,就恨不起来。何况人情之于中国人,并不只是一种内心体验,更是一种重要手段,是用来维系群体的,因此非得回报不可。

维系群体的办法、手段、条件很多,但都不如人情可靠。就说法律。法律当然是有权威的。但法律管得了"迹"(行为),管不了"心"(思想);只能保证大家都循规蹈矩,不能保证大家都同心同德。甚至就连循规蹈矩,也未必能保证。一旦执法不严,或法制不到之处,便立即是另一番景象。更何况,对于朝廷王法,中国人虽不敢硬顶,却敢软磨。"上有政策,下有对策",总能"化千斤为四两",哪里靠得住?

利害就更靠不住。利害只能结成一种临时性的、松散的关系。有利时趋之若鹜,有害时作鸟兽散;或遇害时团结一致,胜利后又自相残杀。所以酒肉朋友最不可靠。有酒有肉是朋友,无酒无肉如路人,甚至为了争夺酒肉,反目为仇,刀兵相见。

就连面子,也很可疑。面子毕竟是"面",是表面的东西。这就难免"当面一套,背后一套"。面对面时喊哥哥(称兄道弟),背靠背时摸家伙(你死我活)。人情就不同了。它在本质上是"情",而情感是发自内心的,也就最为可靠。面子可以作伪(假面),情感却必须真实(衷情)。面子有大小,情感也有深浅,但情感的深浅并不以面子的大小为转移。出于面子为人办事,难免敷衍,或尽力不尽心;出于情感为人办事,则会尽心尽力,两肋插刀。当一个群体的每个成员都是出于情感而团结在一起的时候,这种团结就是心甘情愿的,而这种群体也就势必是坚不可摧的了。

所以中国人要讲人情,而且要讲回报。你敬我一尺,我敬你一丈;

我投之以桃,你报之以李。如此往返相报,则情感更深厚,友谊更绵长,关系更密切,群体也就更巩固。

左右为难

然而,人情的回报这事,认真做起来,又很难。

我们知道,"还情"的前提是"领情"。一个人,好心好意把人情送给你,你当然要领受,并表示感谢,这就叫"领情"。这事看来简单,其实不然。因为第一,人之所送,未必我之所需。如果自己并不需要,那么,是收还是不收呢?不收是不通人情,收下又没有用,还要平白无故地增加一个负担(因为收下的人情终究是要还的)。但人家是一片好心,岂可拒人于千里之外?也只好来者不拒,照单收下,然后再琢磨着如何还回去。想想真是何苦!

其次,送人情的方式有很多种,有的明明白白,有的不清不楚,有的大张旗鼓,有的不动声色。这样,有时别人可能是"暗送秋波",咱们则可能还"蒙在鼓里",当然也就无由表示领情,这又会无端地得罪一个人。于是,为了不得罪人,就得时时小心翼翼,不要忽视或漏掉别人的人情。但如果人家原本并无此意,咱们却当作人情来领受回报,岂非自作多情?如果每件事都要这么琢磨一番,麻烦不麻烦,窝囊不窝囊,累不累呢?

领情已属不易,还情就更是困难。因为在中国人的人情关系中,施送的并非物质,而是情感。即便施送的是物质(比如在一个人遭受灾难时送衣送饭),也同时还有人情。甚至有时候,真正要送的不是东西,而是人情。物质的东西是容易回报和偿还的。比如你请我一桌,我还你一席,看得见,摸得着,算得出价钱。还没还,报没报,大家都看得清清楚楚,当事人心里也明明白白。情感就不同了。它是无形的,无价的,不能测量,无法估算。还没还,报没报,或者还没还够,大家心里都没有底,只好完全凭"良心"办事。有些特别讲良心的人,只好以数十倍的代价去偿还,如所谓"滴水之恩,涌泉相报"即是。

甚至就连"还不还",也是问题。中国人的所谓"人情",是一种说不清的东西。它是情感,又不纯粹是情感。这就不好办。因为如果纯是情感,就不必还;如果纯是商品,就容易还。最怕的就是说不清。还吧,像做买卖;不还,又好像占了人家的便宜。这可真是左右为难。

更麻烦的是,中国人之所谓"人情",其实包含着两个内容。一种是真正的感情,我们无妨称为"衷情"。它是发自内心、不求回报的。而且,你如果执意回报,反倒会伤了感情。另一种则是表面化、程式化或仪式化的东西,我们无妨称之为"表情"。它带有功利的性质,可以"做",可以"送",当然也要"还"。如果你错把"表情"当作"衷情",人家就会认为你这家伙太不懂规矩,太不会做人,甚至太没有良心,或者太不像话。反之,你如果把"衷情"错当"表情",用常规方式加以回报,则对方便会感到伤心,甚至会愤怒:"你把我当成了什么人!"这当然也同样糟糕透顶。朋友们之间,最容易发生的,就是这种尴尬事体,——回报吧,显得生分、见外、不贴心;不回报吧,又似乎太夹生、不懂味,是个"半吊子"。于是,就像"活,还是不活"对于哈姆雷特是一个问题一样,"还,还是不还",对于许多中国人,也都是个问题。

其实"衷情"也是需要回报的,只不过其方式与回报"表情"不大相同,然而它所付出的代价,有时则往往还要更大。

比如父母对子女的爱,无疑是绝对真诚的。中国的父母,尤其当代中国的父母,对于其子女,真正称得上"做牛做马"四个字,完全是不计报酬,不辞辛苦。甚至类似于"父母"的组织,对待自己的"子弟"也是爱护有加,——免费供他们上学,毕业后为其安排就业,提供公费医疗和低租住房,死了以后还要为其送终。好一点(也就是更像父母一点)的单位领导,在职工犯了错误时,还要代其向上级"求情",甚或代为其承担责任,乃至代交罚款(当然是公费)。这样一片"爱心",如说不是"真心",那简直是没有"良心"。

但是,严格说来,这种关心爱护,实在很难说是出于"公心"还是"私心"(事实上中国人从来就是"公私不分"的,详见本书第六章)。因为即便是最真诚的关心爱护,也未尝没有希望回报的成分。领导关心群众,是为了让群众拥护,安心工作;父母关心子女,是希望子女成才,耀祖光宗。说到底,还是"施"与"报"的关系。所不同者,仅在于父母(含类父母者)的爱太真太深,情分也太大太重,连说"答谢"都嫌太轻,简直就应该报之以全部身心才好。

人身依附

报之以全部身心的前提就是"听话"。子女如果"不听话",是最让父母痛心疾首的伤心之举。首先,希望子女听话,完全是一片"好心好意",因为希望他们能听的那些话,都是出于真诚的爱心,比如天冷了要加衣服,在单位上不要和领导吵,你交的男朋友靠不住等。所以,一旦子女不听,甚或顶嘴,便既感伤心,又不理解:"爸爸妈妈都是为你好,还会害你不成?"其次,"滴水之恩",原本当"涌泉相报"。现在爸爸妈妈并不要你去涌什么泉,只是要你听一下话,更何况这"听话"还是"为了你好",都难以实现,还说什么其他? 一个连"话"都不肯听的孩子,还有什么指望? 所以痛心疾首之余,那斥责的语言便是:"想想看,是谁一把屎一把尿地把你拉扯大的? 你就这样报答父母?"

可见,即便是父母对子女这种最为真诚的爱,也是必须回报的,而听话,也是一种情感的回报方式。父母哺育了我们,所以我们要听父母的话;老师教育了我们,所以我们要听老师的话;党培育了我们,所以我们要听党的话。如果不听,那就是"不思回报",也就是"忘恩负义"。那么,何以谓之"听话"? 所谓"听话",也就是以对方的意志为意志,以对方的情感为情感,以对方的爱憎好恶为爱憎好恶,这还不是报之以全身心吗? 这种回报的代价,还不算大吗?

然而这一代价却不能不付出。因为父母要求子女听的话,都是出于一片好心,本身就是一份"人情"。如若不听,则人情也就无由送达。这样一来,不听话就岂止只是"不思回报",简直就是"不领情"! 岂止不领情,简直又是"好心当了驴肝肺"! 有此三重的背谬,——不领情,不回报,不承认其价值,怎不让人伤心之至? 怎不让人生气、憋气、痛彻心脾? 显然,但凡是人情,就要回报,不论是"做"出来的表情,还是发自内心地衷情,都如此。而"听话",则是其前提。

于是,由人情维系的人际关系,就成了一种人身依附关系。

人情关系怎么会是依附关系呢? 从表面上看,在人情关系中,一方施送,另一方领受并回报,倒像是做买卖。事实上现实生活中也不乏用人情来包装交易的。但是,用人情来包装交易,恰恰证明人情不是买卖。买卖关系是最平等的。一方愿买,一方愿卖,价钱讲好,即可成交,谁也不欠谁的。人情关系就不同了。上回你帮了我的忙,这回我又帮你的忙,看起来好像已经"两清",然而人情却还在(否则就叫"人一走,茶就凉",是不通人情的)。于是,下回我找你,你还得帮忙。这样送来送去,还来还去,就永远还不清。既然还不清,两个人就只好互相依附了,因为他们永远都欠着对方。

更何况,情本之于爱。爱这个字,繁体作"愛",一颗心夹在当中,既表示凡爱都要出自内心,也未尝没有把对方"纳入内心"之意,也叫"关心"。即把对方搂在怀里,关在心中,因此又叫"关怀"。关怀显然不平等。比如,我们只能说父母关怀子女,领导关怀群众,组织关怀个人,不能倒过来说。道理很简单:只有父母把子女搂在怀里,哪有子女把父母搂在怀里的?当然,"关心"一下还是可以的(比如说"关心国家大事")。但这种关心,不过是关切、牵挂、惦记、眷恋的意思。为什么要关切、牵挂、惦记、眷恋呢?因为自己的心已经被"关"在对方的"怀"里了。如果不关心一下,心里就会没有着落。

可见,真正的人情关系是必须"交心"的。爱的一方固然要"将心比心",被爱的一方也要"以心换心",这样才能"心心相印",彼此也才"放心"。放心当然不错,问题是放在哪里?当然只能放在关怀者的怀里。既然"心非我有",自然"身不由己"。于是关怀者的爱护便很可能变成干预。比如高考时为子女代填志愿,婚恋时为子女代找对象等。有时这种"爱护"甚至会演变成父母对子女的人身限制和人身侵犯,比如打骂等。而且,还要说"打是亲,骂是爱,不打不骂不自在";"筷子头下出浪子,棍子头下出孝子";"三天不打,上房揭瓦"等等。这些话说起来都十分理直气壮。因为"打在儿身上,疼在娘心上",父母付出的代价更大,更何况原本是为了子女"好"。

既然身与心都交出去被"关怀"了,则听话也就当然是题中应有之意。因为倘不听话,关怀也就无由实施。再说,心都交了,话又有什么不可听的？自然"不在话下"。当然，什么独立人格，什么自由意志，也就都谈不上了。

看来，人情这玩意，虽然是个好东西，麻烦却也不小。没有固然不行，太多也难对付。就拿听话这事来说吧，不听得不到关怀，太听却又会失去自由。那么，有没有办法既能得到关怀又多少能有点自由，既不缺少人情又不为人情所羁绊呢？办法也许是有的，只不过，你可就得世故点了。

三　做 人 问 题

世故与做人

世故原指"世间一切事故"，所以也可以叫"世面"。但"面"有新有旧，"故"则都是先例和成规，也就是经验和教训。一个人，世面见得多了，肚子里的故事、成规、教训相应地多起来，也就"深于世故"。

世故是用来做人的。

做人是头等大事，没有谁可以不做人。然而做人又是何其难也！比方说，一个人，在单位上，是应该表现好一些呢，还是应该差一些呢？便很难。表现不好要被批评，太好又遭嫉妒，不好不坏，甘居中游，则又可能被视为平庸。又比如，你对某人某事某问题有看法，开会或别人来征求意见时，是说还是不说呢？说，是"锋芒太露"；不说，是"城府太深"；私下里说是"两面三刀"；公开地说是"目中无人"。再比如，有人托了人情来求你，要办一件极难的事，是答应好呢，还是不答应好呢？不答应是"不给面子"，答应了办不成是"骗人"，实情相告是"推托"，含糊其辞又会被视为"滑头"。诸如此类，不胜枚举。由是之故，中国人常常会感叹："做人真难！"

做人难，就难在这"人"原不是自己要做，也不是为自己做，而是为别人做的。

这就很不好办。如果是自己要做人，或者是为自己做人，事情就比较简单。做什么样的人，以及怎么做，都由自己决定。做好做坏，也都是自己的事,别人管不着。为别人做人,就麻烦了。做什么,得看别人的意思;怎么做,得看别人的脸色;做得好不好,也归别人说了算。责任是自己的,批评权却在别人手里。这就很可能花了钱,出了力,还不讨好。一不小心,便"香也烧了,菩萨也得罪了";或者是"讨好了土地,得罪了灶神"。

比方说,一个做媳妇的,是该早早起床伺候公婆呢?还是该多和丈夫温存一会儿呢?便很难掌握。结果,"起早了得罪丈夫,起晚了又得罪公婆"。又比如,婆媳关系紧张(这在中国是常有的事),做儿子和做丈夫的,夹在中间就很难做人。弄不好,便成了"风箱里的老鼠——两头受气",或者"猪八戒照镜子——里外不是人"。

为别人做人已是很难,何况这"人"还要做出来给别人看!在中国,一个人会不会做人,做得好不好,甚至是不是人,都取决于别人的"看法"。别人看着好,就好;看着不好,就不好。然而,要想所有的人都说好,又是何其难也!"一娘生九子,九子十条心",每个人的立场、观点、方法、标准都不一样,哪里统一得起来?"萝卜白菜,各有所爱",又怎么会人人叫好?更何况,"横看成岭侧成峰,远近高低各不同",即便同一个人,站在不同的角度,也会有不同的看法。看法不同倒也罢了,问题在于他们还要说出来,而且大家都认为有资格有义务说出来。更糟糕的是,这些看法我们还不能不听。道理也很简单:我们做人,既然是为别人而做,是做给别人看的,当然也就得由着别人品头论足,说三道四。这就好比演戏,既然是演给观众看的,观众当然也就有资格叫好或者喝倒彩。

但做人又毕竟不是演戏。戏有很多而人只有一个。演戏,可以根据观众的好恶来安排节目。观众爱看什么,就演什么。做人就不行了,必须始终如一。如果"见人说人话,见鬼说鬼话",见风使舵,两面三刀,那就"不是人"。再说,演戏和看戏都是自由的。你可以看我的戏,也可以看别人的;我可以演给你看,也可以演给别人看。实在演不下去,还可以不演。做人就没有那么自由。你不能挑选"观众",也不能选择"剧场",更不能"罢演",除非自杀。但即便自杀,也不管用,因为那只会招来更多的猜测和议论,结果便是做鬼也不安宁。

因此做人极难,而且难免"假"。比方说,面对面时"做人",背靠背时"搞鬼";有人看时"规矩",没人看时"胡来"。这也不奇怪。做人不为自己,能不假吗?做人要别人看,能不难吗?又假又难,还做得好吗?

也就只好世故一点。比如鲁迅先生就说过:"与名流学者谈,对于他所讲,当装作偶有不懂之处。太不懂被看轻,太懂了被厌恶。偶有不懂之处,彼此最为合宜"(《而已集·小杂感》)。道理也很简单:完全不懂,显得自己无知、幼稚,甚至弱智,是丢面子的;句句都懂,则显得对方不过如此,并无高深之处,不像"名流学者",便会让对方丢面子。因此,最好是"偶有不懂之处",这才对方既高深,自己也不弱智,大家都有面子,当然"彼此最为合宜"。同理,与学问不多而职位较高者谈话,也最好让他"偶有不懂之处"。他如果完全都懂了,便显得你自己水平不高,会让他看不起,是丢面子的。甚至,还会让他疑心你来讲这种常识性的问题,是不是存心要小看他,不把他放在眼里。反之,如果他完全不懂,又会疑心你故意卖弄,要把他比下去,让他丢脸。可见完全不懂和完全都懂是不行的,非半懂不懂不可。又可见中国人之所以要有世故,实在是因为做人太难。

像话不像话

然而,中国人一方面抱怨做人太难,另方面却又有意无意地给做人增加困难,比如随便说人"太不像话"就是。

说起来,"太不像话",也是中国人的一大发明。

从逻辑上讲,"太不像话"这种说法是全然不通的。话,是一种语言,怎么能去"像"?也许,它原本不过只是"像人们话中所说得那样"之省略。但这也是不通的。因为"不像话"者之言行,发生在斥其不像话之前。你事先并未"话"过,让人家怎么去"像"?或云此"话"乃公认之道德标准,这也同样有问题,因为世间并无一成不变的什么"公认道德标准"。比方说,一对小夫妻,恩恩爱爱,卿卿我我,同出同进,体贴温柔,像不像话呢?在观念比较传统的人看来,也许就不像话;而在接受了现代文明的人看来,打老婆,当爷们,视妻子如奴仆的做派,才叫"太不像话"。总之,像话不像话,全看别人如何说话,哪有什么客观标准可言!

正因为从来也没有一个客观标准,因此这一谴责便可以广泛地运用于一切领域:武装干涉别国是"太不像话",在车上抢了别人的座位也是"太不像话";领导干部以权谋私是"太不像话",初中生谈恋爱也是"太不像话"。可见,何谓"像话",何谓"不像话",何谓一般的"不像话",何谓严重的"不像话"(太不像话),既无标准,也难量化。

显然,所谓"太不像话",只不过是表达了一种愤怒和鄙视的情感态度,是属于"人情"范畴的东西。它加之于人,既非法律惩处,亦非道德谴责,在分量上,也远较缺德、卑鄙、下流、无耻、丧尽天良等为轻。但惟其轻,便可滥施于人。反正随便说人"太不像话",不必负法律责任,也不会对簿公堂,顶多被回赠一句"你才太不像话"。

这下好了! 有了这个武器,中国人就可以自由而得心应手地,对一切自己认为"看不惯"、"看不顺眼"、"看不下去"的人和事,表示愤慨和鄙视。事实上,当人们怒斥某某人"太不像话"时,往往也是他们"实在看不下去"的时候。比如男欢女爱的事,背着人怎么都行。如果在公开场合搂搂抱抱,亲嘴接吻,便会被视为无耻,遭人白眼,甚至干预。其实,他两人自在那里快活,干他人何事? 说穿了,不可容忍者,并不在于他们的行为(背着人就可以放肆),而在于他们的"态度"——"居然不怕别人议论",岂非"根本不把别人放在眼里"? 这才弄得人人愤慨。想想看吧,自己不知羞耻,已是"很不像话";如果再不在乎别人的议论,不把别人放在眼里,岂非"太不像话"?

可见,像话不像话,全在别人顺不顺眼。顺眼就像话,不顺眼就不像话,不太顺眼就不太像话,很不顺眼就很不像话。反正像话不像话,都归别人说了算,自己说了是不算的。

做人为什么要别人看着顺眼呢? 因为这"人"原本是做出来给别人看的。这就好比在舞台上,自然应该字正腔圆。如果把台词念得颠三倒四、结结巴巴,当然"不像话"。显然,"像话不像话"的"话",也就是"台词"。"台词"怎样才念得好？关键是要有"观众意识"。换句话说，也就是要"注意影响"。中国人从小就被施以"注意影响"的教育，懂得诸如不要授人口实、留为话柄、招来物议等人言可畏的道理，从而"夹起尾巴"，小心谨慎地做人。否则，自己辛辛苦苦地"做"了出来，别人却看着不顺眼（"影"不好），说着不中听（"响"不好），岂不是亏本生意？于是，便只好出门看天色，进门看脸色，走路看影子，说话听回音，规行矩步，瞻前顾后。至于什么开拓啦、创造啦，对不起，那可"顾"不上了！

然而"注意影响"也不容易，因为中国的"观众"并不好打发。比如中国人是不喜欢"张狂"的，因此做人就得收敛一点。不过他们也不怎么喜欢"窝囊"，因此又不能一点"尾巴"都没有。最好是深藏不露，若有若无，"寻常看不见，偶尔露峥嵘"。而且，藏的时候看不出来是在夹着，露的时候又不知是怎么出的手。这是做人的诀窍，也是世故。

其实，就连"世故"这玩意，也是件麻烦事儿。不懂不行，太懂也不行。完全不通世故，就不会做人，让人讨厌；太懂世故，又深于城府，让人害怕。大概也是"偶有不懂之处"为好。难怪鲁迅先生要说："说一个人'不通世故'固然不是好话，但说他'深于世故'，也不是好话"（《南腔北调集·世故三昧》）。这就如同脸皮，没有是无耻，太厚也无耻，厚了薄了多了少了都不行。中国人做人之难，在这里又可见出。

世故与人情

的确，中国人的世故，正如他们的有时不得不说假话，也至少有一半是逼出来的。

就拿"做人情"来说，便很让人为难。不做固然不行，但好心也未必都有好报。比如做媒。中国人是热衷于做媒的。如果能帮一个嫁不出去的老姑娘找到如意郎君，或帮年过三十的老光棍娶上媳妇，当然是天大的人情，人家说不定会感激一辈子。但这种没有爱情基础的婚姻，其前途完全是未知数。如果婚后女方觉得嫁非其人，男方觉得娶不如意，则感激就会变成悔恨乃至怨恨，甚至连带他们的家人和亲属，也会把婚姻的失败，完全归咎于媒人，抱怨都是媒人"干的好事"。

严重一点的,还会找媒人算账,弄得朋友之间反目成仇。媒人辛辛苦苦却落了个浑身不是,岂非太不合算?

同样,没有人情不行,人情太多也麻烦,因为算不清账。比如甲欠乙的情,后来找到一个机会还了。在甲看来已然"两清",而乙则很可能认为并不等值,自己付出的多得到的少,心理不平衡。甚或会认为甲这样做,是"要滑头"。也可能乙认为已然"两清",而甲则认为自己欠得少还得多,应视为新的人情,并对乙的不肯认账不满。这样,双方就可能结怨,甚至可能由积怨而致结仇。不但人情白做,弄不好连朋友也丢了。

原因就在于人情不但有情感意义,也有功利性质。这就让人为难。因为如是纯情感的,就不必斤斤计较;如是纯商品的,就不妨明码实价。现在,一方面要讲功利,另方面又要顾面子,结果当然是表面上强颜假笑,心里面没完没了地嘀咕。第二,即便承认人情是商品,其价值也无法估算。既不能公开标价,也不能明确议价,当然也不能签订合同,按质交货,照价付款。第三,人情关系既然被视为"非商业行为",则人情的偿还,就必须有机会,否则"交情"变成了"交易",大家脸上就不好看。但是,等机会即等于无限期。何况,机会有大有小,人情有多有少,是否等值,只有天知道。这样,托了人情是否能打通关节,送了人情是否能得到回报,还了人情对方是否认账,一律心中无数,完全没有底。在甲可能觉得"已尽人事",在乙则可能认为对方"背信弃义";在丙可能不过是在"等待机会",在丁则可能认为对方"不通世故"。大家扯不清,双方都有气,则好事也就变成了坏事。

这就不能不让人变得世故起来。

第一,必须懂得如何让别人欠下人情。比如,关心他人,体贴他人,照顾他人,在他人有困难时伸出救援之手,或利用工作职务之便"与人方便"等。这些一般人也都能做到。深于世故者的不同之处在于:其一,善于察言观色,又消息灵通,在他人尚未开口或不便开口时主动上门服务,甚至已然把事办好,让他"受宠若惊"、"喜出望外"、"佩服得五体投地";其二,不动声色,举重若轻,事前不张扬,事后不夸功,甚至"不认账",当然也绝口不提回报的事;其三,不计利害,甚至无妨让自己吃一点不大不小的亏(以拟送之人情的大小为比例而以不损害自己的根本利益为限度),担一点"有惊无险"的"风险"。这三条,都能感动对方的"真情",产生一种"怎样也报答不了"的心理。本钱虽未必多,红利却相当可观。

第二,必须懂得如何不欠人情。人情是必须回报的,但何时回报,如何回报、应该回报多少,却从来就没有一定之规。如果欠的小还的大,岂不吃亏? 如果欠久难还,成为负担,岂不糟糕? 所以不到万不得已,不要轻易受惠于人,欠下"情债",甚至无妨吃一点亏。不过,亏要吃在明处,不能吃暗亏,至少要让对方心中有数。

第三,必须懂得如何"做人情"。这也包括三点:一是"看准对象"。凡对方要求迫切,明确表示将有回报,且有能力回报,或特别"重情义,懂规矩"的,可以一做;如对方人情资源丰富,关系网络庞大,社会背景非同一般,则即便一时没有回报,也可考虑预为"感情投资",只当是买股票;如对方虽无回报可能,但"来头大",得罪不起,也只好敷衍敷衍。总之,人情不可"滥做"。二是"做足文章"。做人情不同于商业投资,有几份股就分几份红。如果人情做小了,对方不当回事,则你的人情就白做了。只有把人情做足,让对方一辈子也忘不了,才不是亏本的买卖。即便是"顺水人情",也不可做得太"顺手",以免对方"小看"了自己,或来得容易去得快,不当回事。当然,这种技巧只能用于对方不知底细的时候,否则看穿西洋镜,还不如大大方方地把人情送出去。三是"轻易不用"。你十分卖力地做了人情,对方举手之劳就还了回来,这就是亏本。而且人情用过一回,下回就不可再用。再用还要再投资。所以,"投资"之后,不要轻用,用一回就要用足。一方面文章做足,另方面人情用足,才是做人情的高手。

这也实在太可怕了。人心险恶如此,算计如此,世间还有真情在么? 答曰:真情是有的,世故也是有的。说出这世故,正是要保住那真情。所以说真话者必不世故,而真正深于世故者,也断然不会把这些底细公之于众的。

四　良心、义气、人情味

势利与良心

其实,比世故更可怕的还有势利。

势利与世故是不同的。表面上看,它们都是以一己之私利,为考虑问题、为人处事的出发点。但是,世故者在谋私的同时,尚能顾及他人,或顾全大局,势利者则只有自己没有他人;世故者尊重人情法则,只不过利用人情法则为己牟利,或在不违背人情法则的前提下打小算盘,势利者则从根本上违背人情法则,并对此法则起到一种破坏作用;世故者往往特别顾面子,无论如何谋私,面子上总过得去,势利者则完全不要脸面,赤裸裸地表现出对权势的巴结和对财利的追逐;世故者为了更长远的利益可以牺牲眼前小利,甚至有意吃亏,势利者则鼠目寸光,见利忘义,在人格上也更为卑下。所以,中国人对世故和势利,也就有不同的情感态度。对于世故,是一方面批判,另方面却有意无意地加以提倡或暗中学习;对于势利,则只有批判,而且表现出极大的蔑视。

势利不但可鄙,而且有害。试想,一个人,得势时门庭若市,车水马龙,众人趋之若鹜,一旦失势,便"树倒猢狲散",甚至"墙倒众人推",岂不可怕?又试想,群体兴旺时,大家都来吃它用它依附它,一旦面临危难,便"作鸟兽散",谁也不来保卫和维护,这个群体岂不在顷刻之间土崩瓦解?显然,一种以群体意识为思想内核的文化,决不会允许这种严重后果产生。

于是就有了"良心"和"义气"。

所谓良心,从字面上看,就是良善之心。但在事实上,却并非一切善心都是良心,也并非一切恶行都是"没良心"。比方说,见他人悲哀而无动于衷,见他人遇难而不思救助,就只能叫做没有"同情心";损人利己,损公肥私,在公共场所胡作非为,就只能叫做没有"公德心";光天化日之下干不要脸的事,或干起坏事来公然置舆论于不顾,就只能叫做没有"羞耻心"。这些都不能叫做"没良心"。只有那些知恩不报、见利忘义、卖友求荣、吃里扒外的行为，才被斥为"没良心"。比如一个人，先前受过别人的资助，后来别人有了困难，明明自己有能力，却不肯援手，反倒装聋作哑，作壁上观，便是没有良心。又比如，一个男子，在落难时得到一个女子的体贴和关怀，发达后却另攀龙门，甚或停妻再娶，也是没有良心的。可见，良心，是专门用于人情回报的一个道德范畴。

有良心就是有情义，就是美，也是好，合起来叫"美好"。没良心就是无情义，就是丑，也是恶，合起来叫"丑恶"。美好的事物人见人爱，丑恶的东西人见人憎，这就从心理上确立了"人情法则"。一个人，如果不通人情，不讲良心，那就是内心丑恶，不但他人憎恶（嗤之以鼻），自己也应羞愧（无地自容）。这就会造成一种心理压力，使那些"不讲良心"的人无法"心安理得"地活下去。

显然，良心之于人，是一种"软控制"，靠的是每个人是否"安心"。因此，一个人，无论多么"不讲良心"，也无论有多少人认为他"太不像话"，如果他自己并无"于心不安"之感，别人也无可奈何。有一次，宰予和孔子辩论守丧的事。孔子坚持"三年之丧"，宰予则认为只用一年。宰予说，父母死了，要守丧三年，为期也太久了吧？陈米已经吃完，新谷又已登场，打火用的燧木已经改了四次（古人钻木取火，四季不同，一年一个轮回），该可以了吧？孔子反问，父母去世，不到三年，你便吃那白米饭，穿那花绸衣，心里安不安呢？宰予坦然地答道："安！"孔子便气哼哼地抢白说，你觉得"安"，你就去干吧！一个君子，在居丧守孝的日子里，吃着美味不觉可口，听着音乐不觉快乐，住在家里不觉得舒适安逸，所以才不这样做。你既然"心安理得"，你就那样干好了！

宰予与孔子的这场辩论，现在看起来有点好笑。不就是一个只守一年，一个要守三年吗？也值得争？再说，宰予的话，也不是一点道理也没有："三年不为礼，礼必坏，三年不为乐，乐必崩"。然而孔子却不肯讲价。因为一个小孩子，生下来三年以后，才能离开父母的怀抱。

父母既然予我有"三年怀抱之爱",则我们也应该有"三年守丧之回报",否则便是没良心。但是,这种回报,父母显然并不能享受到它的真正好处,所以,归根结底,也仍然只是我们自己是否安心的问题。因此孔子听了宰予的大放厥词后,第一个问题便是问他"食夫稻,衣夫锦,于女(汝)安乎?"宰予竟然答曰"安",孔子即便浑身气都不打一处来,也只好发脾气说"女(汝)安则为之!"一点办法也没有。圣人尚且无奈学生何,我们又能拿那些势利小人怎么样?

良心与义气

显然,仅用良心,实不足以对抗势利。更何况,势利的存在,也未尝没有一定的合理性,这就是:趋利避害乃是人的本能。这可不是一句"没有良心"便可以轻易打发的。如果说,利的诱惑尚能抵御,那么,害的威胁便几乎难以抗拒。公元前265年,秦昭王为了替其相范雎报仇,诱拐软禁了赵国孝成王的弟弟平原君,要他交出藏匿在自己家中的魏相魏齐(范雎的仇敌)。赵王闻讯,为了救自己的弟弟,发兵包围平原君府,魏齐趁着夜色逃出,求救于赵相虞卿。虞卿又与魏齐一同自小路逃往大梁,希望通过魏国信陵君的关系逃往楚国。信陵君得到通报,因为畏惧秦国,"犹豫未肯见",故意装糊涂说,虞卿是什么样的人呀?信陵君的"上客"侯嬴在旁边看不过去,便接嘴说,虞卿是什么人?是个跋着草鞋,扛着雨伞,随随便便地前去游说赵王,才见了三次,就拜相封侯,普天之下都争相结识的人。那魏齐穷途末路,求救于虞卿,虞卿不敢看重高官厚禄,解除了相印,辞掉了封爵,连夜抄小路来到大梁,只为急他人之难而求救于公子,公子却问他"是个什么样的人"!信陵君一听便脸红了,连忙驾车赶到郊外相迎。但魏齐早已听说信陵君的留难,怒而自到了;而虞卿遭此打击,深感"世态炎凉,人情薄如纸",从此郁郁寡欢,只好去发愤著书。

平心而论,信陵君决非小人。八年以后,他为了救赵之危,竟担了天大的干系,窃取兵符,刺杀晋鄙,夺魏王军权以攻秦,这就是历史上有名的"信陵君救赵",曾一再被演绎成小说、戏剧和电影。信陵君这一义举,是否受到"魏齐事件"的影响,我们不知道。但信陵君不是小人,则可以肯定。不但不是小人,而且是有名的君子。"齐有孟尝,魏有信陵,赵有平原,楚有春申",如此德高望重,尚且难免势利,况芸芸众生乎?

因此,要对抗势利,除了要有良心外,还要有义气。魏齐对于信陵君是否有恩?想来没有。事实上侯嬴也并未谴责信陵君不讲良心。其所以打动信陵君者,还是虞卿"急士之穷"的"大义",一种不愿看到一个国士竟走投无路的"不忍之心"。这种"不忍之心"当然是一种爱心,一种见人遇难油然而生的"恻隐之心",一种设身处地推己及人的"同情之心",一种路见不平拔刀相助的"好义之心"。其实魏齐与范雎的恩怨,与虞卿和侯嬴都没有什么干系,他们纯粹是"多管闲事"。而且,魏齐对于范雎,也确曾犯有不可饶恕的罪恶。当初,范雎地位低下的时候,曾随同魏国中大夫须贾一起出使齐国。须贾为了推卸自己出使失败的罪责,竟诬陷范雎"里通外国"。作为国相的魏齐,只听了须贾的一面之词,便喝令手下把范雎往死里打。范雎装死,魏齐又令人将其扔进茅厕,让喝醉酒的宾客往他身上撒尿,真乃"是可忍,孰不可忍"!所以范雎得势之后,必欲置魏齐于死地,也是"情有可原"。问题在于,如果这时范雎还只是一个布衣,则无论他如何复仇,复仇的手段如何无所不用其极,都会被视为义举。但这时范雎已为秦相,恃强秦而凌弱国,便未免有点"仗势欺人"的味道了,因此才引起虞卿、侯嬴等人的义愤,非得要帮那其实也并不怎么样的魏齐不可。

由此可见,在有恩报恩,有仇报仇的一般回报原则之上,还有一个更高的原则——义。义与利是不相兼容的。"君子喻于义,小人喻于利",义气是势利的克星。一个人做了坏事,如果既未受"良心谴责",又不能"良心发现",其他人就有理由制裁他,制裁的行为就叫"义举",而制裁的动机就叫"义气"。这样,一个人如果因"势利"威胁利诱而不顾"交情",那么,他即便不怕良心的谴责,也要忌惮义气的制裁。江湖中人之所以比别人更讲义气,就因为在充满危险的江湖道上,利的诱惑和害的威胁都更大。久而久之,义气便差不多变成了江湖上的专用名词。

义气无疑也本之于人情，所以又叫做情义。然而，无情者固然无义，有情者却未必有义。有的人，平时不乏脉脉温情，紧要关头却畏畏缩缩，便是有情无义。显然，情是"感"而义是"气"。气有血气，有习气。血气刚烈者勇，富于"勇气"；习于仁义者正，富于"正气"。加起来就成为"节操"，叫做"气节"。有此气节，于己，则忠信诚毅智仁刚勇；于人，则坦荡磊落正大光明。既视死如归，又疾恶如仇，当然也就能"路见不平一声吼，该出手时就出手"，为维护正义和主持公道不惜大义灭亲、舍生取义了。

这也是义气与良心的不同之处。良心只管自己，义气却可以由己及人。这样，它就能起到一种良心起不到的作用。一个人，如果只是"不讲良心"，也许不过"心"无所安；如果居然"不讲义气"，那就可能"身"受其害。这可不是闹着玩的。

人情味

良心和义气是人情法则的哼哈二将。一个"诛心"，一个"杀身"；一个唱红脸，一个唱白脸；一个陶冶于内，一个制约于外。如此，则人情法则的贯彻，也就畅通无阻。

不过这哼哈二将，也只是对付非常之人和非常之事的非常之物。在平常的人际交往中，是用不着开口良心闭口义气的。一个人，有事没事的，又没谁招他惹他亏他欠他，也动不动就良心义气，就没意思了。

有意思的是"人情味"。

中国人的社会生活极富人情味。"你耕田来我织布，我挑水来你浇园"。弥勒笑口迎宾，观音托瓶送子，山川自相映发，禽鱼自来亲人。就连看病，也极富人情味：两指搭脉，望闻问切，文火慢熬，药香四溢。中国人，简直就生活在一个充满人情味的世界里。事实上，在中国，人情味比许多东西都重要。一个人，可以没有钱，没有权，没有知识，没有文化，但不能"一点人情味都没有"。一点人情味都没有，那就不是人了。

人情为什么会有味道呢？因为人情是美好的。中国人认为，人的心灵之所以美，全在"有情"。情字从心从青。"青"表声，也表意。"青"的本义，是"春季植物叶子的绿色"，是生命的象征。对于我们这样一个热爱生命，且以农业生产为主的民族来说，"青"也就是最美丽的颜色，如天空之美者曰青天，季节之美者曰青阳，年华之美者曰青春，妇人之美者曰青娥，头发之美者曰青丝，合金之美者曰青铜，目光之美者曰青眼，楼宇之美者曰青楼。用之于造字，则心之美者曰"情"，言之美者曰"请"，人之美者曰"倩"，目之美者曰"睛"。情既为"心之美者"，则有情者必心灵美，心灵美者必有情。

美的也就是有味道的。在中国，但凡说"有味"，便是赞美之词。比如说一盘菜"有味道"，就是说它好吃；说一本书"有味道"，就是说它好看；说一个女孩子"有味道"，就是说她可爱。人情味既然是人情的味道，或因人情而生的味道，当然更是"美"。

所以中国人喜欢人情味。

人情味与人情有关，但不等于人情。我们可以说一个人欠了人情，或做了人情，却不能说欠了或做了人情味。因为人情往往有实际的内容，比如帮人调了工作，分了房子，找了对象等，人情味却只是一种态度，一种倾向，一种情调，并无什么实际内容。这就正如一盘菜很好吃，但那味道却什么也不是。也就是说，人情味只是人情的调子和滋味，形式和感觉，或因人情而赋予某人、某事、某物的"形式感"。形式感虽无实际内容，却也不能没有。没有它，生活就会"枯燥平淡"，活着就会"了无趣味"，文章就会"味同嚼蜡"，人们就会"没有意思"。中国人是很看重"意思"的。比方说，一个人，大老远地来看你，你就是再忙、再累、再不耐烦，也得意思意思。回到原先生活工作过的地方，比如家乡、旧宅、原单位，见到亲朋故旧、乡里乡亲、街坊邻居，自然也得意思意思。这是人情，也是人情味。不这样做，就是"不通人情"。

不通人情是不行的，有没有人情味也大不一样。因此，一个人如果有了困难或有了麻烦，要找领导说情或求情，便往往会在下班后找到家里去，就因家里比办公室更有人情味。同理，单位上的同事尽管天天见面，逢年过节仍要组织诸如联欢、郊游、聚餐一类的活动，也并非当真就是要吃、要喝、要玩,而主要是增加单位的人情味。所以这类活动,不论个人愿意与否,一般都应积极参加为宜,否则便会被视为孤僻、孤寒、不合群,或者没有人情味。人情味和人情是俱为一体的。没有人情味,即等于没有人情。

不过,一个群体,却又不能只靠人情来维系。情深藏在心,看不见,摸不着,无从确认,不可测量,或因人异,或因时迁,或以物喜,或以己悲,容易冲动,难以把握。一个民族,一个国家,如果仅仅只靠这"感情"来"用事",毕竟风险甚多,不大靠得住。

这就要再想办法。就像光有良心还不行,还得讲义气一样,光靠温情脉脉也不够,还得有一个"硬件",一个更具有现实性、强制性、结合力和制约力的机制,来作进一步的规范和制约,才能保证群体坚如磐石,不至于变成"一盘散砂"。

这种机制就是"单位"。

第五章　单位

一　单位之谜

所谓"单位"

对于中国人来说,单位是极其重要的,至少曾经重要过。改革开放以前,两个中国人见了面,如果是熟人,便问"吃了没有";如果是生人,又没有经过介绍,便多半要问"你是哪个单位的"。在大街上骑车闯了祸,或者到机关衙门里去办事,警察和门卫都会问这句话。如果是女儿带了男朋友到家里来,那做母亲的,便几乎一定要问这句话。

单位,差不多可以说是中国人生存的依据。

单位首先是"饭碗"。一个人,如果在政府部门工作,便是"吃皇粮";如果在国营企业里工作,便有"铁饭碗";如果在三资企业工作,则有"金饭碗";如果在不太景气的单位工作,也许捧的只是"瓷饭碗"、"泥饭碗",但也好歹"有口饭吃";如果还在上学,则无妨视学校为"准饭碗",事实上许多人的考大学、选专业,也都是考单位、选饭碗。总之,有了单位,就意味着有一份工作和一笔收入,可以养家餬口,无庸顾虑"没有饭吃"。

　　单位又是"面子"。在"大单位"工作的人，面子也大，架子也大，"小单位"的人见了他就不敢"摆谱"。当然，没有单位，也就没有面子。岂但没有面子，恐怕还会被视为"可疑分子"和"危险分子"。在许多单位的门口，都竖着"闲杂人等严禁入内"的牌子，对"无业游民"是严加防范的。所以，当个体户刚刚出现，还没有成为"款爷"的时候，他们是吃不开的。他们自己心里也忐忑不安，老想着给自己找个单位，比如"挂靠"在某个国家或集体的单位，或把自家的小店堂而皇之地称作"公司"，这样才有面子。总之，单位代表着一个人的价值。两个人相互认识时，之所以要询问对方的单位，也是为了探知对方的身份和地位，以便掌握自己态度的分寸。而那些在"大单位"工作的人，也一定会把自己的单位，赫然地印在名片上。

　　单位还是"人情"。两个人的单位，如果是有关系的，那么这两个人无论是否认识，也都有了"情面"。如果他们的单位是"上下级关系"、"兄弟单位"、"相邻单位"或"客户单位"，则关系又更进一步。这时，如果一方向另一方提出什么要求，只要办得到，不太麻烦和困难，那么，"不看僧面看佛面"，看在双方单位的面子上，也得"做做人情"。或者双方单位并无关系，但对方的单位上有自己的熟人，也可以拉关系，套交情，甚至走后门。由于我们下面将要讲到的原因，个人与单位是融为一体的，所以两个单位之间如果想建立联系，也可以通过对方单位中"熟人"的关系，去托人情、套近乎。

　　更重要的是，单位不仅是饭碗，是面子，是人情，而且还可以说是"父母"、是"家庭"，甚至是"摇篮"，是"襁褓"。改革开放以前，国内一个中等规模的单位都会有诸如分配工作、安排学习、保证生活、组织娱乐、操办婚丧、照顾子女、保存档案甚至批准生育等功能，而且人无分男女，事无分巨细，都由单位负责。比方说，夫妻吵架，是可以闹到单位上去的；邻里纠纷，也是要由单位来调解的；被派出所扣留的肇事者，只有单位出面才能"领回"；当然，受上级表彰的获奖者，也应由单位派车或出资送他去领奖。总之，一个人的衣食住行、生老病死，甚至喜怒哀乐，单位都"承包"了，正可谓"无微不至的关怀"。如果你没有过多的要求和奢望,比方说,不想有过多的"自由"和"主见",那么,在这样的单位里,应该说会感到母亲怀抱般的温暖,不用操太多的心,便"饭来张口,衣来伸手"。

所以,一个普通的中国人,如果找到了一个"好单位",那就简直会终身受益无穷。难怪那些做母亲的要关心女儿男朋友的单位。因为这意味着女儿的"终身"是否确有依托。事实上,单位的"关怀",一般都惠及配偶的。比方说,许多单位都规定,本单位人员去世后,单位负责其安葬;如果自己没有单位,则配偶所在单位也会负责其丧葬。这真是"生有所安,死有所葬",岂非"终身"有靠?

单位与个人

这就难免让人产生一种与之融为一体的感觉和情感。

几乎每个中国人都是维护本单位的。尤其当他在外面,和外单位的人在一起时,总是会自觉和不自觉地站在本单位的立场上,替本单位说话,为本单位争名争利,争面子争实惠。如果外单位的人居然攻击本单位,指责本单位,即便对方说得有理,自己在这个问题上原本也有意见,这时心中也会大起反感,觉得对方是在有意攻击自己,贬低自己,小看自己。这时即便为了自己的面子,也要奋起反抗,据理力争,和对方吵个面红耳赤。因为个人与单位既已融为一体,当然也就共有同一张脸。所以,两个中国人在一起说话,要想不伤害对方的面子,最好连对方的单位也不要妄加指责。同样,当着外单位人的面,也不能公开说本单位的不是。这样不但会引起同事的反感或义愤,连外单位的人也会莫名惊诧,除非对方是关系极深的"自己人",又没有"别人"在场,才可以诉说。

只有一种情况例外,那就是到"兄弟单位"参观、学习、开会时,说自己单位各方面都不如对方单位,甚至"差得远"。因为本单位的同行者都知道,这是为了给对方面子而说的"客套话",当不得真。不过,即便是这种客套话,一般也只能由带队的领导说,而且要说得空洞,不能有太多的具体内容。当然,为了表示虚心学习的诚恳,也不能一点具体内容也没有。所以,这种话只能由带队的领导说。如果由一行中地位最低的小青年来说,不但掌握不住分寸,还会有"吃里扒外"之嫌,而且对方也不会"领情"。

至于回到本单位,则又是另一副面孔。因为这是在自己"家"里,说话可以放肆,行为也可以随便。不但可以"心安理得"地享受本单位的一切福利待遇和种种好处,而且可以"理直气壮"地要工资,要奖金,要级别,要职称,要住房,要……。倘若不如意,便要闹情绪、提意见,比如称病不来上班,"磨洋工",既不辞职也不工作地"占着茅坑不拉屎",故意在吃饭时找到领导家里去让他不得安宁,给上级写信或在上级检查工作时去"告状",让本单位领导难堪等。闹情绪的理由多半是"都是一个单位的,为什么他们可以(比如晋级、升工资、分房)而我就不可以?"提意见的依据则多半是"看看人家单位是怎样做的?""为什么人家可以我们就不可以?"

这时,单位又成了随时可以祭起即用的法宝。遇到这种情况,单位的领导往往自己就首先觉得"理亏",于是极尽安抚劝慰之能事,就像父母拿糖去哄不听话、闹别扭、耍孩子脾气的子女。如果领导没有这样做,而是公然搬出规章制度来弹压,单位上其他人就会抱不平,认为该领导没有人情味。当然,如果不多少给一点"实惠",只是"拿好话甜和人",则又可能被视为"滑头"。高明的办法是设法调剂和弥补。比如张三李四年资能力贡献大体相当,张三升了级,李四没有,便可以安排一次公费出国等等。

上述种种,之所以虽然在逻辑上并无多少道理,却又被人公认为"理所当然",就因为无论领导抑或群众,都在潜意识上把单位和个人融为一体。既然融为一体,当然也就"一损俱损,一荣俱荣"了。事实上,许多单位,如工厂、学校,都会张贴悬挂这样的标语口号:"团结起来,振兴我厂(校)。厂(校)荣我荣,厂(校)耻我耻",亦在有意无意的强化这种"一体意识"。

同理,既然"俱为一体",则单位上有的"好处",也就应该利益均沾,人人有份,才是"有福同享"。当然,如果单位上有了困难,大家也应"有难同当"。这时领导也可以"理直气壮"地要求群众暂时放弃和牺牲某些个人利益,共渡难关。在这个时候,率先主动提出放弃和牺牲个人利益的,就叫"识大体"。也就是说,个人是"个体",集合起来是"集体",团结起来是"团体"。集体和团体当然是"大体"。因小失大,便叫"不识大体",何况小大之"体",早已融为"一体"? 更何况单位上平时关怀我们,照顾我们,这个人情又岂可不回报?

不难看出,中国文化的思想内核——"群体意识",在"单位"上确实得到了充分的体现,而且发展到了一种无可挑剔的极致境界。

安身立命之所

实际上,"单位"的产生,正是"群体意识"所使然。

什么是群体意识? 就是认为人首先是"群体的存在物"。离开一定的群体,人就不能作为人而生存。因此,每个人,就都必须依附挂靠某一群体,以为"安身立命之所"。所谓"安身立命",也就是生活有所依靠,精神有所依托。无此依靠依托,便如无本之木、无水之鱼,身既悬于空中,心里当然也没有着落。要知道,中国人是不但生前要有依托,就连死后也要有所归宿的。于是,有钱有势如皇帝,便在生前大造其陵墓;无钱无势如平民,则大造其棺材。在旧中国,稍有积蓄者,都要在生前打一副自己喜欢的棺材,堂而皇之地放在家中,既是安慰也是装饰。孝子在父母生前为他们打一副棺材让他们高兴,病人临终前望着棺材而心满意足,似乎一生的劳累就只是为了这一归宿。

怕死、讲吉利的中国人,偏偏对棺材"情有独钟",表面上看匪夷所思,细细一想却大有道理。原因就在于中国人固然怕死,却更怕"死无葬身之地",成为"孤魂野鬼"。所以放一副棺材在家里是极其荣耀的事,也是非常吉利的事。它不叫棺材,而叫"寿木",每年都要油漆一次。油漆的次数越多,就越荣耀,越吉利。因为它不但意味着主人的长寿,也意味着他有能力把握生前,安排死后。相反,如果死后连棺材都没有一口,则多半意味着生前也"身无所凭"。总之,无论生前死后,都要有所依靠,有所依托,有所安顿,否则便会导致强烈的失落感,"落落如丧家之犬"。狗尚且不能丧家,而况人乎?

就中国传统社会而言,当每个个体都有着或找到了自己"安身立

命之所"时,便是"天下大治"之日。反之,则是"天下大乱"。天下大
乱的具体表现之一,就是民众"流离失所"。"流"是"流失",即个体脱
离群体;"离"是"离散",即群体趋于解体;"失所"当然就是人们失去
"安身之所"了。大多数人流落他乡,流浪于道路,成为流民乃至流寇,
则天下焉能不乱? 天下大乱自然人心浮动,或者说正因为人心浮动才
天下大乱。浮则动,动则乱。可见乱因浮起,而浮也就是没有着落,也
叫"悬"或"悬浮"。所以,"平定天下",也就是"解民于倒悬",并"厝
天下于衽席之上",让每个人都有口饭吃,有件衣穿,有个地方"安
身",各得其"所"。

古之所,即今之"单位"。

所,从户从斤,也就是"家"。家当然是最可靠的。小孩子受了欺
负,多半要回家告状;成年人闯了祸,首先想到的也多半是逃回家去。
家不但提供食物和用品,而且提供爱情和庇护。更何况,在小农经济
的情况下,家又是最基本的生产单位。这就在经济来源和社会心理两
方面,保证了一个人的"安身"和"立命"。因此,在中国传统社会里,
一般只有在迫不得已的情况下,人们才会"离家出走"而"浪迹天涯"。
这时,他们也往往要寻求一个类似于家的群体以为寄托,如行会、帮
会、门派、党派。于是,当社会经济生活发生翻天覆地的变化,生产资
料的"国有制"取代了"家有制",大多数城市居民都必须"离家出走",
到外面甚至外地去谋生时,他们也就自然而然地把自己"投靠"的单位
看作一个家庭,而"出门靠朋友"也就顺理成章地变成了"出门靠单
位"。

事实上,单位也并不否认自己具有"家"的性质和功能。许多单位
都有诸如"以厂为家"或"以校为家"这样的口号。家里是要有饭吃
的,因此单位要管饭;家里是要能睡觉的,因此单位要分房;家里是要
有衣服穿的,因此不少单位要发衣服。这些衣服虽然叫做"工作服",
其实并不一定只准工作的时候穿。当然,家庭也必须温暖温馨,因此
单位要组织各种活动,比如春节团拜或假日旅游,这才能使人产生在
单位即是在家里的感觉。

　　看来,单位之所以具有前面所述那些"包揽一切,关怀备至"的职能,与其说是一种管理的需要,毋宁说是一种心理的需要。

恋母情结

　　这种心理需要无妨称为"恋母情结"。

　　中国人不论男女,都一律"恋母"的。因为母亲的怀抱和胎腹是我们最早的"安身立命之所"。前面说过,"身"这个字,无论甲骨、金文、篆文,都是像一个人怀胎之形。它对于母亲来说是"身孕",对于胎儿来说是"安身"。胎儿出生后,又要在母亲的怀抱里哺育成长。甚至睡觉,也要在母亲的怀里才能安睡。那可真是"俱为一体"又"血肉相联"。

　　单位也一样。当然,一个人新到一个单位,还不会一下子就有这种念头,这正如一个婴儿的形成,必得"十月怀胎"一样。但久而久之,只要这个单位确有家庭般的温暖,这种情感便油然而生,甚至调走之后,还会怀念。哪怕是因待遇不公愤而出走,在愤恨之余,也仍会多少有些怀念。这时就会出现这样的奇怪现象,"愤而出走"的人自己咒骂原单位即可,如果"别人"也来参加咒骂,则又可能"翻脸"。在这里,不但有面子方面的原因,也未尝没有情感方面的原因。

　　中国人之所以特别依恋母亲,还因为在中国的传统社会里,幼儿的哺育期特别长。现代医学证明,婴儿吸食母乳可获天然的免疫力,但断奶太晚则又会导致缺钙。中国传统的家庭教育和学校教育恰恰具有这两方面的特色:一方面是极其注意"免疫力"的获得,比如不要读"坏"书,不要唱"坏"歌,不要看"坏"电影,不要沾染坏习惯,不要受"精神污染";另方面,却又往往忽视"钙"的补充,比如很少教育子女和学生独立思考,独立判断,自己对自己的行为负责等,更遑论鼓励他们接受一点"离经叛道"的观点,或对有争议的问题进行讨论。这两方面集中到一点,就是"乖"、"听话",或者说,"好"。在家要做"好孩子",在学校要做"好学生",到了单位要做"好同志",其结果是造成一大批精神上心理上永不"断奶"的"好人"。这种人好则好矣,可惜多少都有些"软骨病",不"靠"上什么,自己就站不起来。我认识一位女研究生,是很典型的"乖学生"。朋友们热心地帮她介绍了一位很出色的男研究生作"对象",得到的回答却是"回去问问导师再说",弄得大家十分扫兴。

正是这种精神上和心理上的永不"断奶",造成了人们严重的依赖感。比如大学里的新生,往往要由父母送进学校,并代为报到。又比如一个人新到某地,便一定要有亲朋好友或接待单位去接站,安排食宿,代购回程票。亲朋好友或接待单位往往也习惯于这样去做,否则便是"不近人情"。小事尚且如此,遑论"终身大事"? 于是便有这样的怪事:一个青年在选专业、找单位或搞对象时,竟会把一切事务都交给父母、亲朋或单位上、组织上去操心代劳,自己则无动于衷地袖手旁观。

这样一种总是想"吃奶"又严重"缺钙"的人,当然必须为自己寻找一个"可靠"的单位。事实上,单位也往往视事事处处都依靠自己的人为"可靠对象"。这看起来有些滑稽,却又是事实。一般地说,任何单位对那些"听领导话"的干部职工总是优待有加,而对那些"不太听话"、"爱提意见"、"爱出头"、"闹别扭"的"刺儿头",则往往要将他们"入另册"。这些人在单位上,也往往占不到什么"便宜"。我们并不主张大家都应该和领导"闹别扭",持不合作态度,更不主张员工应该违纪乱法,胡作非为。但同样的,也不主张以"听话"与否来分别亲疏。遵纪守法和令行禁止是必须的,盲从和依赖则不应提倡。其实,不少人的"不太听话",只不过是希望自己独立思考;"爱提意见"则往往因为有着"事事关心"的爱,否则何苦要来管"闲事"? 相反,有些人虽然当面从来不提意见,但背地里也未尝不"嘀咕",暗地里"吃"起单位来,也毫不嘴软,而一旦有难,却又因平时早有只知听话不会拿主意的印象,正可以躲到一边去"凉快",或"脚下擦油,溜之乎也",这种人,才真正是"靠不住"。

不但个人有依赖感,而且单位也有依赖感。事实上,国内许多企事业单位,都因有国家和政府的扶持和资助,才"赖"以生存。一旦因改革的需要而宣布"断奶",便立即失去了生存的能力。甚至各级地方

政府,如乡、镇、县、地、市,对上级政府,如省、市、自治区、中央,也十分
依赖,要钱,要物资,要人才,要援助。一到"扶贫工作组"下来调查,大
家便一起争相"哭穷",因为大家都深知"会哭的孩子有奶吃"的道理。
结果是谁叫得最凶,谁占的"便宜"就越多。扶贫款一到手,立马花掉,
然后下次再要。至于怎样依靠自己的力量去改变贫困落后局面,则较
少考虑。反正"母亲"不能看着自己的儿女"没饭吃",何妨"今朝有奶
今朝吃,明朝无奶再叫娘?"

二　公　与　平

所谓"公"

个人向单位"伸手",地方向中央"哭穷",之所以那么"理直气
壮",毫无愧疚不安之感,就因为在大多数人看来,孩子向妈要奶吃,是
天经地义的事。"党是我的妈,厂是我的家,没有钱用向'妈'要,没有
东西到'家'里拿(国有企业的许多资产就这样流失)",有什么不对?
岂但"并无不对",而且"合情合理"。这"情",就是前述"恋母情结";
这"理",则是所谓"公平合理"。公平合理当然没什么错,问题在于什
么是"公",什么是"平",要合的又是什么"理"。

先说"公"。

"公"有两义,一是"公有",二是"公平"。什么是"公有"? 在中国
人看来,所谓"公有",也就是"大家共有"。比如家有,就是家人共有。
国有,则是国人共有。如果是几个人合伙、入股、集资、凑份子,则归这
几个人共有,也是"公"。反正,只要不是"私"(个人所有),就是"公",
叫"背私为公"。

公有既为"大家共有",自然"人人有份"。而且,越是"公"(即共
有者越多),就越是"人人有份"。所以公路人人可走,公车人人能坐,
公园人人该游,公费人人得花,公费吃喝当然人人该来。如果别人有
份而自己没有,便要大叫"不公",可见"公"就是"人人有份"。至于建
设公共设施,维护公共秩序,爱护公共卫生,保卫公共财产等,则又当

别论。因为这不叫"人人有份",而叫"人人有责"。"人人有份"是"公"字题中应有之义,无须启发,人人皆知;"人人有责"则似乎大家都不知道,必须诉诸教育,时时提醒。所以街头巷尾的标语,只会写"爱护公物,人人有责",决不会写"公费吃喝,人人有份",然而号召力却正相反。

既然"公"就是"人人有份",那又何必区分公私? 更无妨"化公为私"。比如用公家的车接送自己的亲朋,用公家的电话谈私事,用公家的稿纸写私人信件,用公家的电脑玩电子游戏等等,更遑论以权谋私或多吃多占了。问题不在于这些具体行为,而在于其"理论根据":"咱们连人都是公家的,拿点东西算什么?"也就是说:"我是公家的,公家的当然也就是我的",这不是"公私不分"的必然逻辑么? 我就曾亲见一个逃票的乘客在车上理直气壮地和乘务员大吵:"公共汽车么,要什么票!"很显然,在一些人看来,所谓"公共"的,就是"人人有份"的。人人有份,也就人人都可以去"吃"一口。惟其如此,阿 Q 才胆敢公然去摸小尼姑,而且摸得"理直气壮"。因为在阿 Q 及其同志看来,僧尼既已"出家",当然"无私"。无私即公,即共有,即"人人有份"。那么,"和尚摸得,我摸不得?"

甚至就连国家政权也是"人人有份"的。当年,刘邦因蒯通劝说韩信谋反,要把蒯通下油锅,蒯通便同样理直气壮地说,秦王朝既然丢了自己的"鹿儿"(政权),普天下的人都争着去抢它,当然是谁的个子高腿子长跑得快,谁就得到它哪! 也就是说,帝位这只"鹿儿",原本"人人有份",那么你刘邦"摸"得,难道韩信就"摸"不得? 可见"人人有份"的思想,也是由来有自。"天下为公"么! 只是到了后来,"天下为家"了,一般人不敢再有"非份之想","人人有份"才变成了"人人有责"。

然而所谓"人人有责"其实往往是扯淡。比如"天下兴亡,匹夫有责"就靠不住。你想,天下兴亡那么大个事,匹夫匹妇们如何负得了责? 也不过是为某些人的假公济私、盘剥百姓提供一个借口罢了。比如借口"国难当头"而多征税款,或者借口"建设乡梓"而大刮地皮。

事实上,历史上的贪官污吏在中饱私囊的时候,野心家、阴谋家在篡国夺权的时候,都无不打着"为公"、"为国"、"为天下"、"为人民"的旗号。这一方面固然是为了"遮人耳目",另方面却也未尝没有使自己更加"理直气壮"的心理因素在内。似乎只要这样一来,他们无论如何谋私,便都"师出有名"了。在这方面,林彪、江青一伙干得要算最为"出色"。他们干脆发动了一场旷日持久的"灵魂深处闹革命"、"狠斗私字一闪念"的"斗私批修"运动,在最大程度地剥夺每个公民的财产权、思想权、隐私权等一切权利的同时,最大限度地满足自己的私欲和权欲。比如康生,就曾经趁"文革"中"破四旧"之机,搜刮了一大批国宝级的文物;现如今的那些巨贪国蠹,则不知侵吞了多少国有资产和民脂民膏。这些事情,难道咱老百姓也有责?这些东西,难道咱老百姓也有份?

所以,谁要以为"天下为公",他便当真事事都有份,那他就是犯傻。

所谓"平"

"人人有份"就是"公","大家一样"则是"平"。

什么是"平"?平就是均等、齐一,如"平起平坐"是地位相等,"平分秋色"是各得一半。一个群体,一个单位,怎样才算齐一均等?当然是吃喝拉撒大家都一样。

正如"人人有份"是"公"字的题中应有之义,"大家一样"也是"平"字的天经地义之理。平,既表示状态,如平静、平安、平坦,也表示动作,如平定、平息、平抑。那么,为什么要用各种动作去"平"?还不是因为有的高,有的低,有的多,有的少,——"不平"。这就要"铲平"。一旦铲而平之,张三不多拿,李四不多得,王五赵六也一样,也就大家心理平衡,人人心中平静,从此天下太平。

公则平。公,就是承认"人人有份"。既然"人人有份",何来多少不一?更不用说有的有,有的没有了。观念和道理是要落在实处的。这个"实处",就是分配,就是种种实惠。如果嘴巴上说"人人有份",具体到分配时,又大家不一样,谁相信你那个"公"字?可见,公(人人有份),是"平"的前提;平(大家一样),则是"公"的体现。公不公(有没有份),就看平不平(一样不一样)。

相反,不公则不平。因为"公"既然就是人人都可"吃",那么,如果别人"吃"了自己没"吃",也就等于"吃亏"。所以,一旦待遇不相等,分配不相同,就会"不平"。不但当事人要"鸣不平",旁观者也要"抱不平"。道理也很简单:既然是"公有",是"人人有份"的,凭什么你有我没有,或者你有他没有? 既然大家都该有,为什么有的少有的多? 这就"不公"。可见,公,就是"公有"加"公平",就是"人人有份,大家一样",就是"你有我有全都有",而且所有的人都一样多。这就是"理",就是理所当然,天地良心。

当然,"平"也不仅指待遇和分配,还指贡献和付出,比如"打平伙",就是大家出钱出力一样多。如果有人出钱出力时"偷奸耍滑"比大家少,分配享用时却又要"平起平坐"和大家一样多,同样也会有人"愤愤不平"。最好是大家贡献一样多,分配也一样多,既无分你我,亦无分公私,人人都有份,大家都一样,才是"天下大同"的"太平盛世"。

单位便正是"太平梦"的现实化。

单位的特点是"一大二公"。大,是相对"小"而言的。什么小? 个人小。什么大? 集体大。在中国,个人是渺小的、微不足道和不成气候的,群体则是伟大的、举足轻重和战无不胜的。想想看吧! 人生,如千古之一瞬,怎么长久得了? 个人,如沧海之一粟,又如何大得起来? 当然只有集合起来才能"大"。海之所以大,是因为它"纳容百川";河之所以大,是因为它"不拒细流";国之所以大,则因为它"统摄万民"。所以只有群体才是大,叫"一大群";个体则是小,叫"一小撮"。当然,群体也有大有小。大可以大到"全中国",小可小到"本单位",但单位再小,也是"群",因此"大"。

个人是"小"也是"私",集体是"大"也是"公"。可见大就是公,公就是大,大公则无私。何况通常所谓"单位",基本上都是属于国家的(私营企业则往往不好意思叫"单位"),比如国家政府机关或国家事业单位,那就更是"一大二公"了。

这就非想方设法做到"人人有份，大家一样"不可。比方说，不断扩大单位编制，把本来可以一个人承担的工作分给几个人做，也包括让在岗职工提前退休，由其子女"顶替"；尽可能地缩小分配之间的差距，在取消供给制实行工资制而不得不定出工资级别的情况下，一方面尽量缩小级差，另方面则规定各类补贴和福利待遇相同或相近；在厘定级差时，尽量主要依据社会上约定俗成、心理上可以接受的标准，如年功和资历，即工龄长、资格老的多拿一点，反之则少拿一点，而把能力、才干、贡献等"说不清"的所谓"软指标"放在一边，并尽量做到"公正"而不"偏私"。尤其是那些事关日常生活的福利待遇，不可以给谁不给谁，差别也不可以太大。事实上，即便等级分明的那些单位，也会有搞平均主义的时候，比如舞票、戏票、电影票每人一张，过年过节时每人都分一斤苹果两斤梨等等，和水泊梁山上"一样的出力杀敌，一样的大碗喝酒，大块吃肉"差不多。

但水泊梁山的"大碗喝酒，大块吃肉"，是以不断地"打家劫舍"为资源的。咱们既然不能到外国去"打家劫舍"，那么，在机会不多，资源有限的情况下，又该如之何呢？

也就只好吃大锅饭了。

大锅饭

平心而论，大锅饭也未必就不好。当真能做到"人人都有份，大家都一样"，或者能敞开肚皮吃，不用争不用抢也不怕锅里没有，有什么不好？至少是省去许多纠纷和麻烦。中国人是"不患寡而患不均"的。东西少点不怕，只要能做到"均平"，也就"太平"。

问题是你要做得到！除非把单位都变成水泊梁山。然而，即便水泊梁山，也并非真的都"一样"。虽云"一样的大碗喝酒，大块吃肉，大秤分金银"，但毕竟各人酒量食量并不相同，何况还有座次之别。更何况，"一样"并不见得有多好，"不一样"也不见得就多么不好。因为"一样"，可以是"一样的"出钱出力，也可以是"一样的"不出钱出力；可以是"一样的"少得少拿，也可以是"一样的"多吃多占。如果把是否"一样"当作惟一准则或最高准则，那么，两种不同结果作为可能性，应该说同时并存,完全"一样"。

这就必须引入其他机制来进行引导。在水泊梁山,靠的是哥们义气;在单位,则靠思想工作。在思想政治工作抓得紧,社会风气正,领导干部能够带头的情况下,结果就比较好,反之则可能会不可收拾。但是,思想教育虽然"有用",却并不"万能",因为物质的东西只能用物质来摧毁,现实的状况只能用现实的力量来改变。所以,还必须有一系列具有现实性、可行性和多少带有强制性的方法和手段来加以调节。这些经实践证明是屡试不爽、行之有效的方法和手段,主要有以下几种:

第一是"平摊",主要用于需要出钱出力的时候。大至"集资"建机场、修公路、盖厕所,小至单位上操办婚礼和打扫卫生,都可以照此办理。单位可以向个人摊派,上级也可以向单位摊派,还可以层层摊派。这是吃亏时的"大锅饭"。虽然"吃了亏",但因为是"平摊",人人有份,大家一样,所以即便心里不高兴,也没有话说。

第二是"平衡",主要用于可能发生"倾斜"的时候。"倾斜"就是"不平",好比一架天平,一边盘子里东西多了,就要在另一边加砝码,才能"平衡"。比如某同志年事已高又不能胜任工作,必须让他"退下来",为了怕他心里不平衡,就在退休之前先提一级,一提一退,正好"平衡"。又比如,甲同志晋升了职称职务而乙同志没有,便让乙同志"评优",多领些奖金,这样,"堤外损失堤内补",心里也"好过些"。每个单位的领导,差不多都会这一手。这种办法也可以用于对待单位。比如,分配各种权益配额时,大单位理应得的多,但是小单位也应适当照顾,多少给一点,否则便会"太不平衡"。甚至选代表,选理事,选董事,选委员,对于诸如少数民族、边远地区、妇女界、侨胞等等,也要有所照顾,至于他们是否真的"懂事","理事",有参政议政能力,就不一定"顾"得上。总之,每当评奖、评优、评先进、评职称时,就要分配名额,而且最后要由最高仲裁机构来"平衡"。

第三是"平列",主要用于论功行赏的时候。为了"平衡",往往将有关人员统统开列上去,"见面分一半",利益均沾。实在"平列"不了,便"轮流坐庄",今年我评优,明年轮到你,后年轮到他,最后仍是"平列"。也有获奖者把奖金拿来"平分"的。如数额不多,请大家一起来"撮一顿",也是办法之一。因为贡献是大家的,荣誉是集体的,岂能让人"独吞"? 独食难肥,还是大家一起"吃"下去为好。谁要不懂这个道理,那他在单位上就休想"做人"。

第四是"平抑",主要用于有人硬要"出头"的时候。"枪打出头鸟","出头的橡子先烂",一般人是不敢出头的。有了功劳,一定要归功于集体,甚至在客观上造成归功于众的"事实"。比如《水浒》第八十六回写宋江大战贺统军,贺统军明明是被镇三山黄信一刀砍在马头上摔下马来的,但因又有杨雄、石秀、宋万赶到,"众人只怕争功,坏了义气,就把贺统军乱枪戳死"。可怜贺统军,只因梁山好汉要"平抑"功劳,竟不得"全尸"。这种自我平抑的做法自然是很高明的。如果一个人不会做人,硬要风头出足、好处占全,众人便会来平抑他,比如扣上"骄傲自大"、"脱离群众"、"有个人野心"之类的"帽子",或者找个茬子趁机收拾他一下,让他知道利害。谚云:"人怕出名猪怕壮",道理就在这里。猪太肥了,就会被宰;人太出名,就会挨整。所以越是"出名",就越要"谦虚谨慎",特别是待人接物时,要多给对方面子。因为你的面子大,人家心里本来就不"平衡",但如果你和他"平起平坐",他等于毫不费力地便得了个同样大小的面子,自然立即平衡起来。

总之,平摊、平衡、平列、平抑,着眼的都是"平",即"大家一样"。"你好我好大家好,谁也不要超过谁"。但是,按照辩证法,大家都好,其实也就是"大家都不好";大家都要吃,其实也就是"大家都不吃"。某大学就曾发生过这样的事:某系几个人争一个教授晋升指标,相持不下,最后是大家都不当,指标上交,从此天下太平。

铁饭碗

显然,这样的一种"平",是表面上的公平掩盖着骨子里的极度不公平。它连蒯通所谓"高材疾足者先得焉"的境界都达不到,还奢谈什么社会主义? 饭是要养人的,大锅饭养什么人呢? 恐怕只能造就平庸,培养饭桶。平就是"平凡"即"不优",庸就是"庸常"即"不异"。不优不异又不少"吃",非饭桶而何?

大锅饭对国家民族也没什么好处。因为所谓平摊,实际上是"不论差异";平衡,实际上是"不讲原则";平列,实际上是"不识好歹";平抑,实际上是"不准竞争"。何况还有"平息",是"不明是非";还有"平调",是"不看贡献"。所谓"平调",就是把贡献大、出力多的地区、单位创造的财富调给贡献小、出力少的地区、单位,让大家在分配上一律"扯平"。这是不折不扣的"鞭打快牛"、"奖懒罚勤"。表面上"一视同仁",实际上"厚此薄彼",而且其所厚者,又是能力较低的"弱"者。从情理上讲,这好比父母偏爱或更心疼子女中的"弱智儿童",倒也"情有可原",但绝对"理无可恕"。因为其结果,只能造成整个民族的"弱化",让人人都变成"等、靠、要"的"伸手派",这是断然不会有前途的。

所以,吃大锅饭的单位,便变成了弱者的天堂,强者的牢笼。这也是弱者往往醉心于找一个"可靠"的单位,而强者每每想要"跳槽"的原因。不过实施起来,却又每每是喊的多,做的少,其原因自然是复杂的,比如欠了单位的人情或碍于领导的面子。然而更主要的原因,则往往在于与"大锅饭"息息相关的"铁饭碗"。

所谓"铁饭碗",包括三个层次的内容:

首先,它意味一种"身份",如"全民所有制单位职工"或"国家干部"。有了这种身份,便有了一定的社会地位,可以和"闲杂人等"区分开来;有了这种身份,也就意味着有一份工作,可以和"无业游民"区分开来。更重要的是,这种身份一旦获得,便轻易不会丧失。即便调动工作,换了单位,在这边吃大锅饭,在那边也吃大锅饭。调到民营企业的,仍可保留身份;企业即便破产,国家也有义务为其重新安排工作。总之,有了这种身份,就永远"有饭吃",所以是"铁饭碗"。

其次,有了这种身份,只要在单位上不犯错误,准确地说是不犯大错误,其职务、职称、级别、待遇,一般都只升不降,临退休还能升一级,退休后还能领退休工资,退休工资有时还能随物价的上涨而上升,直至终身,所以是"铁饭碗"。

第三,有了这种身份,并在一定的单位工作,还意味着有一套住房,以及一系列非工资可以替代和估算的福利和好处。正因为不可估算,所以格外诱人;也正因为无法替代,所以不可轻弃。如果要"跳槽",就得对这些附加的"无形收入"进行估算,其结果往往是"铁"了心在原单位呆下去,从这个意义上讲它也是"铁饭碗"。

由于"铁饭碗"有这么多"好处",而这些"好处"又主要由其所在单位来兑现,而且为此单位还要付出一定的代价(如"进人指标"、"户口指标"、"建房指标"等),因此,一个人,一旦端上了一个单位的"铁饭碗",则他与这个单位之间,就有了一种人身依附关系,而且是一种"铁"的关系。单位既无权随便开除他,他也不能随便说走就走。除了制度的限定以外,也还有心理上的原因,即自认为欠了单位的"人情",应以"安心工作"来作为回报。他这样认为,领导和群众也会这样认为。比如一个人,原本是没有什么"身份"的,单位上把他调来,落了户,分了房,又公费送出去学习进修,混到了文凭,又凭此而提了级(依"大锅饭"和"铁饭碗"原则,一旦提升,调出去也可保留原级别),本应"报效"的,现在却公然要"跳槽",另攀"高枝",则舆论便会一致指责他"没有良心"。所以许多人的调动,往往趁单位"亏待"了自己(如职称没评上,房子没分到)时提出,这样对舆论可以"理直气壮",于自己也"心安理得"。

显然,这种"铁"的联系,不但造成了"想走的人出不去",也造成了"想进的人进不来"。因为人才固然是单位的私产,职位同样是人才的饭碗。如果从外单位引进人才,则置本单位的人才于何地?这种对外有"挖墙脚"之嫌,对内又有"抢饭碗"之虞的做法,实在风险太大。所以世故一点的领导,就宁肯抱残守缺,得过且过。反正事业是国家的,成就是集体的,单位办得好不好,关我屁事!人才既然不能"流动",单位当然也就"死水一潭"。如果再加上"近亲繁殖"(徒弟接师傅的班,学生接老师的位),那就更会"同则不继",缺乏活力了。

三　窝里斗揭秘

传统节目

然而,真正的"死水"是没有的。

道理很简单,就因为生命在于运动,物质也只存在于运动之中。所以,一潭死水,只不过水面的平静掩盖着水底的波澜。自我封闭的单位,既然不能向外运动,便只好向内运动;既然不能向外用力,便只好向内使劲。

这就形成了"窝里斗",文雅的说法叫"内讧"。

窝里斗是中国历史的传统节目。从《春秋左传》的"郑伯克段于鄢"开始,就一直上演得轰轰烈烈。郑伯即郑庄公,武公之子;段即共叔段,庄公之弟。段仗着老娘偏心疼爱他,便不把当国君的哥哥放在眼里,反倒闹独立,搞分裂,想取而代之,结果被庄公一鼓荡平。《春秋左传》拿这件事做开场锣鼓,不管是有意还是无意,都颇有戏剧性。因为一部中国史,除数得清的几次抵御异族外敌入侵外,差不多就是中国人打中国人的"内部斗争史"。东周的"问鼎",楚汉的"逐鹿",三国的"征战",魏晋的"逼宫",晚唐的"割据",五代的"易主",宋太祖的"陈桥兵变",明成祖的"南下清君",还有雍正爷的"屠兄残弟"。子篡父,臣弑君,嫡庶夺位,兄弟相残,朋友反目,不亦乐乎。与此相反,从公元前1595年赫梯灭古巴比伦,公元前十二世纪多利安人南下灭迈锡尼始,到公元十一至十三世纪十字军东征,再到后来的殖民战争,一部西方史,则可以说是西方人的"对外征服史"。难怪有人说西方文化的象征物是"十字架",四面出击搞扩张;中国文化的象征物是"太极图",阴阳两极窝里斗。

自家窝里斗不说,还要把外人、外族扯进来掺和。公元前639年,周襄王因劝阻郑国伐滑一事在郑人那里丢了面子,一怒之下,首先想到的便是借狄族的武装去讨伐郑国。襄王此举,便正是二千多年后清政府所谓"宁赠友邦,不与家奴"的滥觞了。所以鲁国的大夫季孙为了防止鲁国国君"引外援而除内患",便要先下手为强,胡乱找了个借口要去攻打颛臾(鲁的附庸国)。而孔子听说后则不无讽刺地说,依我看,季孙先生的忧患,恐怕不在颛臾,而在宫中当门的小墙(萧墙)里面吧?到底是"圣人"啊!"吾恐季孙之忧,不在颛臾,而在萧墙之内也",真是一语道破天机。

国如此,家亦然。一部《红楼梦》,亦无妨看作贾氏家族窝里斗的"内部斗争史"。又是"毒设相思局",又是"抄检大观园",又是"愚妾争闲气",又是"刁奴蓄险心"。主子和主子斗,奴才和奴才争。装神弄鬼,以假乱真,落井下石,借刀杀人,兵书上的种种计谋,在这里都有"用武之地"。无论是伶牙利嘴却工于心计的凤姐,还是同样口角锋芒却性情爽利的晴雯,背后都遭人暗算,而她们自己又何尝不算计别人。就连一个极不起眼的粗使丫头四儿,只因宝玉对她好,众人怕"夺了地位",竟把一句玩笑话当作大罪名,打了"小报告"到王夫人处,结果被撵了出门。就连一个小小的厨房,也要上演一出"改朝换代"、"抢班夺权"的闹剧,结果是"一枕黄粱",卷包而去。大观园温柔富贵乡里,真是步步风险,实不亚于江湖。"主子"们固然作威作福,握有生杀予夺之权,"奴才"们也未必就是"省油的灯"。第五十五回平儿对那些仆妇们说:"你们素日那眼里没人、心术利害,我这几年难道不知道!二奶奶要是略差一点儿的,早叫你们这些奶奶们治倒了。饶这么着,得一点空儿,还要难他一难!好几次没落了你们的口声。众人都说他利害,你们都怕他,唯我知道他心里也就不算不怕你们的",倒也至少有一半是实话。同样的,"主流派"(王夫人、王熙凤等)固然风光占尽、飞扬跋扈,"非主流派"(邢夫人、赵姨娘等)也不甘下风,时时都在窥测风向,制造事端,以求一逞。总之,主仆、嫡庶、父子、兄弟、姑嫂、妯娌之间互相猜忌、欺诈、仇恨、争夺、陷害甚至残害,端的称得上是"窝里斗"之"大观"。可惜这里无暇细审,只好留待将来另书专论。

经典手法

窝里斗作为"传统节目",不但其历史十分悠久,而且其手法也大多是祖宗嫡传,以后又经发明创造,补充修正,早已五花八门,无从细

说。不过,总其大端,最为"经典"的,大约有以下几条:

一曰"拉帮结派",俗称"抱团儿"。大至国家,有各种政治派别和势力集团,如三国时代曹魏集团、刘汉集团和孙吴集团;小至单位、家族,也会因身份、地位、年龄、资历、出身、籍贯、气质、性格等等各种因素形成各种派系,结成各类团伙,其中最起作用的又主要是利害关系。所以这些派系和团伙又会时时发生变化,既有人加入,又有人叛离,但"抱团儿"则是永远必须的。因为个人很渺小,必须依靠集体力量。独木难支,孤掌难鸣,任何孤家寡人在这种斗争中总难免败北。"一个篱笆三个桩,一个好汉三个帮",连皇帝都要有心腹亲信,何况他人?所以非得抱团儿不可。既然抱了团,就要有"团伙意识"。所以中国人一事当前,往往不问是非,只问亲疏,不是站在这一边,便是站在那一边,自觉对维护本帮本派的利益。谁不这么做,就是"吃里扒外",从此没法做人。

二曰"飞短流长",俗称"倒闲话"。"抱团儿"是窝里斗的先决条件,"倒闲话"则是窝里斗的主要手段。这种斗争,虽然谈不上是推翻一个阶级、夺取一个政权,但同样也要先造舆论,然后才好实施打击的。然而,它又毕竟是"窝里斗",表面上的"一团和气"还得加以维护,因此不能公开"鼓噪",只能背后"嘀咕",于是"舆论"便变成了"闲话"。闲话也者,闲言碎语之谓也,无非是些鸡零狗碎,鸡毛蒜皮,捕风捉影,指桑骂槐,上不得台面,杀伤力却不小。弄大了,能置人于死地;再不济,也能让人心烦意乱,不得安宁。所以窝里斗的老手,鲜有不使用这一招数者。这一点,本书第九章有详尽论述。

三曰"吹毛求疵",俗称"找岔子"。"瓜无滚圆,人无十全",谁还没个三差两错?但既然人生即表演,那么,任何人一上"台",扮演了某种社会角色,便务求完美无缺,一投手,一抬足,吐字行腔,都要"字正腔圆",否则"看客"就不满意,就要"喝倒彩"。站着说话腰不疼,"挑毛病"总要比"做事情"来得容易。大家既有此权利,又不花什么力气,那就"不说白不说"。"天高皇帝远",中央的事咱管不着,本单位的事则尽可说长道短,指手画脚。有此心理基础,内讧专家们便可拿着放大镜,到鸡蛋里面去挑骨头。一旦发现"问题",便大加攻击,小题大做,无限上纲,完全不必担心没人响应。

四曰"无事生非",俗称"造乱子"。也就是制造事端,乱中夺权。因为"窝里斗"是自己人斗自己人,如果一个群体,一个单位,大家都相安无事,按部就班,也就想斗也斗不起来。发生争斗之时,往往是群体和单位有"事"之日,比方说领导班子换届,或者评职称升工资提干部,总之,现行秩序和地位发生变化的时候。每到这时,单位上便热闹非凡,像开了锅似的,沸沸扬扬。如果没有这样的机会,便只好制造事端了。"天下本无事,庸人自扰之",乱子都是人造的。单位一乱,原来的平衡就被打破了。"一潭死水"变成了"一洼混水",心怀鬼胎者便可"混水摸鱼"。当然,这一手法,只有"高手"可用。如果像邢夫人那样"没头没脑",赵姨娘那样"颠三倒四",也要来找岔子、造乱子、搞名堂,便只会自讨没趣。所以,像他们这样"心内没成算"的人,最好不要来凑热闹,——但偏又这等人最不安分。

窝里斗的方法和程序,大体如此。一个"有志于此"的人,只要勾结些不三不四的朋党,散布些不明不白的闲话,寻找些不疼不痒的岔子,然后不依不饶地闹下去,准能制造些不大不小的乱子来。即便不能置人于死地,也能弄得他不死不活。

几大特点

所以,窝里斗又有以下几个特点:

一曰"阴",即"不公开"。在公开场合,大家都是好同志,好朋友,好兄弟,笑容满面,一团和气,背地里则咬牙切齿,磨刀霍霍,甚至使坏弄鬼,放暗箭,打冷枪。总之,"当面说好话,背地使绊子";"当面叫哥哥,背后摸家伙";"当面握手,背后踢脚";"当面是人,背后是鬼"。为什么会这样? 就因为是"窝里斗"。既然是"一家子",就该团结、和睦,不能"当面锣对面鼓"地公开叫板。谁要是公开翻脸,便等于和大家作对,那可就"对不起"了。这个风险,谁也担不起。所以,不到万不得已,一般都不会撕破了脸来对着干。何况,依面子原则,原本就面对面时要"做人",背靠背时不妨"捣鬼"的。只要面子上过得去,大家也都不好翻脸。至于背后是人是鬼，只有鬼知道，何妨鬼鬼祟祟？再说，"明枪易躲，暗箭难防"，背地里捣鬼，杀伤力更强，何乐不为？

二曰"软"，即"不硬来"。这和阴是配套的。阴则柔，柔则软。窝里斗既然不能公开，当然也不能硬来。硬来难免有"敌对"之嫌。何况"当面"和"硬来"都让人警觉，——既让当事人警觉，又让旁观者警觉，"鬼"就不好搞了。如果用软刀子、软功夫，便不难在不知不觉中杀伤对方，即便发觉了也难以还手。因为如果是棍子打来，你还可以去挡住那根棍子，或把棍子打断；如果是阴风吹来，污水泼来，你用什么去对付这软东西？

三曰"小"，即"不起眼"。比方说，做小动作，打小报告，闹小纠纷，制造小摩擦等等。这就很不好对付。第一，不容易发现；第二，不大好还手。因为那些名堂实在太小。如果去认真对付，既不值得，别人也会认为这是"小题大做"。和你关系不好的人会说："屁大一点小事，闹什么闹？太没涵养！"和你关系好的人则会说："小不忍则乱大谋，还是不要因小失大"。但是，事有大小，是非却不因事小就不是是非。小麻烦也是麻烦，小纠纷也是纠纷。它们对人心理、情绪上的刺激，也不可"小看"。更何况，小东西多了，也能闹出大事情。比如蚊子虽小，但如果成群结队，也能把人咬死。所以，小动作，小报告，小纠纷，小摩擦，也能置人于死地。然而毕竟是"小"，至少不好一开始就"小题大做"的。结果是，你还手也窝囊，不还手也窝囊。

四曰"粘"，即"无休止"。这也是"内部斗争"的特点。外部斗争，敌我分明，胜负分明，一是一，二是二。一仗打完，要么胜，要么负，要么和，总归有个了结。窝里斗则不然。因为它首先就不承认有什么斗争，自然也就无胜负可言。再说，即便一方胜了，另一方负了，也还得在一起过日子，那负方岂有不设法报复之理？于是便拉拉扯扯，粘粘乎乎，没完没了。

这就实在可怕。因为如果不阴，便可"当面还手"；不软，便可"毅然动手"；不小，便可"大打出手"；不粘，便可"及时住手"。现在可好，还手找不到对象，动手下不了决心，打又打不得，收又收不住，岂非只有受其折磨？

所以，窝里斗的结果也只有两个：一是把人变成"两面派"，二是把人逼成"精神病"。至少，也能让人意志消沉，心胸狭窄。不信我们去看那些窝里斗最严重的单位，多半没有什么业绩和成就；那些热衷于窝里斗的人，也多半没有什么眼界和水平。正因为没有什么眼界和水平，这才不把眼光看着"外面的世界"，只管盯着"家里的是非"。结果自然是"内战内行，外战外行"，在单位、家族里争权夺利、争风吃醋很拿手，到了外面，或见了外人，便头也抬不起，话也说不出，屁都放不出一个来。

事实上，热衷于窝里斗的，无非两类角色。一类是野心勃勃，老想着整倒别人，好让自己上台来逞能或者过官瘾。另一类则是心怀不满，惟恐天下不乱，巴不得别人出事，以便伺机报复，或发泄怨气、看笑话。这两类人有时又是同一类。他们多半是奴才，或准奴才，或主子身份奴才心理，大多人格卑下，品质粗俗，心理阴暗，男如太监，女似姨娘。如太监，故阴；似姨娘，故小。又小又阴，故遭人鄙薄；遭人鄙薄，故报复心切；报复心切，故不择手段；然而毕竟能力有限，能量甚小，能耐不多，狗肉包子上不了席，叱咤风云是不可能的，故热衷于窝里斗。不信你去看看你的身边人身边事，是不是这样？

"捂盖子"与"和稀泥"

当然，以上所说，是指常规性的"窝里斗"而言。一旦超出常规，事情闹"大"了，就成了"风波"。

风波是必须平息的，办法也是"祖宗成法"，叫做"糊涂官打糊涂百姓——各打五十大板"。这种做法据说有情理两方面的道理。情感上的理由，叫做"手心手背都是肉"；逻辑上的理由，则叫做"一个巴掌拍不响"。这也正是群体意识的体现。所谓"手心手背都是肉"，强调每个人都是群体的一员，大家一样，人人有份，包括错误，也包括对错误的批判或包庇。所谓"一个巴掌拍不响"，则强调一个人不成气候，两个人才有名堂，人多得成堆才会有事，当然闹起纠纷来，也就"人人有责"。

这种说法和做法,虽然说起来头头是道,听起来振振有辞,看起来不偏不倚,实质上却往往是善恶不辨、是非不分。然而问题在于:既然是"窝里斗",当然双方都是"自己人",也就没有"根本的利害冲突"。或者说,不可能有"大是大非",顶多是些"小恩小惠"。不但无法"较真",而且闹大了,也难免"家丑外扬",让外人"看笑话"。

这当然是不可以的。所以历来所谓善于持家治国者,无不有两手招数:一曰"捂盖子",二曰"和稀泥"。

所谓"捂盖子",就是掩盖矛盾。比方说,明明是勾心斗角,偏说是团结一致;明明是尔虞我诈,偏说是开诚布公;明明是问题成堆,偏说是风平浪静;明明是烽烟四起,偏说是天下太平。在外面,对上级,固然是报喜不报忧;在内部,对下面,也说好不说坏。即便有矛盾,闹纠纷,也千般遮掩,万般粉饰。只要不大打出手,闹得不可开交,能维持表面上的一团和气,就行。实在掩盖不住,就尽可能地轻描淡写,或者到问题解决了以后再报告或报道,结果"坏事"又变成了"好事"。

这也并非就没有"道理"。窝里斗么,当然只能斗在窝里。不管怎么说,那"窝"还得维着。如果连"窝"都没有了,你还斗个屁!要维住"窝",就得把盖子捂紧了。这道理,"窝"里的人一般也都懂。不到万不得已,也轻易不会张扬出去。张扬出去,并没有什么好处(你们自家窝里斗,外人也不好插嘴插手),反倒会惹下一身的不是,——领导既恨你"家丑外扬",群众也怪你"不顾大局",下次就没人帮你说话了。这当然并不合算。

问题是盖子也要捂得住。就像一锅开水,盖子捂得再紧,里面还是沸沸扬扬,热气也会止不住地往外冒。所以,捂盖子也是对外不对内,治标不治本。治本的办法,是"釜底抽薪",让那锅水开不起来。

于是就有了"和稀泥"。

所谓"和稀泥",就是把是非界限尽量弄得模糊不清,各打五十大板。比如,对纠纷双方说"他固然不对,你也有不是"云云。这样做似乎是"不讲原则",其实是"极讲原则"。这个原则就是群体意识。依此原则,群体的安定团结是压倒一切的,哪怕这安定团结只是表面的假象,也比个人恩怨重要得多。

　　这下好了。谁要是闹矛盾,闹纠纷,"告状","扯皮",便先不先有了"不是",——不讲团结。有这顶大帽子扣下来,剩下的事情就比较好讲价。比如适当地给予理解同情,解决一下实际问题等等。因为不管"捂盖子"也好,"和稀泥"也好,目的都是"息事宁人",所以光批评不行,还得安抚。比方说,承认你们说的都有道理。但是,小道理要服从大道理。这个大道理,就是群体的团结。谁要是置群体团结的大局于不顾,那就是给脸不兜着,也就没什么"理"好讲了。甚至有的时候,也用不着讲什么理。比如奴才和奴才闹,当主子的也只要一声断喝:"都给我滚回去!再闹,仔细扒了你们的皮!"也能了断。

　　一场风波,往往也就这样被"包了饺子"。

　　顺便说一句:饺子这东西,最能体现上述"文化精神":肥肉、瘦肉、韭菜、香菇、葱姜蒜,都混为一体,搅成稀泥,再用"面皮"包起来,岂非正是"和稀泥"又加"捂盖子"?可惜,"捂盖子"只能掩盖矛盾,不能消除矛盾;"和稀泥"只能模糊是非,不能泯灭是非。"树欲静而风不止",斗争依然存在,只不过变得更隐秘罢了。

　　墙内开花墙外香

　　既然肥的瘦的都同等对待,香的臭的都好歹不分,对的错的都"各打五十板",勤的懒的都"各分一勺羹",那么,在这样一种气氛下,正直有才华想干实事的人,便不能不感到苦闷和压抑,而他们想要"出头",也就只有到外面去。于是,便有了与"窝里斗"密切相关的另一种现象——"墙外香"。

　　"墙内开花墙外香"是一种相当普遍的现象。在本单位默默无闻的,在外面可能声名显赫;在本单位不得好评的,在外面可能享有盛誉。甚至有的人,还要先在国外发表论文,出版著作,然后"出口转内销",在国内才"红"起来。或者只有当他们要求调走,而且来商调的单位还要求颇为迫切时,才被本单位认为"人才难得",苦苦挽留,或卡住不放。这时,多半也是最好讲价的时候,往往是要房子有房子,要职称有职称,什么都好商量。不过你最好不要上当。一旦真的留下来,过不了多久,又是"压你没商量"了。

奇怪。一个人,是人才就是人才,不是人才就不是人才,怎么呆在家里的时候什么都不是,一跑到外面就吃香呢?

原因也很多。比方说,"外来的和尚会念经"就是。外来的和尚怎么就会念经呢? 因为我们不摸底细,有距离感和神秘感,便想来是会念经的。家里的和尚天天见面,知根知底,有几下子谁还不清楚? 当然没什么了不起,也就不必把他当回事。反正当不当回事,都是"家里人",该干什么还得干什么,还怕他"出家"不成? 外来的和尚就不一样了。如果不客气一点,没准就把经给你念歪了。结果,自然是"外来的和尚会念经"。

更重要的是,本单位的人,也就是"家里人"。就得按照"家里"的规矩,"人人有份,大家一样",谁也不能出头。如果不"一样对待",让某个人或某些人出了头,冒了尖,其他人就会"愤愤不平",闹情绪,搞纠纷,提意见,岂不"乱了套"? 只好大家都念经,或都不念经,或念好念坏一个样。久而久之,自然是念的好的也念不好,或懒得去好好念。

这倒不一定都是对领导有意见,也多半是形势和氛围所使然。在"人人有份,大家一样"的平均主义观念熏陶下,中国人的一个普遍心理,是最不能容忍自己身边熟悉的人比自己过得好。比如美国人的收入比自己多几十倍也无不平,本单位某人多发了五块钱奖金便要眼红。又比如深圳的款爷买了别墅他无所谓,邻居家里只不过简单地装修了一下房子,便浑身气都不打一处来。因为谁都知道,要想普天下全世界都"人人有份,大家一样",根本就不可能。于是只好来个"内外有别"。外面的事咱看不见,管不着,也没有什么可比性,乐得"眼不见,心不烦"。身边人身边事,日日知,天天见,躲不了,绕不过,倘若"不平",如何咽得下这口气! 所以非"铲平"不可。反正我好不了,你也别想好;我得不到,你也别想得到。最好是"吃苦受穷"人人有份,"一无所有"大家一样,天下从此太平。

这种观念一旦成了"文化无意识",便谁也奈何不了。因为它已不是个别人的意见,而是公众营造的氛围。在此氛围下,人才们的选择也只有三种:一是把自己变成庸才,和其他居多数的平庸之辈去"一样"。这当然会使自己的日子变得好过起来,但内心的痛苦却只有自己知道。二是"不吃那一套",我行我素,独往独来,结果不是变得孤立无援,便是碰得头破血流,最后往往也只好"学乖"。第三种选择最高明,就是在本单位藏拙装傻,尽可能不惹人注意,然后在外面悄悄地发展。一旦翅膀硬了,成了气候,就抽身走人,和单位"拜拜"。至少是:当你在外面的名气已大得吓人,足以使本单位的人不敢小看你,你就多少有些自由了。因为你已经有了"外援",而且有资格炒单位的"鱿鱼"。

　　这当然是个办法,却也未必总能奏效。走不走得成先不说,即便换了单位,便从此可以太平无事高枕无忧了么?事实上,许多人换了单位,刚去时还好,只要呆上一段时间,就会发现这里的情况和原单位也差不多,没准还更糟。因为"窝里斗"和"墙外香",是国内各单位的"通病";而当你由"外来和尚"变成"家里和尚"时,也就不再香得起来。结果,在西北"窝里斗",出不了头,到了东南依然"窝里斗",还是出不了头。这可真是"走投无路"了。再走,就只有跳海。

　　显然,不从根本上解决问题,是不会有什么出路的。

四　告　别　单　位

挡不住的诱惑

　　更有效的办法也许有一个,那就是"告别单位"。——不是调离某一个具体的单位,而是从根本上告别那个意味着"安身立命之本"的"单位"。换句话说,就是要使"单位"不再成为中国人"安身立命"的生存之本。

　　这似乎很难,但也并非没有可能。

　　事实上,即便在单位制度最健全,单位风光最诱人的时代,也不是人人都有单位,比方说好几亿农民就没有。即便在城市,也不乏游离于单位之外的"无业游民"和"闲散人员"。其实,这些人并非"无业",

也未必"闲散",只不过没有单位来收编,来大包大揽地统管他们的吃喝拉撒睡,生老病死退,必须自谋生计而已。这些人,人数也不少。这就证明,没有单位,也未必就"活不下去"。

有的甚至还活得更好。全国各地都流传着许多"款爷"的故事,而他们无一例外都是没有单位的。或者原本就没有单位(比如是农民),或者因种种原因被单位开除或辞退(比如犯了错误),结果他们比任何有单位的人都活得滋润。当那些当年被单位辞退的"可怜虫"与昔日同事"二十年后来相会"时,后者很快发现其实自己才是"可怜虫"。榜样的力量是无穷的。于是一些人便效法前贤,纷纷解甲归田,离岗下海。尽管他们也许还混得不怎么样,还很艰苦和困难,但多数都不后悔。因为他们以自己的切身经验体会到,原来离开单位,还可以有另外一种活法,而这种活法最诱人之处,便是自由。

自由对于大多数中国人而言,无疑是一件奢侈品。他们首先要考虑的,还是基本生存即温饱问题。然而自由又毕竟是有魅力的。只要有可能,谁不想自由呢?可是,只要你在单位上,就很难谈得上自由。有句话说,中国人的一生都是被管着的:小时候父母管着,上学后老师管着,工作后领导管着,结婚后老婆管着。其中,管的时间最长的,是领导和老婆。但如果你没了单位,就不但领导管不了,老婆也不大管得了啦!因为你无法要求一个没有单位的人按时下班回来陪老婆或做家务。他如果要到歌舞厅夜总会去"泡妞",也是谋生的需要,——不这样,拉不到生意做嘛!

这真是何等地令人心仪向往和开心之至啊!有此向往的并不仅仅只是那些被老婆管得不耐烦,也想弄个"小蜜"来调剂调剂的男人,也包括女人。因为谁也不愿意一天到晚被人管着,而女性在单位上被人管着的可能性又总是大于男性,尽管她们下班后还可以管老公。但如果你对一个女人说,你从此可以不上班,谁也管不了你啦,她多半也会兴高采烈的。据说,不少女性都表示,如果丈夫的收入足够养家饷口奔小康,那么,她们宁愿回家当"太太",而不是上班当"职工"。这丝毫也不意味着她们"没有事业心",而多半是向往那份自由。事实上，如果允许她们在家里上班，她们工作起来决不会比男性逊色。

　　总之，当中国人不再为吃饭穿衣发愁，继而不再为住房交通所困时，多一点自由，便将是他们的向往与追求。人们开始不那么在乎是否有一个固定的单位，甚至开始不那么在乎有一个固定职业。于是，社会上开始出现"跳槽"的现象。有的人甚至成为"跳来跳去的人"。其中，有越跳越好的，也有越跳越差的，但都在跳。有的甚至只是一言不和，便拂袖而去。反正"此处不留爷，自有留爷处，处处不留爷，爷去投八路"，凭什么就得在一棵树上吊死？

　　必须指出，跳槽和调动是大不相同的。调动是从一个单位调到另一个单位，端的还是铁饭碗，吃的还是大锅饭。所以，在原单位窝里斗，出不了头，到了新单位也可能还是窝里斗，还是出不了头。因为如果只是换单位，则自己与单位之间，也还是一种人身依附关系，还是要被单位管着，也还是要受单位上人的挤兑。跳槽却是自己给自己当家作主，爱上哪就上哪，爱干什么就干什么，自己给自己当老板。自己给自己当老板当然也不易，因为已没了单位做后台，什么事都得靠自己。悠哉游哉是不可能了，更不可能像在机关里那样，一杯茶，一支烟，一张报纸看半天。何况，一个人在社会上混，就等于走江湖。人在江湖，身不由己，所以不少"自由职业者"自嘲说是"有职业，没自由"。但他们好像也不后悔，因为他们至少保有一份自由，即选择的自由。也许，就在这寻寻觅觅、跳来跳去的过程中，他们便在人生的道路上潇洒地走了一回。这对于不少"不安分"的人来说，无疑还是有诱惑力的。因此不妨一试，哪怕"过把瘾就死"呢！

　　留不住的风光

　　何况单位也早已风光不再。

　　单位之所以曾经那样让人向往，首先在于大锅饭和铁饭碗。其中，铁饭碗又更诱人一些。因为那意味着有起码的人生保障。所以，改革之初打破大锅饭时，对人们的触动还不是很大。反正改来改去，无非多得少得，好歹总"有口饭吃"。人事制度和用工制度的改革就不一样了。干部聘任制，全员合同制，意味着谁也没有铁饭碗；而优化组合,竞争上岗,更意味着谁都有丢了饭碗的可能。自己的饭碗都保不住,又哪里谈得上子女顶替?当然是连同原本可以为子女预留的饭碗也一并打破。相反,不是本单位职工和职工子女的人,反倒没准端上了你原先的饭碗。尽管由于种种原因,并非所有单位都能做到这一点,但至少人们已开始意识到,这一天终将到来。随着市场经济体制的健全,招聘和解聘、上岗和下岗的制度化、规范化、经常化,铁饭碗将越来越不"铁",单位也将越来越不可靠。

与此同时,福利制度的改革也给正在土崩瓦解的单位雪上加霜。过去单位的好处,不仅在于"大锅饭"和"铁饭碗",还在于许许多多无法估算的福利,比如花起钱来没有谱的公费医疗和干一辈子也挣不来的住房等。现在,公费医疗和福利分房已被取消,单位上的后勤部门和福利部门也与单位脱钩,工资以外的种种"好处"正在消失或将要消失,单位不再承包职工的吃喝拉撒睡,生老病死退,也不再是我们的摇篮和家园。以后的事,得靠我们自己操心了。至少是,年轻的一代已不再指望单位给他分房,同样不再指望靠单位的这点工资买房;不再指望单位给他养老送终,同样也不再指望靠单位的这点工资颐养天年。那么,他还留在单位里干什么?单位对于他们,当然是既"管不了",又"留不住"。

况且单位自己也自身难保。随着政治体制和经济体制改革的进一步深化,随着市场经济的激烈竞争,不少企业单位将被淘汰出局,一些事业单位也将摘牌断奶。比如那些办得像衙门又比衙门更无用无能的文联作协之类,就早该取消了。皮之不存,毛将焉附?当破产、倒闭、转卖、取消等等成为单位的家常便饭时,还会有人终身指望单位吗?前面说过,过去,我们见到一个没有单位的人,会问"他靠得住吗?"将来,当我们为自己找到一个单位时,没准也会在心里问一句:"它靠得住吗?"

当然靠不住。事实上,人们已开始不再"靠"着谁。过去,我们把单位的负责人叫做"领导",现在则叫做"老板"。表面上看,这是市场经济的影响,而且叫的时候,也不乏调侃之意,是一种"戏称"。但,认真分析起来,背后却表现出社会观念的深刻变化。什么是"领导"？就是带领和导引着人们向前走的人。所以被领导者与领导者之间,是"靠"与"被靠"的关系。老板就不同了。老板和打工者之间,是雇佣关系,买卖关系。一方出资本,一方出劳力(或智力),一家愿买,一家愿卖,讲好价钱,就可成交,谁也不欠谁的,谁也管不了谁一辈子。老板和打工的之间,只有一种松散的、不固定的关系。老板可以雇我,也可以雇他;我可以受雇于张老板,也可以受雇于李老板。老板择优录用,谁的活儿干得好,就雇用谁;打工的则待价而沽,谁给的钱多,就给谁干。一旦合同到期或被解除,就可以挥手告别,各奔东西,自由自在,洒脱轻松,没有依附,也没有牵扯。所以,叫"领导"还是叫"老板",骨子里是不一样的。

其实,当我们把单位领导叫做"老板",同时自称"给单位打工"时,我们的观念已悄悄地开始了变化。我们在内心深处,已经开始并越来越认可认同"雇佣关系"和"买卖关系",而传统的"附庸关系"和"血缘关系"则在悄然解体,变得越来越没有约束力和吸引力。当然人们会说我们不过是开玩笑。但即便是玩笑,也要开得起来,再说玩笑开得多了,没准也会弄假成真。

何况,随着体制改革的进一步深化,单位本身也在变化。作为工作场所的单位当然还会依然存在,但单位与职工的关系却将会重新确立。职工不再是单位的附庸,单位也不再是职工的靠山。职工的义务只是做好他的本职工作,单位的义务也只是按劳付酬。无论谁,要想活得滋润一点,过得好一些,都不能靠单位,只能靠自个儿。这样一来,原先那个意义上的"单位",也就将不复存在了。

意义非凡

这无疑是一场极其深刻的变革。

中国二十年改革开放的进程,对于原先那种意义上的"单位"而言,也就是一个逐渐解体的过程。一些单位关门了,一些单位兼并了,一些单位失去了行政级别,大多数单位的社会性职能正在萎缩并走向消亡。改革的阵痛是明显的:一些领导丢掉了乌纱帽,不少职工砸破了铁饭碗,他们都失去了"生有所养,老有所终"的靠山,失去了"安身立命"的保障。改革的好处则是人们不大容易一下子感受到的,那就是:中国人终于可以换一种活法了。我们不必再把自己和一个什么单位一辈子捆在一起,也不必为"终身有靠"付出一生,至少能够按照自己的意愿挑挑拣拣、跳来跳去了。也许,这就是所谓"自由"吧! 可以说,单位的职能减去多少,我们的自由就增加多少。当单位仅仅成为一个工作场所时,以择业的自由为先导,一种新的活法就会展现在中国人面前。

不可小看这种新的活法。它的意义现在也许还凸现不出来,但无疑将会是影响深远的。

如果说,当年"大姑娘给自个儿找婆家"(自由恋爱)意味着妇女的解放,那么,这一回,"自个儿给自个儿找活干"(自由择业),就意味着人的解放了。必须指出,"自个儿给自个儿找活干",和"自个儿给自个儿找单位"是不同的。尽管在许多人那里,"找活干"和"找单位"仍然是一码事,或者"找到单位才有活干",但在本质上,却仍有区别。"找单位"一如"找婆家",一旦找到,便难免"嫁鸡随鸡,嫁狗随狗",只不过由"包办婚姻"变成"自由恋爱"而已。说到底,还是想"终身有靠"。所以,尽管到某个单位去工作是学非所用或大材小用,但不少人(比如大学毕业生)为了"找个好婆家",也还是屈就了。坦率地说,这种自主择业并无多大意义。"找活干"就不同了。它在乎的不是单位,而是工作,不是一辈子想靠着谁,而是想自个儿奋斗,活出个人样儿来。

当然,一般的说,人们给自己找份工作,首先是为了谋生。但已经有不少人开始在那里琢磨,怎样给自己找到一份既能挣钱又适合自己的工作。所谓"适合自己",不仅是自己能够干得来,更是感兴趣和有乐趣,有吸引力和有成就感。这实在是比为了安安稳稳地有口饭吃,就委委屈屈地做自己不想做的事,窝窝囊囊过一辈子进步多了。因为在这里,自我价值的实现,已被看得比安稳、保险、可靠等等更重要,而过去追求的安稳、保险、可靠等等,恰恰又是以交出自己的自由为代价的。

这似乎可以看作是"自我意识的觉醒",尽管事情远非那么简单,也尽管这种觉醒多少有些被迫和无奈,但毕竟有了一个良好的开端。而且,当越来越多的人告别单位时,独立人格和自由意志就将成为中国人的普遍要求。事实上,能按照自己的意愿进行选择,就说明有了自由意志;不依赖别人和群体而自食其力,就说明有了独立人格。这两个方面加在一起,就意味着人的解放,而人的解放较之所谓生产力的解放,又无疑重要得多。

于是,在这里,中国人真正开始了现代化进程。现代化并不就是洗衣机、电冰箱、微波炉或私家车,也并不就是大哥大、因特网或其他"与国际接轨"的东西。它首先是观念的现代化和文化的现代化,是民主与法制,是法律和真理的面前人人平等。所有这些,都有一个前提,就是人必须是具有独立人格和自由意志的个人。没有独立人格,就没有民主;没有自由意志,就没有法制;没有民主和法制,就没有现代化。如果说,西方文明开始于"炸毁氏族血缘组织",那么,中国的现代化就必须从割断个人与群体之间的依附关系开始。告别"单位"的意义,也许便正在于此。

第六章　家庭

一　家为国之本

家庭本位

单位是家庭,家庭也是单位。

家庭是社会的细胞,是社会构成的基本单位。这倒是全世界都一样的。不过,中国的家庭还是"本位"。本位原指货币制度的建立基础,或者货币价值的计算标准,比如"金本位"、"银本位"、"外汇本位"。借过来用,就指社会制度的建立基础和社会价值的计算标准。比如"官本位",就是以官衔为价值标准;"家本位",则是以家庭为社会基础。事实上,传统中国的组织结构、国家制度、伦理道德,都是以家庭为根基、模式和本源的。这就叫"家本位"。或者说,"家为国之本"。

家为国之本,包括"家单位"、"家天下"和"家伦理"。

先说"家单位"。

家庭在中国社会组织结构中,是最基本和最常规的单位。"最基本",就是"不可再分割";"最常规",就是"普遍性模式"。这就把中国文化和其他文化区别开来。比如在西方,家庭就不是最基本的,因为它可以再分割,即分割为"个人"。个体的、单独的、具有独立人格和自由意志的"个人",才是社会组织结构中最基本的单位。也就是说,在以"个体意识"为思想内核的西方文化那里,社会是由个人组成的,而不是由家庭组成的。家庭只是社会组织的形式之一。既不是惟一的形式,也不是通用的形式,当然也不是最常规的形式。社区、教会、政党、国家,都有自己的组织形式,和家庭没什么关系。一个人,"成家"也好,"出家"也好,也完全是他个人的事。只要合法,别人就管不着。这种以"个人"为单位组成社会的概念,就叫"个体本位";反映到意识形态领域,就是"个人主义"。

中国的传统社会则不同。它最基本的单位是家庭,家庭不可再分割为个人。这不是说个人不存在,而是说任何个人一旦脱离了他的家庭(也包括一切类似于家庭的单位),其存在便不具有社会性意义。一个传统社会中的中国人,他的身份、地位、价值、权利、义务和责任,都是和他的家庭、家族紧密联系在一起的,一损俱损一荣俱荣。一个人,如果家庭的"门第"高,家族是"名门望族",他的地位也就高,价值也就大。反之,如果出身寒门,或"黑五类"家庭,则他在社会上就不大抬得起头来。当然,同样,他的荣誉和地位,错误和责任也是全家的。一个人,如果富贵了,比如中了举,做了官,那就是"家门有幸",通体光荣,可以封妻荫子,光宗耀祖。反之,如果犯了罪,出了事,惹了麻烦,那就是"家门不幸",全家都要跟着倒霉。事情出得小,也许只是全家跟着没有面子;事情出得大,则可能全家跟着掉脑袋,叫做"族诛",也就是"族灭"、"族夷",或简称"族"。民间的说法叫"满门抄斩",史书上的说法叫"一人有罪,刑及父母、兄弟、妻子"。按理说,"一人做事一人当",为什么要株连老爹老妈老婆孩子呢?就因为中国文化视家庭、家族为不可再分割的最基本单位。既然不能再分割,则一人有罪,当然也就全家有过了。"文革"中,不少人因"家庭出身不好",或"父母有问题",或"有海外关系"而受"株连",竟很少有人认为不妥,甚至连被"株连"者本人也认为"活该",道理就在于此。

个人与家庭既然不可分割,那么家即是人。家给户足就是人人丰足,家喻户晓就是人人皆知。国家和政府一声令下,只要家家动员,户户响应,也就万事大吉。所以中国古代主管全国财政,掌天下土地、人口、钱粮、赋税、救济等事务的部门,就叫"户部"。户部原本叫民部。因为唐太宗叫李世民,要避讳,就不能再叫"民部"了。但也不叫"人部",叫"户部",就因为国家原本是以"户"为单位进行管理的。直到现代,中国人也往往更看重家庭的"户口"而不是个人的"身份证",更看重家族的"籍贯"而不是个人的"出生地"。看重身份证和出生地,只是近两年引进西方管理制度的事。又比如,农村开社员或村民大会时,许多地方仍是一家派一人参加;某些费用(如公共卫生费)或公务(如楼道、门栋值"安全班"),也是按户摊派。就连《沙家浜》里胡司令结婚时,刘副官也是通知"各家各户""自愿"送礼。

难怪中国人要把什么都成说是"家"了,——公是公家,国是国家,老板是东家,老婆是浑家,同姓是本家,全体是大家,别人是人家,自己是自家。农家、渔家、船家、店家、商家、厂家,女人家、孩子家、姑娘家、学生家,行家、专家、野心家,没有什么不是"家"。当然是"家"了,"家"是"本位"么!

家国一体

家庭是最基本的单位,也是最常规的单位。

中国传统社会是什么样子的呢?说白了,就是一个又一个大大小小的家庭。小农生产和小手工作坊的生产单位,原本就是"夫妻店"、"兄弟船"、"父子作坊"。江湖、帮会、武林、戏班等组织也一样,师为"师父",师之妻为"师娘"。朋党是门户,宗派是门派,学派是门墙,学生是门生,同学是同门,同门之间是兄弟,而门徒一旦有过错,施以惩罚的依据也往往是"家法"、"家规"。这就说明,家庭作为中国传统社会组织结构的"普遍性模式",确乎"放之四海而皆准"。

其实,就连"国",亦是"家"。君是"君父",臣是"臣子",州县是"父母官",军队是"子弟兵",省市、民族、单位、朋友,则是哥们姐们(兄弟民族或兄弟单位),正所谓"四海之内皆兄弟也"。整个中国,亦无妨看作一个大家庭。

这就是"家天下"了。

"家天下"有两层含义，一是指公共财产为家族所私有，二是指国家体制以家庭为模式。国既为家族所有，则国君当然是"君父"，国民当然是"子民"；家既为国之模式，则国法当然是"家法"，国务当然是"家务"。反过来，也一样。比如皇太子或刚成年皇帝的大婚，就不单纯是皇家的事务，大臣们也要参与其事并发表意见的。同样的，"立储"本为国家大事，但决心一意孤行的皇帝也可以借口这是皇家家务而拒绝听取批评。

这种"家国一体"的制度，当然会把许多界限都弄得模糊不清，甚至弄出许多尴尬事体来。别的不说，单是诸如"君父"、"臣子"之类的称谓，就不伦不类，等于说"皇帝爸爸"、"大臣儿子"。但两千多年来，无人觉得可笑，反倒是梁山上的"反贼"，也发明了"头领哥哥"这样一种不三不四的称呼，可见"家天下"的模式何等深入人心。

家国既为一体，公私也就难分。中国古代的所有制，是"公有"还是"私有"？说不清楚。要知道，所谓"私有制"，是"生产资料归私人所有的制度"。这个"私人"，严格说来，只能是具有独立人格和自由意志、在法律上单独存在的个人。正因为他在法律上是单独存在的，所以，他死了以后，他的财产并不天然地就归配偶、子女、亲属继承，而应根据他的"遗嘱"即他的"个人意志"来分配。如果他遗愿留给一个毫不相干的人，则其配偶、子女和亲属即便"义愤填膺"，也莫之奈何。

这可是咱们中国从来不曾有过的事。

中国传统社会的所有制，是"家有制"（家庭所有制）。依此制度，包括主要生产资料在内的一切财产，都归家庭而不是个人所有。父家长只有"支配权"，并无"所有权"。表面上看，父家长不但可以任意支配家庭财产，而且可以把妻妾和子女也当作私有财产予以转让、出租或变卖，好像财产归他私人所有；但是，另一方面，这些财产在他去世后，却又理所当然地归家庭其他成员来继承或分配（分家）。子女在外工作所得之劳动报酬（佣金、工资）等固然必须上交父家长，但父家长的遗产却又理所当然地应该由子女（主要是男性子女）瓜分。所以从本质上讲，家庭财产是归全家庭成员"共有"，而不是归某一个人"私有"。只有对此并无多少支配权的女性配偶，才被允许拥有为数极少的"私房钱"，无非用来增置些针头线脑或给娘家人一点小恩小惠而已，完全不好意思叫"财产"的。而且，既然只有这些小钱才叫"私房"，岂非恰好证明其余都是"公款"？

可见，"家有制"并非真正的私有制，而毋宁说是"公私不分制"。一方面，对于其他家庭而言，是"私有"；另方面，对于全体家庭成员而言，却又是"公有"。更何况，家庭的主要生产资料——土地，也既是家庭"私有"的，又是国家"公有"的。"普天之下，莫非王土，率土之滨，莫非王臣"，怎么能说是你们自己家里的？"王有"也不等于"私有"，因为皇帝既是"私人"，又是"国家"，而"国家"也既是"私"（皇家），又是"公"（公家）。所以，皇帝也不是这些财产的真正主人。真正的主人是"天"，天子不过"替天行道"而已。然而，"天视自我民视，天听自我民听"，天子如果"逆天"而行，则为"民贼独夫"，可以"天下共讨之，天下共诛之"，另由新的"真命天子"来行使这些生产资料和财产的管理权，谓之"改朝换代"。总之，家庭财产的所有者不是家长私人，而是"全家"；国家财产的所有者也不是皇帝私人，而是"全国"。所以，"家有"并非彻底的私有，"王有"也并非完全的公有，而应说是"公私不分"。

公私不分

意识是存在的反映。经济上产权含糊，思想上也就难免"公私不分"。

公与私，原本就是相对的。什么叫"私"？私，原本是一种禾的名字。公私的私，本字作"厶"。《韩非子·五蠹》云："自环者谓之厶"。什么叫"公"？韩非子接着又说："背厶谓之公"。原来，面对面时为"公"，背过脸去就成了"私"。看来，公私原本不分，不过一枚硬币的两面。是公是私，全看你怎么翻。

事实上中国人也不喜欢区分公私。要分，也就是区分内外，区分

官民。比方说,在旧中国,就没有"公路"而只有"官道",也就是只有
"官民之别",而无"公私之分"。直到现在,仍有人主张把"私营"叫做
"民营",把"私立"叫做"民办",似乎这样更为堂皇。说到底,还是只
分官民,不分公私。

　　公私不分又怎么样呢?就没有法治可言了。什么是"法"?法就
是"全民公约"。民众为什么要"约法",又为什么能"约法"?就因为
他们都是"私人"。私人各私其私,如无规范限制,势必天下大乱。因
此要"约法三章",以保证个人权利和公众利益不受任何人的侵犯。而
这些"约法"之所以能够算数,则又因为它们是这些"私人"依照自己
的自由意志共同约定的。咱们中国既然"普天之下,莫非王土,率土之
滨,莫非王臣",当然也就只有"王法",没有"民法",更没有什么全体
公民的"约法",没有"宪法"。

　　其实不要说没有"法治",就连"德治",也大成问题。梁漱溟先生
曾认为中国人只讲私德而不讲公德,比如臣对君的德,君就不必守;子
对父的德,父就不必行,没有一种德是人人皆必遵循之"公德"。这话
恐怕只讲对了一半。因为公与私原本是一对矛盾。不讲公德的人,其
实也不会有什么私德。梁先生的所谓"私德",即"这人对那人的道
德",如"君仁臣忠,父慈子孝"之类,与其说是私德,不如说是"二人之
德",即关于人与人之间关系的德,"一人之德"的"私德"是不存在的。

　　正因为没有"一人之私德",所以当"私身一人"时,就不会有什么
道德考虑。一些明明有利于公众的事,比如顺手关掉公用水龙头或走
廊里的灯,即便不过举手之劳,也不愿意去做,除非这时有领导或同
事、同学在场。结果是公共走廊上的电灯变成了长明灯,公共洗手间
的水龙头变成长流水,而便池里则无人冲洗;集体宿舍门前垃圾成堆,
脏水乱泼;公园里的果皮箱,更可能是形同虚设,痰迹、废纸、烟头、果
皮、空瓶则遍地都是。没有"私"的结果是也没有"公"。

　　再就是"化公为私"和"假公济私"了,我们在"单位"一章已然讲
过。这里要讲的是,"公私不分"的观念还为"化公为私"和"假公济
私"提供了一个"合法"的方式,即"本单位主义",简称"本位主义"。

本位主义就是把"本单位"的利益放在首位,一事当前,先替本单位着想,先替本单位考虑,甚至不惜损害兄弟单位和全局的利益。严格说来,这也是一种自私的行为。但是,在实际上,所谓"个人主义"每每被视为"万恶之源"而痛加批判,"本位主义"虽然也受批判,却在批判之余颇受同情。一个人,如果为一己之私利大吵大闹,或对自己的个人成就大吹大摆,便会引起"公愤",至少要被视为"太不像话"或"恬不知耻";但如果是为本单位争名争利争地位争好处,或宣传本单位的成就,则本人不但可以"理直气壮",领导和其他人也不好太责难,顶多笑眯眯地劝他说:"不要太本位嘛!"或者说:"考虑本单位的实际情况是可以理解的,但也要顾全大局。"

显然,在许多人看来,本位较之"全局"虽然是"小局",但毕竟好歹也是"群体"而不是"个体"。只要不是为"个体",就不能说是"个人主义"。只要是为了"群体",不论其大小如何,便都体现了"群体意识",也就多少具有一点"合法性",不能过于责难。事实上,许多人在为本单位争名争利时,也确实不一定直接地与自己的个人利益相关。比如评职称时为自己单位多争名额而自己并不晋升,评奖时投自己单位候选人的票而自己并不获奖。所以,一旦受到批评,便会"理直气壮"或"满腹委屈"地说:"我又不是为自己!"但是,搞本位主义,虽然并非为自己个人,却又毕竟是为自己单位,因此又不能说是不折不扣的"大公无私"。实际上,搞本位主义,虽然不一定直接与自己的个人利益有关,却不能否认它间接地对自己个人有益,比如在本单位"好做人",落下"人情"等等。所以,也很难严格地界定究竟是为"公"还是为"私",不如说同样也是"公私不分"。事实上,因为中国文化不允许"私"公开合法地存在,因此一个人"私心杂念",也就只好通过这"不公不私"、"半公半私"和"亦公亦私"的本位主义,来"曲线救国"了。

内外有别

当一个人站在本位主义立场上时,他就在心理上和逻辑上把"本单位"和"外单位"区分开了。这又是中国文化的一个特征:公私不分,却内外有别。

　　和"公私不分"一样,"内外有别"也是"单位"的特征。国内任何一个中等规模的单位,差不多都会有自己的围墙(特别大的单位,则由下属各单位自修围墙),以防"闲杂人等"混入。一些稍有条件的单位,虽然既非"军事单位",又非"保密单位",也要煞有介事地安排门卫。门卫们对本单位的熟人含笑点头打招呼,对"外人"则严加盘问冷若冰霜,本能地表现出一种防范心理。本单位的车辆可以自由地出入(门卫们都记得车号认识司机),外单位的车辆则须停在门外,除非是"有来头"的"上级单位",或者"有关系"的"兄弟单位",否则就必须"走后门"。当然,单位上的种种好处,比如单位自己盖的住房,自己的澡堂和幼儿园,自己弄来可供分配的物质和额外收入等等,也只有"内部职工"才能享受,"外人"是没有份的。

　　不过,我们有时候又搞不清楚被称为"内部"的东西,究竟是好呢还是不好。比如"内部通报"的情况,很有一些是并不那么光彩的事,却只有"信得过"的"自己人",才有资格去听。另外,我们也常常弄不清何谓"内部"何谓"外部"。比如"内部文件",当然许多人都不能看,然而"内部刊物"却又人人可看。"内部刊物"上的文章,水平一般要差一点,而"内部文件"的内容却又往往重要和实在得多。又比如,单位上的"内部招待所"(简称"内招"),外国人(也包括华侨和港澳台"同胞")是不能去住的。他们只能住"外招"。但"外招"的设施、服务,较之"内招"却又好得多(当然价钱也要贵得多)。对待他们的态度,也是客气而不亲热,因为他们是"客",不是"亲"。

　　显然,"别内外"是为了"定亲疏",而"定亲疏"则是为了界定人情的大小和面子的尺寸。一般地说,内则亲,亲则近,叫做"亲近";外则疏,疏则远,叫做"疏远"。疏远者为"客",必须"客气",也必须"装门面";亲近者为"家里人",不必"客气",可以"不留情面"。所以,"自己人"犯了错误,就可以狠狠地批评;"外人"犯了错误,则只能委婉地指出。同理,外宾和外单位的人来参观时,便一定要打扫卫生,布置会场,拿最好的东西给他吃,腾最好的房间给他住,平时有意见、闹别扭的同事,也都要作"一团和气"状,以免"家丑外扬"。
而本单位的问题和情况,则只能在"内部会议"上通报。可见外人的
有面子,完全是假象,是门面,自己人才真有面子,而且还有实惠。
比如有事要求情,自己人准比外人有面子;那些被客客气气地打发
的,则准是"老外"。反之,一个人如果和你说话随便,不怕揭自己的
"短",不怕"家丑外扬",则多半是已把你当作了"自己人"。总之,
"丑"的(同时往往是真实的和实在的)留给"家里","美"的(同时往
往是虚假的和空洞的)展示给"外人"。因为"外人"就是"外面",岂
能让他看见了"里面"?

在这些"原则问题"面前,是不允许有什么"个人意见"的。一个
人,在外面,如果不为本单位争名誉,争地位,争好处,而是想到什么说
什么,自己怎么认为就怎么讲,怎么做(比如把票投给"外单位"的人,
在会上揭"本单位"的短等等),那就是"吃里扒外",就会"吃不了兜着
走"。因为你只顾"私意",不讲"公益",当然要引起"公愤"了。

其实,这个"吃里扒外"的人,其所作所为,反倒很可能是出以"公
心",或者是实事求是。可惜,中国人不吃这一套。他们从来就不相
信,一个连家庭、单位、小团体的"小公"都不顾的人,会有什么"大公
无私"可言。要知道,世界上并没有什么空洞抽象的"公"或者"公
家",只有一个个具体的家庭、家族、单位、团体。一个人的"公心",就
体现在他对这些群体的态度上。所以,你不为小团体说话吗?那你就
一定是"有私心"!

于是,公与私,就首先并直接地体现为内与外。所以,对于中国人
来说,要紧的不是弄清公私,而是区分内外。然而,"吃里扒外"固然是
"私","本位主义"又何尝是"公"?结果自然更加分不清公私。实际
上,正是因为不能公开地和明确地区分"公私",便只好代之以"内
外",——公为外而内为私。公事公办之所以等于不办,就因为那是
"外";内部之所以可以通融,则多因其"私",只不过这"私"往往被说
成是"公"而已。

其实,家庭的特点,就是"公私不分,内外有别"。一家人,分什么

公私,分什么你我呢? 但"我们家"和"别人家",却又不可不分。因此,当家庭成为国家和社会组织的"普遍性模式"时,"公私不分"和"内外有别"这两个基本原则,也就确立起来了。

二　差异与等级

内外与亲疏

的确,中国人处理人际关系的一整套伦理道德原则,差不多都是从家庭这个本位出发的,这就是别内外、定亲疏、序长幼、明贵贱。

首先是别内外。比如父亲的父母是"爷爷奶奶",母亲的父母则是"外公外婆";儿子的子女是"孙子孙女",女儿的子女则是"外孙外孙女"。盖因家庭是以父系为统序。父系为内,母系为外,所以男女双方的亲戚,也就有了"表"、"里"之别。姑、舅、姨的子女为"表兄弟"、"表姐妹",叔、伯的子女为"堂兄弟"、"堂姐妹"。一般地说,堂亲要亲于表亲。表亲中,姑表要亲于姨表。姑表中,娘舅又要亲于姑爹。不过,"舅老爷"的面子再大,也大不过"姑奶奶"。因为"舅老爷"虽然是男人,却是"外姓",哪里比得上"姑奶奶"是自家人? 一个女人,由姑娘而姑妈而姑奶奶,面子便逐步升格。如果是"老姑奶奶",面子会大得吓人。所以,那些厉害的女人,总是会自称或被称作"老姑奶奶"。

实际上,家庭和家族的"内外"有两种情况。一种是"血缘的内外"。在人类开始建立家庭制度时,以母系为"内",父系为"外",只有同母兄弟姐妹之间不能通婚。进入父系制以后至今,则以父系为"内",母系为"外",堂兄弟姐妹之间不能通婚,表兄弟姐妹之间的通婚则不但不被禁止,反倒颇受鼓励,叫"亲上加亲",如贾宝玉与薛宝钗。

另一种则是"家室的内外"。一般的说,男曰"家",女曰"室"。所以男子有妻叫"有室",女子有夫叫"有家";男子娶妻叫"室",女子嫁夫叫"家"(后来加一"女"旁就叫"嫁")。因为"家"是住所的统称,

"室"则是家中的房间和内室,故"家"与"室",也有内外之别,——夫家主外,妻室主内。妻子叫"内人",妻弟叫"内弟",妻侄叫"内侄",妻眷叫"内眷",丈夫则叫"外子"。这一内外,与前种恰好相反。如果仅按字面理解,以为"内侄"竟比"外甥"亲,那就大错特错了。

家为什么可以"别内外"呢?因为它不但有组织形式,而且有物质形式,也就是有房子,有建筑。任何建筑,都有自己的内部空间。因此,即便只不过一墙之隔,也有内外之别。"家庭"这两个字,一从"宀",一从"广"。"宀"(mian)是"交覆深屋也","广"(Yán)则是"依山崖建造的房屋",都是建筑。但如果比较一下,就不难发现,从"广"字的多不住人,或不住夫妻(如庙),或非家居(如店)。看来从"宀"从"广",也有内外之别。如"庭",本来是"厅",后来又指堂阶前的地坪,所谓"大庭广众",当然不是内部。所以"家庭"二字,就兼内外而有之,——家为内,庭为外。故家贼曰"宄",家奴曰"宰",家臣曰"宦",家祸曰"害",外人入内曰"客",外贼入侵曰"寇",依附他人曰"寄",敬爱家人曰"宠",都从"宀"而不从"广"。

内外之别,也就是"远近之别"、"亲疏之别"。这里的远近,不仅是地缘上的,也是血缘上的;这里的亲疏,也不仅是心理上的,而且是伦理上的。一般说来,越亲近者,则情感也越深,权利也越大,义务也越重;越疏远者,则情感也越浅,权利也越小,义务也越轻。而集中体现了这一规定性的,便是所谓"五服"。

"五服"有两种。"国"之五服,是秦以前的一种等级制度,这里暂不讨论,"家"之五服则是古代的一种丧服制度。中国文化有一个特点,就是特重丧葬。原因之一,则又恐怕在于中国文化特重人情。因为在日常生活中,尚且难免"人一走,茶就凉",况于"一去不复返"者?所以,丧葬仪式上,就最能考察一个人有没有"情义",也最能看出生者对死者的感情。但是,世界上没有无缘无故的爱,也没有无缘无故的恨,而血缘的亲疏,无疑应该是诸"缘故"中之最重要者。如果亲者不太悲痛,疏者反倒痛不欲生,岂不是出了问题?因此,中国古代的礼学家们,干脆定出制度,对生者悲痛的程度和服丧的规格,作出明确的规

186 闲话中国人

定,以防闹出乱子来,这就是"五服"①。

五服之中,"斩衰"最重,关系也最亲;"缌麻"最轻,关系也最疏,已远离高祖(五代)。所以,五服虽原本是一种丧服制度,但传统上也用来作血缘关系远近亲疏的标志。出了五服,便不再认为是亲属。即便同姓,也可以通婚。在这里,我们不难看出五服制度明显的不平等性质,即"重男轻女"和"尊长抑幼"。比如夫妻之间、父子之间,照理说亲疏是一样的,但子为父、妻为夫,要服"斩衰",父为子、夫为妻,则只服"齐衰",只有长子去世是个例外。又比如,媳妇为公婆服"齐衰",女婿为岳父岳母却只服"缌麻",岳父岳母的待遇竟与外甥、外孙、女婿同。可见,家之五服和国之五服,意义虽不一样(家之五服是"丧服",国之五服是"臣服"),本质却是相同的,即都是一种"等级制度"。这样,"五服"的功能也就不止于"定亲疏",它还包括"序长幼"

---

① "五服"中最重要的叫"斩衰(cuī)"。凡丧服,上衣叫"衰",下衣叫"裳"。斩衰用最粗的生麻布斩布而制,不缝边。亲属中,子为父,父为长子,嗣子为嗣父,未嫁女为父,妻妾为夫,皆服之(另诸侯为天子、臣为君亦服之,此则视君为父之礼),丧期三年(实则二十五个月)。为父服斩衰的,俗称孝子,还要束"苴"(jū dié),表示悉肠若结;持杖(哭丧棒),表示哀毁骨立;依杖扶持,系绞带,表示饿瘦了腰。民间所谓"披麻戴孝",指的就是斩衰。
　　"齐(zī)衰"次之,用粗熟麻布,缝边整齐。"齐衰"又分四等:父已去世而子为母,母为长子服之,丧期三年;父健在而子为母,夫为妻服之,丧期一年,且持丧杖,叫"齐衰杖期(jī)";孙子孙女为祖父母服之,丧期一年,不持丧杖,叫"齐衰不杖期";为曾祖父母服之,丧期五月。
　　"大功"又次之,用中粗熟麻布,丧期九个月,凡为堂兄弟、未嫁堂姐妹、已嫁姊妹和姑母,又已嫁女为伯叔父、兄弟,为丈夫之祖父母,又公婆为嫡子之妻,皆服之。
　　"小功"再次之,用较细之熟麻布,丧期五个月,凡本宗为曾祖父母、伯叔祖父母、堂叔伯父母,未嫁祖姑、堂姑,已嫁堂姊妹,兄弟妻,从堂兄弟及未嫁从堂姐妹,又外亲为外祖父母、母舅、母姨等,皆服之。
　　"缌麻"最轻,用极细熟麻布,丧期三个月,凡本宗为高祖父母、曾伯叔祖父母,族叔伯父母、族兄弟及未嫁族姊妹,为外孙、外甥、女婿、岳父母等,皆服之。

和"明贵贱"。

长幼与贵贱

如果说,重男轻女是为了"别内外",那么,尊长抑幼则为了"序长幼"。

长幼有序,也是中国文化的一个特色。所谓"长幼",又包括两个方面。一是年龄,二是辈分,其中辈分又比年龄重要。两个人,如果是同辈,或者并非本家,算不清辈分,就靠年龄来排序,叫"叙齿"。如果同宗同族,那就要靠辈分来排序了,叫"排辈"。甚至两个人之间,哪怕只不过有一种"类血缘关系"(比如"同门"),也如此。师父的学弟年龄再小,也是"师叔";后来的学生年龄再大,也是"师弟"。所以,阿Q虽然既穷且乏,却也胆敢以赵秀才的长辈自居。只是因为赵太爷不准他姓赵,他这个"太爷爷"才没能当成。

长幼不同,待遇也不同。比如,称自己的父亲为"家父"、"家严",称自己的母亲为"家母"、"家慈",称自己的兄姊为"家兄"、"家姊",都是"家";称自己的弟妹,则是"舍弟"、"舍妹",侄辈是"舍侄",子女是"犬子"、"小女",均不可替换。较早的时期,弟妹也有称"家"的,但后世通称"舍"。只有长子也可称"家",叫"家督"。可见"家"与"舍",也有尊卑之别。上古时,诸侯封地称"国",大夫封地称"家",庶民没有封地,大约也就只有"舍"。舍,是临时居住的地方(市居曰舍)。"家"为"自家","舍"为"客舍","舍"卑于"家"。故谦称自己的家,便叫"寒舍"、"舍间"、"舍下"、"敝舍",意思是寒酸破敝之极,算不得真正的"家"。但再谦虚,也不能"犯上",拿长辈开涮。父母兄姊是要住在"家"里的,便只好委屈弟弟妹妹住在"寒舍"了。

至于称呼对方的亲属,即一律用"令",如"令尊"、"令堂"、"令媛"、"令郎"。盖"令"有美好义,是一种尊称。既然"尊",则无分长幼,这又是"内外有别"。但称其父母曰"尊"曰"堂",称其子侄则曰"郎"曰"侄",亦仍有"尊长抑幼"的成分在。

其实,"尊长抑幼"的现象,在中国可谓随处可见。比如,称对方为"老张"就比"小张"高一等,"张老"又比"老张"更高一等。在这里,不难看出中西文化的差异。古希腊的神祇,不是"弑父英雄"(如宙斯、雅典娜),便是"青春偶像"(如阿波罗、维纳斯);而中国文化宣扬的,则不是"郭巨埋儿"的惨剧,便是"老莱娱亲"的闹剧。试看中国古代推崇的杰出人物和英雄人物,从成汤文王到秦皇汉武,从周公孔子到关羽包拯,哪一个不被描绘成老成持重、长须飘然的模样?年轻漂亮点的,不是品性不端(如吕布),就是气量狭小(如周瑜),或者拈花惹草,或者惹是生非。诸葛亮出山时不过二十多岁,舞台上的形象也是一嘴长须,就因为中国人一贯认为"嘴上无毛",必定"办事不牢"。因此即便真是"少年英雄",也一定"少年老成",全不见青年血气。也许只有属于神界的孙悟空和哪吒,才多少保留了一点"童心",但也终于被长老们收服,成了"正果"。甚至就连著名的清官海瑞,在处理民事纠纷时,也主张倘若一时难以明辨是非曲直,便"宁屈其子,不屈其父;宁屈其弟,不屈其兄",这正是"尊长抑幼"的观念所使然。

因此,"序长幼"也就是"明贵贱"。明贵贱以序长幼为中心,包括贵父贱子、贵兄贱弟,也包括尊年长者,贱年幼者,如《礼记·乡饮酒礼》云:"六十者坐,五十者立侍,以听政役,所以明尊长也"。就连天子,对于年纪特别大的老臣,也都优宠有加,给予许多特别的待遇,如"赐紫禁城骑马"之类。

但是,"明贵贱"又不止于"序长幼",还包括"贵男贱女"、"贵长贱次"、"贵妻贱妾"、"贵嫡贱庶"等。具体地说,就是同为子女,男孩较女孩为贵;同为男孩,嫡出较庶出为贵;同为嫡出,哥哥较弟弟为贵;同为哥哥,则长子较次子为贵。比如贾环,虽与宝玉是兄弟,但因为"庶出",又是弟弟,便样样不如宝玉,连丫鬟们也看不起他。所以封建社会中又常有"子以母贵"和"母以子贵"的情况。所谓"子以母贵",即生母是正妻,或非正妻中地位较高者(如皇贵妃、皇妃等),则其子也贵。所谓"母以子贵",即是庶子如获得了继承权,则其母虽非正妻,地位也因之升格。比如皇贵妃、皇妃之子继承了皇位,则她们也就是太后,可以与先帝之后平起平坐,叫做"两宫并尊",如清代的慈安太后(同治皇帝嫡母)和慈禧太后(同治皇帝生母)即是。之所以会出现这种情况,是因为正妻不一定生子,长子或独子很可能正是庶出,其母便必因其而贵。

这样算下来,女儿就比较吃亏,而最吃亏的则是庶出之女。不过,女儿虽不"贵",却"娇",称作"娇客"。因为女儿迟早要嫁人,或已嫁人,名分上是"客",便应受到特别尊重、娇贵的待遇。比如《红楼梦》第五十五回写到探春代王熙凤管理家政,平儿教训仆妇们不得怠慢探春,仆妇们便道:"如今主子是娇客,若认真惹恼了,死无葬身之地"。所以在贾母面前,迎春、探春、惜春及黛玉、宝钗一干姐妹都可坦然地坐着,身为长嫂的李纨、凤姐却得站着伺候,这就叫"贵女贱媳"。"姑奶奶"的面子之所以特别大,原因也正在于此。当然,"姑奶奶"面子大,只是在娘家。在婆家,也不过"儿媳妇",除非熬成了"老太太",变成了"老祖宗"。但即便贾府的"老祖宗",见了孙女儿贾元春也得行礼。因为元春已是皇上的人,与老太太有了"君臣之分"。君臣官民,同样有贵贱之别。官贵民贱,君贵臣贱,最尊贵者是皇帝,叫做"至尊"。

夷夏与官民

内外有别,亲疏有差,长幼有序,贵贱有等,就构成了中国古代伦理的全部基础。它们是"家伦理",也是"国伦理",可谓"放之四海而皆准"。——华夏与夷狄的关系即"内外有别",皇室与外戚的关系即"亲疏有差",资深与新进的关系即"长幼有序",官府与民间的关系即"贵贱有等"。差别序等,条理分明,秩序井然,故谓之"伦"。不过,最重要的,也就是两条原则,即"别内外"与"序等差"。

"别内外"是头等重要的,这一条界限必须先予划清。就整个民族国家而言,"别内外"者为"华夷","序等差"者为"官民"。中国文化很早就讲究"华夷之辨"或"夷夏之辨"。正宗的本民族称"华夏"。华,就是光、彩、美;夏,就是大、雅、正。总之,华夏就是"光大美好"之意。周边的异族,名称就不那么好听了,——东曰夷,西曰戎,南曰蛮,北曰狄。"夷"谓"平",也就是必须平定、夷平、夷灭者;"戎"谓"兵",也就是必须用武力征服者,故又通"寇";"蛮"谓"蛇种",故从"虫";"狄"

谓"犬种",故从"犬",轻慢侮辱之意自明（也有认为是图腾崇拜遗风的,这里不讨论）。

　　所以异族之敌,均称作"鬼子",本族之敌则叫"匪"。"匪"即"非",亦即"非正统"。国共两党谈判时,国民党自称"政府方面",称对方则曰"中共方面",其中即已有"官民之别",也算是一种"春秋笔法"吧!一到谈判破裂,立即撕破了脸皮大骂其"匪",但仍不称"鬼子",也就是坚守"华夷之辨"的立场,只辨"官匪",不分"人鬼"。"是人"的"匪",比"不是人"的"鬼",还是要亲近一些。

　　与"匪"相近者为"贼",但贼与匪又不尽相同。一般地说,匪是公开的官方之敌,贼则往往是暗藏的内部敌人,如家贼、工贼、学贼。匪在野故曰"土匪",贼在朝故曰"国贼"。匪多有武装故"放抢",贼多用谋略故"行窃"。所以,匪之于贼,有明暗、朝野、文武之别。此外还有"奸"。奸,有与异方相通之意,故多用于"通敌者",如内奸、汉奸、奸细。奸与贼的共同之处,是"阴"。因此,那些阴险狡滑、阴鸷狠毒的人,也叫"奸贼"。

　　贼也通寇,叫"贼寇"。其实,贼与寇也有区别。贼为个体,寇为团伙（而且是武装团伙）;贼是破坏者,寇是侵略者;贼是暗地下手,寇是公然抢劫。从字形上看,则贼是"以戈毁贝",寇是"入室行凶"。咱们中国是家国一体的。入境即入室。所以但凡入侵者都叫"寇"。寇,有"匪寇",有"敌寇"。无论"匪寇"、"敌寇",都是仇敌,也叫"寇仇"。

　　敌寇和匪寇也有区别。一般地说,敌对而不认同（比如不同阶级、不同民族）为敌,敌对而有所认同（比如同是中国人）则为匪,这就叫"异己为敌,同类为匪"。此外还有"伪"。伪有"假"义,多用于奸而得逞者。又有"逆",逆有"反动"义,多用于"反动派",如"汪逆"、"逆党"。逆反于正,伪反于真,奸反于忠,都有"非正"之意。所以,但凡不合法的政权,无论是匪寇建立或敌寇扶植的,都叫"伪政权"。但又不是一切敌方的军队都叫"伪军"。有叫"敌军"的,有叫"匪军"的,只有汉奸的军队叫"伪军"。

　　汉奸是最为人们所不耻的。"叛徒"也一样。最可耻,也最无好下场。因为敌我双方可以互相转化，或化敌为友，或转败为胜。"鬼子"可以变成"友邦"，"匪徒"可以招安为"官兵"，"贼寇"一旦得势便是"王侯"，惟独"叛逆"永无出头之日。其原由，亦多因"内外有别"故。比如外国兵，原本是鬼子，要来打咱们，也还说得过去。你是自己人，却叛变投敌，帮外人打自己人，算什么东西呢？

　　除过"别内外"，便是"序等差"。比如同是"犯上做乱"，则官为奸臣，民为刁民，此为"官民之别"；同是"行为不轨"，则男为奸夫，女为淫妇，此为"男女之别"，一般都不能互换。盖民为"下愚"，应该"浑浑噩噩"，如不愚，当然是"刁民"而不是"良民"；君为"上智"，自然"天纵聪明"，如不智，则是"昏君"而不是"明君"。至于官们，于公应"清廉"，否则便是"贪官"；于君应"忠诚"，否则便是"奸臣"。所以有"清官"而无"清臣"，有"忠臣"而无"忠官"，盖因身份义务不同，要求评价也就各异。故君不仁，则为"暴君"；官不仁，则为"酷吏"；而一般平民如果残暴，就只能叫"凶顽"。

　　总之，中国语言极为丰富，词语的搭配极重"分寸感"。正是在这细微带差异中，最能见到文化精神。比如抗战时期，日军叫"敌军"，投靠日本人的叫"伪军"，"消极抗战，积极反共"的则叫"顽军"。"顽"原本也叫"匪"（白匪）的。但国共既已合作，就不好这么叫了，改叫"顽"，意谓"顽固派"。如果不顽固坚持反共立场，而是并肩抗战，就叫"友军"。但如果是外国军队（如美军），则叫"盟军"。这既是"内外有别"，又是"等差有序"。因此对外宾的称呼，便有"同志"、"战友"、"胞波"、"兄弟"、"朋友"、"贵宾"等等多种。只有尼克松和基辛格第一次来华时，被称作"客人"。可见同为"老外"，也有亲疏。这固然是"情"之所至，同时也是"礼"所当然。

尺度与统序

　　别内外、定亲疏、序长幼、明贵贱的原则既定，剩下的就是掌握尺度了。

　　这就要排统序。什么是"统"？统就是一脉相承的系统。什么是"序"？序就是亲疏远近的次序。统分正邪（如华夷、官匪），序列大小

（如君臣、父子），"统"决定着"序"。中国传统社会既然是以家庭为本位的，则最重要的"统"就是"血统"，而且是父系的血统。简单一点说，就是祖宗父子。

中国文化特别重"祖"。比如自己家族、氏族、民族的先人叫"祖先"，世世代代叫"祖祖辈辈"。又比如前人的事业叫"祖业"，前人的遗迹叫"祖武"，效法前贤叫"祖述"，而某一事业、学派、宗派、教派、流派的创始人则叫"祖师"。"祖师爷"地位极高，而"欺师灭祖"则是滔天大罪，虽千刀万剐、粉身碎骨亦不足以辞其咎。一些行业、派别的"祖师"，如木工的鲁班，禅宗的达摩，道教的纯阳，都常年接受祭祀，香火不绝。至于天子诸侯之"祖"，祭祀崇拜就更为隆重，而祭祀之处就叫做"庙"。其中，最重要、规格最高的是始祖的庙，叫"祖庙"，又叫"太庙"，又叫"祖"。以祖庙为中心，天子或诸侯率族而居，叫做"国"。祖在，国就在；祖毁，国就灭，叫做"毁庙灭国"。国既因祖而生而存，则自己的国家就叫"祖国"。同理，以祖庙为中心，族长率族而居，叫做"籍"。祖在，籍就在；祖毁，籍就亡，叫做"毁庙灭籍"。籍既因祖而生而存，则自己的籍贯就叫"祖籍"。

仅次于"祖"的是"宗"。宗也是庙，叫"宗庙"。祖是"始庙"，宗是继承者之庙，所以"宗"比"祖"要次一等。如"宗师"就比"祖师"略次。但"宗"的地位仍很高，如宗工、宗匠、宗门、宗藩，又如宗族、宗室、宗派、宗国、宗祠等。祖与宗合起来，就叫"祖宗"，又叫"列祖列宗"。

次于"祖宗"的是"父"。父这个字，许慎的《说文解字》说是"矩"，意谓"家长率教者"；郭沫若《甲骨文字研究》则说是"斧"，意谓"男子持石斧以事操作"。不过依我看，"父"既非教育工具，又非劳动工具，而毋宁说是统治的工具，即"权杖"。也就是说，父亲作为"父"一出现，就是家庭的统治者。他挥舞着权杖君临家族，指挥一切，令行禁止。只要看看"父"与"卐"（法西斯）在造型上何其相似，便不难意会到这一点。事实上，在中国传统社会，"父"都一直是家庭的统治者，而"类家庭"的群体中，统治者和领导者也都被称作"父"，如君父、国父、师父、神父等。

次于"父"的是"嫡长子"。所谓"嫡",指"正妻"。正妻之子,为"嫡子";嫡子中最长者,为"嫡长子",也简称"嫡子"、"嫡"。在宗法社会中,嫡长子地位最高。嫡长子死亡,连其父也要为之服"斩衰",也是五服中惟一长幼颠倒的特例。因为只有嫡长子,才是家族、宗族的惟一法定继承人,是家族、宗族一脉相承的血统所系,所以非同一般。始祖嫡传长房为大宗,大宗的嫡长子为"宗子"。宗子对于本宗是家长,对于旁支小宗是族长,有权继承始祖爵位,主持始祖庙的祭祀。因此嫡长子代表的是血统之"正本",叫"正宗"、"正统",又叫"嫡传"、"嫡系"。在中国的"类家庭"社会组织中,"嫡传"被看作最正宗的传统,"嫡系"则被看作最可靠的系统。

祖、宗、父、嫡长子,一脉相承,维系的就是"血统"。血统之所以如此重要,就因为它是"伦",而家庭的建立,原本是为了防止"乱伦"。按"家"字从"宀"从"豕"。宀,如前所述,是一种东西南北交覆,有堂有室的"深屋"。豕,当然就是猪。不过,"家"中之"豕",不是所有的猪,而是公猪,文雅的说法叫"牡豕",又叫"豭"。"豭"与"家"完全同音。所以,"家"就是"豭",也就是"公猪",或"关进深屋的公猪"。这只公猪关进深屋干什么呢?当然不是为了圈养,而是为了防止乱伦。因为公猪性淫,只有关进深屋才不会"乱来"。所以,"关进深屋的公猪"——"家",也就成了防止乱伦的符号和象征。

关进深屋的既然是公猪,则所谓"伦",也就首先是父系的血统。这样,当"伦"变成了伦理、道德,继而变成了"齐家治国"的方略时,血统,也包括类似于血统的其他什么"统",——皇统、学统、道统、传统,也就成了"别内外、定亲疏、序长幼、明贵贱"的准绳。以父系为绪统,是"别内外";以嫡子为传人,是"定亲疏";立嫡以长,是"序长幼";而强调嫡传,则是为了"明贵贱"。统序既定,尺度自明。比如嫡系部队的装备就要比杂牌军的好得多,正统也要比异端吃得开。

难怪无论官匪,都要以"正宗嫡传"相标榜,不肯承认自己是"旁门左道"了。比如宋江打王庆时,王庆便骂宋江是"水洼草寇",宋江则骂王庆是"谋反狂贼",双方都大言不惭理直气壮地以"正统"自居,可见他们都自觉不自觉地站到了官方的立场上,尽管在真正"正宗"的官方看来,他们都是"贼",是"贼喊捉贼"。但无论宋江,还是王庆,都不会认这笔账。他们必须把自己说成是"正统嫡传"。因为谁都明白,越是正统就越高贵,越是嫡传就越显赫。家如此,国亦然。

三 泛 伦 理

血统与血缘

的确,明贵贱,要算作是血统在社会生活中最重要也最现实的功能。具体地说,就是"龙生龙,凤生凤,老鼠生儿打地洞"。血统高贵的,其人也高贵;血统卑贱的,其人也卑贱。可见,单有血统还不行,还要血统好。一要高贵,否则便是"贱种";二要优秀,否则便是"孬种";三要纯正,否则便是"杂种";四要清白,否则便是"野种"。"野种"和"杂种",在中国是骂人的话,而且极刻毒,因为被骂的已不限于本人,而是延及祖宗,株连九族,所以非回骂"操你祖宗八代"不可。

于是,一个人要想使自己显得高贵一点,就不能不把自己的血统弄得高贵起来。比如曹操,是宦官曹腾养子曹嵩的儿子,在当时实在要算作"出身不好"的,于是自作《家传》,宣称是曹叔振铎之后。其实曹家先前再阔,与干儿子的儿子又有什么关系?何况追溯得越远,自然越不可信。刘备就滑头得多,仅仅自称是汉中山靖王之后。年代不远,相对可靠,又与当今皇上沾亲带故,便一下子飞黄腾达了起来。

可惜,并不是所有人都可以这样攀龙附凤的。比如我们姓易的,祖上就没出过什么显赫的人物。述起家史来,实在是乏善可陈。我太太姓李,历史上倒是出过皇帝,但姓李之人何其多也,大家都说是李世民的嫡传,只怕也不好落实政策。

这就要想办法。

办法也是有的,那就是"结缘"。说得直白一点,就是娶个血统高贵的老婆,或者嫁个血统高贵的丈夫。

这也是顶用的。因为我们通常所谓"血缘关系",实际上是以经纬两条线索交织而成的人际关系网络。"经"即父系的"血统","纬"即母系的"血缘"。辞书上往往把血统和血缘混为一谈,其实不然。统,是纵向的;缘,是横向的。统,指"一脉相承",所以只有父子、祖孙,才叫"血统"。缘,有边沿、缠绕、攀援、牵连、顺沿、凭借等义,算是"拉扯"来的,所以"缘"低于"统"。比如父子祖孙,是血统关系;兄弟姐妹、堂兄弟姐妹、族兄弟姐妹,是同一血统的血缘关系;表兄弟姐妹,则是不同血统的血缘关系。至于姑嫂连襟,就连"血缘"关系都没有了。所以父子亲于兄弟,堂兄弟亲于表兄弟,表兄弟亲于姑嫂连襟。"统缘"之别,也就是"亲疏"之别。

血统与血缘,虽有亲疏、内外、纵横之别,却并不意味着血缘就不重要。相反,因为同一血统的人不能婚配,则家庭要建立,家族要扩展,种族要延续,就非到血统以外的家庭、家族那里去结"缘"不可,这就叫"姻缘"。"姻"即"因",即"因而成亲",又叫"婚姻"。细说一点,则男子娶妻曰"婚",女子嫁夫曰"姻"。故妻之父为"婚",夫之父为"姻",相互间的关系就叫"婚姻"。之所以叫"姻亲"、"姻缘",而不叫"婚亲"、"婚缘",是因为只有通过女方才能"结缘"(故婚姻二字皆从女)。这些姻缘显然又要造就许多新的血缘和亲缘。这些新的血缘和亲缘,又要到别的血统那里去"结缘"。这样一来,由家庭而家族,由家族而氏族,由氏族而民族,也就终至"四海之内皆兄弟"了。

可见,所谓"亲"实际上有两种,一种是有血缘关系的,叫"血亲";一种是没有血缘关系的,叫"姻亲"。姻亲虽然不如血亲,但好歹也是"亲"。何况,非血亲之亲,无论人数、种类,都比血亲多。比如同辈血亲,无非兄弟姐妹。就算加上堂兄弟姐妹、表兄弟姐妹、族兄弟姐妹,也还是兄弟姐妹。姻亲的名堂就多了。连襟、妯娌、姑嫂、郎舅,五花八门。称谓也多,嫂子、弟妹、姐夫、妹夫、小叔子、小姑子、小舅子、小姨子,不一而足。几乎没有哪个民族像我们这样分得那么细。这些都是为了"别内外,定亲疏"。但既然有亲有疏,就说明并不局限于小范围内,可以泛。

亲可以泛,则情也可以泛。什么是亲?亲的本义是"感情深厚关系密切"。所谓亲情亲情,就是说情由亲生,亲由情定,一泛俱泛。这样,一个道德的人,就可以由亲爱亲人而至仁爱民众,又由仁爱民众而至爱惜万物,这就叫"亲亲而仁民,仁民而爱物",是一个君子所应达到的道德境界。

不过,亲则亲矣,爱则爱矣,还是要有分寸、差等。对于亲人,是"亲爱";对于人民,是"仁爱";对于庶众,是"泛爱";对于万物,是"怜爱"。这里显然有多寡,有浓淡,有厚薄。其标准,则主要取决于血缘。血缘越近,爱也越浓厚,越特别;血缘越远,爱也越淡薄,越一般。但不管怎么说,还是可以泛。

亲缘可以泛化,则情感也可以泛化。情感可以泛化,则伦理也可以泛化。因为中国传统的伦理道德,原本就源自家庭。所谓"三纲五常",便三纲中有两纲是讲家庭关系的(父为子纲,夫为妻纲),五常中则有三个原属家庭(父子、夫妇、兄弟)。又比如"天地君亲师",也如此。因为天地君师都视同父母,核心其实是"亲"。这样,中国文化以家庭为本位,就不仅是"家单位"、"家天下",而且是"家伦理"。

家伦理

所谓"家伦理",就是把处理家庭内部人际关系的伦理道德观念,看作"放之四海而皆准"的准则,作为个人和国家的"立身之本"和"立国之本"。比如家庭伦理的准则"父慈,子孝;兄爱,弟敬;夫和,妻柔;姑慈,妇听",用之于国,即为"君令臣恭",用之于友,则无妨照搬"兄爱弟敬"。因为民族不过家族的放大,朝廷不过家庭的升格,君臣不过父子的变相,朋友不过兄弟的延伸。因此所谓"家国一体",也就不但表现为模式上的"同构",也表现为机制上的"同律"。也就是说,"齐家"也好,"治国"也罢,其机制都是伦理道德,只不过前者叫"纲常",后者叫"纲纪"。但仔细考察一下,便不难发现它们也没有太大的区别。"君为臣纲"与"父为子纲,夫为妻纲"道理都一样,而"仁义礼智信",则是家国通用的。这也不奇怪。国既以家为模式,家又不可再分割为个人,当然也就既不可能有"国伦理",也不可能有"个人伦理",而只能有"家伦理"。事实上,在中国人看来,一个人如果不爱自己的家,便很难设想他会爱国;如果不能为自己的家尽义务做奉献,便很难设想他会为国尽义务做奉献;如果不能治理好自己的家,便很难设想他能治国,这就叫"家齐而后国治"。或者说,"国之本在家"。

所谓"国之本在家",其实也就是"道德之本在家"。

首先,家庭是伦理道德的培养基地。对于任何民族的个人而言,家庭差不多都是他的第一所学校,母亲差不多都是他的第一位老师。知识教育、道德教育和审美教育,都从这里启蒙。但是,中国人的所谓"家教",却几乎约定俗成地专指道德教育。比如,当我们指斥某人"没有家教"或"家教不严"时,一定是这人在"做人",在讲礼貌懂规矩方面出了问题,而决不会是因为他没有知识或不会审美。事实上,中国的传统家庭教育也确实是把伦理道德教育放在第一位的。儿童最先学会的词汇是称呼父母,而接受最多的文化指令是"听话"。尊重父母则"孝",听话则"顺"。孝生敬,顺生服。孝敬顺服,是中国全部传统道德的根基。由"孝于父母",而"友于兄弟",而"和于夫妇",而"忠于君王",而"尊于师长",而"信于朋友",一套伦理道德系统,就这样建立起来。

童年的记忆是根深蒂固的。它可能会变成一种"文化无意识"而积淀到心理深层,成为一个人日常行为的文化指令。比方说,一个从小就"孝悌"的人,在社会上就很可能"尊老爱幼";一个从小就"听话"的人,在单位上也很可能"遵纪守法"。在家为"孝子",在乡为"顺民",在国则便必为"忠臣"。道理很简单:如果对事实上的父亲尚且不能尽"孝",那又何以让人相信他会对名义和礼仪上的父亲(君王)尽"忠"呢? 这就叫"忠臣出于孝子之门"。因此,正统的君王和朝臣,对于那些不能尽"孝道"的官吏,是很难给予真正信任的。甚至在制度上,也作出了相应的规定,即一应在位官吏,无论职位高低,如遭父母之丧,必须去官回乡,在家守孝三年,叫做"丁忧"。只有在极为特殊的情况下,国君才可以令其移孝尽忠,戴孝就职,叫做"夺情"。

家庭不但是伦理道德的培养基地,也是伦理道德的主要实践场所。传统社会中的中国人,无论外出做官,还是外出做事,机会都不很多。所以他们学习的伦理道德规范,主要地还是用于家庭,正所谓"学之于家,习之于家,得之于家,用之于家",因此是"家伦理"。更重要的是,"家伦理"都往往不是什么大道理、大教条,不是空话和套话,而是实实在在可见可闻可模仿可操作的具体规范。比方说,"出必告,返必面"就是。小孩子出去,一定要告诉父母一声;回来了,也一定要去打个照面。这很现实,很具体,很好学,也很容易做到,但意义并不因此就很小,实际上是在培养一种设身处地替他人着想的道德精神。因为苟不如此,便会无端的让父母担忧。这种只顾自己的行为,对父母是不孝,对他人就是不仁,因此必须予以纠正。

相反,一个有"家教"的人,便不会因为这种小小的疏忽而给他人带来不便。他到外面做事,到朝廷做官,也一定会懂得事先请示,事后汇报,事中通气,从而深得领导和同事们的嘉许。可见此事虽小,作用却大,意义也很深远,所以既是小事,又是大事。说它"大",是因为善之为善,本无大小。聚沙可以成塔,集腋可以成裘,而千里之堤,溃于蚁穴。故云"勿以善小而不为,勿以恶小而为之"。说它"小",是指易行而言,不是"挟泰山而越北海",力不能及。力所能及又意义重大的事,有什么理由不做呢?

由此可见,家庭,实在是实践伦理道德的极佳场所。一个人,如果在自己家里受到了良好的教育和锻炼,那么,无论他到社会上担任什么"角色",都不会"失德"或"失礼"。因为"礼"的仪文虽家国不一,内在精神却是一以贯之的。对父母孝顺的,对君王就忠诚;对兄长敬重的,对长官就恭敬;对子弟慈爱的,对下属、民众就仁和。这就叫"君子不出家而成教于国"。家之重要,实已毋庸置疑。

泛伦理

泛血缘加上家伦理,其结果必然是"泛伦理"。

所谓"泛伦理",就是把原本并非伦理的关系(比如人与自然的认识关系和审美关系),也看作伦理关系,或者把政治问题、法律问题、教育问题、科学问题、宗教问题、艺术问题甚至经济问题,都转化为伦理问题,形成一种"伦理中心论"或"泛伦理主义"。

　　随便举个例。比如"讲卫生"，原本是一个科学问题，因为不讲卫生有害于健康。但在中国，却是一个道德问题，叫"不讲卫生可耻"。其实，只有不讲公共卫生才是可耻的，因为那意味着没有公德心。至于一个人，自己在家里，饭前不洗手，睡前不刷牙，虽然不卫生，却不知"耻"从何来？又比如，大粪是臭的还是香的？依照纯科学的观点，当然是臭的。但依照泛伦理的观点，则如果你站在劳动人民的立场，有了劳动人民的思想感情，便会觉得大粪不臭了。连感觉知觉这种生理心理现象尚且也要伦理化，焉问其他？

　　伦理如此泛滥，则中国传统政治的一个显著特点，便总是要把政治斗争说成是道德斗争，把政治问题说成是道德问题。比如，初唐时徐敬业的讨伐武则天，明明是统治阶级内部的政治斗争，但骆宾王为徐敬业起草的《檄文》，罗列出来的武氏罪状，却几乎全是道德问题。作为政敌的武则天，被描绘成一个"头上长疮，脚下流脓"，十恶不赦，里里外外都坏透了的"坏人"。

　　这种对政敌进行道德谴责和人身攻击的手法，几乎是中国历代政治斗争的"通则"。这个传统至少在成汤讨伐夏桀、武王讨伐殷纣时就已经形成了，直到"文化大革命"中仍屡试不爽。同理，如果要在政治上肯定和拔高某人，也一定要先把他描绘成高风亮节的道德楷模，甚至是不食人间烟火的超凡神圣，而且往往要追溯到童年时期的家教，如"孟母择邻"之类。结果就出现了这样的现象：某个人，政治上得势时，公众一直被告知，他是一个廉洁奉公、忧国爱民、虚怀若谷的道德家，一旦倒台，却又忽然间被揭发出"大量""骇人听闻"的腐化堕落和残害忠良的事实，并由此证明他原不过是"伪君子"。政治野心家、阴谋家是伪君子，这并不奇怪，但他的道德败坏既然有"大量事实"为证，却非得在倒台后的一夜之间才被揭露出来，却总让人觉得不可思议。

　　因此，我们实应进行三个方面的"正本清源"。第一，应把道德和法区分开来。道德和法有关系，但并不同一。犯法的人，并不一定道德败坏；守法的人，也并不一定道德高尚。以道德代法制，只能弄得道德与法都不健全。第二,应把政治与道德区分开来。政治是一种"立场",道德是一种"品质"。立场表现为"态度",品质表现为"行为"。态度好不等于行为佳,立场对不等于品质优。站在敌对立场上的人,并不都品质恶劣;而同一阵营中人,也可能背后开枪。千万不要以为某某人在政治上拥护你,就一定是"有德君子",可以放心依靠。第三,应把一般共同道德和特殊职业道德区分开来。有些道德品质,是作为一个"人"所必须具备的;倘无,则"不是人"。有些道德品质,则是一定岗位上的人必须具备的;倘无,则应掉换岗位。比如军人应该勇敢坚毅,懦弱的人就不能当将军;学者应该热爱真理实事求是,见风使舵、卖论求官的人,就应该从学术界开除出去。至于他们生活上是否艰苦朴素,或是否有"暧昧"的男女关系,其实不应苛求。

对人如此,对政府也如此。一个好的政府,当然应该科学、民主、清廉。但是,三者之间分量却并不应该一样。在我看来,科学应重于民主,而民主又应重于清廉,而且所谓"清廉",也只能是不贪污,不以权谋私,而不是过苦日子。可惜,中国人普遍的心理,却是更看重清廉。只要"清",就是好官。至于他的作风是否民主,决策是否科学,则不大注意。其实,"清官"不一定就是"能员","有德"不一定就能"治国"。比如南朝梁武帝萧衍,五更即起床办事,手冻得开裂也不停笔,算是"勤劳";一顶帽子戴三年,一条被子盖两年,一天只吃一顿菜羹粗米饭,算是"节俭";礼贤下士,连对宫内阉宦都礼若贵宾,算是"谦恭";民众犯了重罪,他涕泣,士族犯了重罪一律赦免,算是"慈爱"。但在他的统治下,国政混乱,民不聊生。他的政治举措,更是荒唐背谬,最后引来"侯景之乱",自取灭亡。相比较而言,他的吃糙米穿布衣,又算得上什么"功德"?

伦理道德无疑是重要的,但也不是万能的。世界上没有万能的东西,再好的东西也不能泛滥。"泛伦理"的结果是"乱伦","惟道德"的结果是"失德"。如果什么都是伦理(泛伦理),就没有伦理了;如果只剩下道德(惟道德),就没有道德了。这就是历史的辩证法。

四 官 本 位

探源

以"家单位"为基础,"家天下"为模式,"家伦理"为机制,这就是"家本位"。不过,社会制度的建立基础是家庭,社会价值的计算标准却不是家庭,也不可能是家庭,而是官位、官职和官衔,这就是"官本位"。

官本位是随处可见的。比方说,开会的时候,官大的人坐台上、坐前排、坐中间,官小的人坐后排、坐两边,不够级别或没有官衔的人坐下面。这时,一个人的气质、风度、才华、能力等等是不予考虑的。说话时,官大的叫"指示",官小的叫"讲话",没有官衔的叫"发言"。这时,他们讲的内容如何,是否真有学问和见解,或者是否真有意义和价值,也同样是不予考虑的。似乎只要"官"大,就一定本事大、学问多、眼界高、见解独到深刻。甚至一些学术单位,在考核业绩评定职称时,也以论文发表单位的行政级别来衡量其价值。国家级刊物发表的,得分就高;地方级刊物发表的,得分就低,可见,官,确实是社会价值的计算标准。

官本位的思想,也是老早就有了的。早在西周大封建时,便已确立了以爵位的高低来规定诸侯国大小的原则。比如宋国公爵,晋国侯爵,曹国伯爵,莒国子爵,许国男爵。它们的国君在官方正式的史书(如《春秋》)上,便分别被称为"宋公"、"晋侯"、"曹伯"、"莒子"、"许男",各自的爵位都毫不含糊。这时,他们的国力是否雄厚,他们自己是否有领导能力和领袖风采,也是不予考虑的。至于楚国,因为是"荆蛮",血统不够高贵,来历也不明白,所以其国君只能称作"子"。其实楚君早已称王,国力也相当雄厚,但按照官本位的逻辑,他也只能是"子"。尽管"官"比他"大"的某些公、侯、伯们(如鲁公、宋公、曹伯、滑伯、滕侯、杞侯等)见了他,不要说"子",只怕连"孙子"都不如,但在官方的史书上,楚王也仍然是"子"。

民间版画《满床笏》表现了中国人的"官本位"思想。

官为什么会成为本位呢？就因为中国传统社会是一个等级社会，中国传统伦理是一种等级伦理。内外、亲疏、长幼、贵贱，都是等差，也都是级别，纵横交错，不胜其烦，很需要有一个简单明确一目了然的统一标准。那么，用什么来做标准呢？用"君"是不行的。君又贵又少，再说也没人敢攀比。用"民"也是不行的。民又贱又多，简直不成标准。只有"官"最合适。官，于君是臣子，于民是父母，人数不多不少，地位不高不低，而且序列分明等级森严，承担这一任务，也就责无旁贷，当之无愧。所以，中国不会有"君本位"，也不会有"民本位"，而只会有"官本位"。

官成为本位，还因为"公私不分"。既然无分"公私"，便只好或代之以"内外"，或代之以"官民"。官，不仅意谓着"正式"，也意谓着"高级"。比如学名叫"官名"，普通话叫"官话"，官道也就是"高等级公路"，而高级舱位就叫"官舱"。因为"官方"也就是"公家"。依照群体意识，"公家"总比"私人"好，当然要用"官"来作"本位"。

官一旦成为本位，成为身份地位的标志，则无论与官有关无关，也要千方百计地扯上瓜葛，自己给自己"加官晋爵"。比如妻子要讨好丈夫，便称其为"官人"；店伙要讨好顾客，便称其为"客官"。同理，在日常社会交往中，但凡对方有所职司，也一定要把它当作"官衔"来称呼，以示尊敬。比如"张会计"、"李出纳"、"王过磅"、"刘记账"之类，真是不伦不类。最有意思的是狱中犯人对守卫战士的称呼，唤作"班长"。盖因班长兵头将尾，介乎官兵之间。将战士唤作班长，就既可尊其为官，又不违背事实，真真妙不可言。

官衔既然如此重要，只要有条件，人们也就都想"弄个师长旅长当当"。所以，明明是学术职衔，也要换算成行政级别，比如相当于正厅或副处。单位也一样。级别高，单位就"大"；级别低，单位就"小"。不过，这里的"大小"，并无关乎职工人数、占地面积、经费设备和房屋车辆，而主要是指"行政级别"，所以叫"官本位"。如科级局、县级市、地师级企业等。甚至连"出家人"也不能免俗，据说也评定了"处级和尚"、"科级尼姑"云。

官与级

显然,所谓"官本位",其实就是"等级本位"。

不过,官这玩意,原本可不是"级"。它的意义,是职责和功能。实际上,许多官位就正是从职司任务转变过来的。比如尚书是主管文书,巡抚是巡查抚慰等等。于是,便既有"有官无级"者(如钦差大臣),又有"有级无官"者(如袭封诰命),还有看不出级别者(如主任委员)。这就要小心。比如孙悟空就上过一两回当。这位老兄,在花果山上,占山为王,自在逍遥,原本呆得好好的,一听说玉皇大帝要给他官做,便立马上天受封,还一本正经去上任,并兴冲冲地问御马监的同僚,这"弼马温"是个几品官儿。听得同僚如实答曰"未入流",便勃然大怒,反下天廷,并开出价钱,要当"齐天大圣"。大圣且与天齐,面子够大的了,可惜还是不灵。原来虽有"头衔",却并未"列级",王母娘娘蟠桃大会的嘉宾名单里,就没有他的一席地位。于是又闹,直闹得不可开交不可收拾,最后被如来佛祖压到五行山下才算了事。可见"级别"这玩意是何等重要。"齐天大圣"尚且不能没有级别,我等下界凡人,要为自己和自己单位争"级",也就不足为奇。

级别之所以如此重要,就因为它不仅意味着地位的高低和面子的大小,而且意味着待遇的高低和实惠的多少。在中国传统社会,对于什么级别享受什么待遇,历来有极其严格的规定。明制规定七品官不能骑马只能骑驴,结果弄得派出去"代天巡狩"的巡按们都十分狼狈。因为巡按向以监察御史充任,品级不过正七品,而被监察的对象,一省的按察使、都指挥使正二品,布政使从二品,知府正四品,知州从五品,只有县太爷与之"平起平坐",也是个"七品芝麻官"。但御史是朝廷所遣,巡按一方,官不大,权不小,与三司(布政使、按察使、都指挥使)同城理事。三司骑高头大马,巡按跨矮脚小驴,实在有失观瞻,不成体统,后来只好特旨准骑驿马(仍无"专车")。由此可见,"级别"实在比"官衔"更重要。

级别不仅意谓着"贵贱",而且意谓着"亲疏"。所以西周大封建时,就不但定出了公、侯、伯、子、男五等"爵",还进一步肯定了商制的甸、侯、绥、要(yāo)、荒五等"服"。京畿五百里内,是天子近邻,治田以服事天子,所以叫"甸服"。甸外五百里,是天子拱卫,有保卫王室的义务,所以叫"侯服",又叫"卫服"。侯外五百里,是天子之所安抚者,相当于宾客,所以叫"绥服",又叫"宾服"。绥外五百里,是与天子有盟约者,实际已非臣属,而是缔约国,所以叫"要服"。要外五百里及其以上,已是天荒地远,天子鞭长莫及,只要名义上象征性地承认周王为天下共主即可,所以叫"荒服"。甸服者须供应每天的祭品,侯服者供应每月祭品,绥服者供应四季的祭品,要服者每年纳贡一次,荒服者一生朝见一次也就可以了。这就叫"日祭、月祀、时享、岁贡、终王"。可见越远也就越疏,义务也就越少,当然人情也就越淡薄。

爵明贵贱,服定亲疏,爵明待遇,服定义务,这就从纵横两个方面,建立起一个立体结构的等级制度,而后代的官僚体制,则不过是等级制度的集中体现罢了。官越大,地位越高,待遇越优厚,与天子也越亲近。首相元辅,三公九卿,军机大臣,六部尚书,或官居极品,或近在君侧,自然为世人所仰慕。总督巡抚,位在封疆,在地方上固然威风八面,在"圣上"面前也极有面子,可以专折言事,甚至弹劾京官。至于知州知县,则不过风尘小吏,在本州本县是"太爷",进了京便是"孙子"。甚至詹事科道,虽是京官,但官卑职小,人微言轻,也难得一睹天颜。可见官与级,大体一致。级别这玩意,既是面子,又是实惠,既是贵贱,又是亲疏,则谁人不想,哪个不争?

告别官本位

那么官本位,或者说等级本位,好不好? 不好,很不好。

前面说过,所谓"本位"就是价值标准。以什么为本位,亦即以什么为价值标准。我们评价一个人,一件事,一个对象,在一定的范围内,都只能有一个标准。比如在认识领域,这个标准就是科学,或者说真理;而实践,则是检验真理的惟一标准。又比如,认定一个人有罪还是无罪,罪大还是罪小,该重判还是轻判,也只能有一个标准,即法律。可是,"官本位"却要来插一脚,结果就变成了双重标准。比如,认定一个人有罪无罪时,还要看他是官不是官,或官们有什么看法和意见,则法庭也就很难公正,法制也就很难健全。更糟糕的是,"官本位"还可能取代应有的标准。比如一个决策或一种理论,已被实践证明是不科学的,但因为是一个大官作出或提出的,就仍要说它正确,还要硬着头皮干下去,则其对于国计民生的危害,也就不言而喻。实际上,"官"一旦成为"本位",则天底下也就只剩下一个标准,即:是官是民和官大官小。比如官与民意见分歧,则必是官对民错。如果一个更大的官出来否决了那个小官的意见,这个小官也只好自认倒霉。从前,许多案子之所以要"告御状",请皇上老爷子来最后仲裁,道理就在这里。在这样的情况下,什么科学、民主、法制,什么真理面前人人平等,法律面前人人平等,是根本谈不上的。

其实,"官本位"不但害民,也害官。而且,既害小官,也害大官。因为依照"官本位"的逻辑,小官总是没有大官英明正确,也就总是难免要"犯错误"。那么,小官们又有什么积极性和主动性呢?没有。他们只有混,或琢磨着如何往上爬。结果,有能力的也会变得没能力,或正派人也会变得不正派。那么,大官们一贯正确,岂非很好?不好。因为这样一来,便等于把所有的责任都揽到自己身上来了。结果,明明是下面的错误,但因为是在你"英明领导"下发生的,当然由你负责。而官们尤其是大官,是不应该犯错误的。于是,一个大官,如果不幸在政治斗争中落了下风,就很可能成为一切错误的替罪羊。

当然,真正受害的,还是国家和民族。我们知道,国家的强盛,民族的兴旺,社会的进步,取决于科学的进步,政治的昌明,道德的完善,法制的健全。说到底,取决于全民族的素质。然而,"官本位"造就什么呢?它造就的是思想的平庸,政治的腐败,道德的堕落,法制的破坏,以及全民族素质的低下。为什么会这样?因为价值体系被破坏、被搞乱了。试想,一个人,只要当了官,便当然地拥有真理,就当然地有学问,有水平,还有什么科学可言?又有谁愿意吃力不讨好地去从事科学研究?反正真理都在官们那里,只要鹦鹉学舌地跟着念文件、喊口号就行了。久而久之,自然是思想平庸,思维迟钝,灵感枯竭。同样,既然什么都是当官的说了算,还要民主干什么?没有了民主决策和民主监督,自然是政治越来越黑暗,越来越腐败。想不黑暗、不腐败也是不行的。因为"本位"与"官位"已成一体,保住和提升官位已成为惟一追求和目的,哪里还顾得上别的? 为了保住和提升官位,开始可能会言不由衷,慢慢地就会口是心非甚至口蜜腹剑;开始可能只不过文过饰非,慢慢地就会谎报军情甚至制造谣言;开始可能仅仅是争风吃醋,慢慢地就会争权夺利、卖友求荣、尔虞我诈、相互倾轧、落井下石、借刀杀人、为打击政敌往上爬而无所不用其极,则道德的堕落也就成了题中应有之意。至于法制的建设,也是根本谈不上的。在"官本位"的体制下,"刑不上大夫,礼不下庶人",有什么法可言? 既无法制,又无道德,剩下的也就只有权术和阴谋。一个只有权术和阴谋的社会,是不会有真善美的。没有了真善美,则全民族素质的提高,也就是一句空话。

无疑,这只是"极而言之",并非说现实就是如此,也不等于说以后我们就不要"官"了。为了管理好国家和社会,"官"总是必不可少的,只是不要成为"本位"。一个现代社会的官员,只能是"公务员"。什么是"公务员"? 就是执行公务的人员。这个公务是公众委托他去执行的,因此应以公众的利益和意志为本位,而不是以自己的官衔为本位,否则就是本末倒置。公务员当然也要有权力,但这权力是公众赋予他的,而且是公众赋予他执行公务的。因此,只有当他执行公务,而且是代表着公众利益和意志执行公务时,才有此权力。除此之外,他不应有任何"特权"。也就是说,官与民,公务员与非公务员,作为个人,在人格上是平等的,在权力和义务上也是平等的。平等,才有民主和法制;平等,才有科学与道德。显然,要做到这些,就必须废除"官本位"。

第七章　婚恋

一　无爱的婚姻

无爱之婚

家庭的基础是婚姻。

婚姻在中国被称为大事。中国人的大事并不多。在国,无非"祀"与"戎";在家,则无非"婚"与"丧"。相比较而言,"婚"又比"丧"重要一点。因为两性的结合,家庭的建立,血统的延续,血缘的扩展,都自婚姻始;一个人的正式成人,也自婚姻始。所以是大事,而且是"终身大事"。

然而,这个"终身大事",与那两个定了"终身"的人,又好像没有什么关系。

首先,一个人结不结婚,什么时候结婚,和什么人结婚,都不归自己决定,也不由自己选择。一般情况是媒人替男女当事人找好"对象",父母觉得挺合意,也就拍板成交。有的也会象征性地征求一下子女的意见,但得到的回答多半是"全凭爹爹作主"之类,父母也就眉开眼笑,夸他们是"好孩子"。于是"终身大事"便这样定下来。总之,媒人替父母做选择,父母替子女作决定,没当事人什么事。

接下来便是一系列庄重、认真、严谨、烦琐的仪节:纳采、问名、纳吉、纳征、择吉、亲迎。既然选择和决定都是别人做的,这些程序自然也无劳当事人自己费心,一切都有别人来操办。自己要做的,只有最后几道程序:上花轿,迎新娘、拜天地、入洞房。这事别人代替不了,只好由当事人自己来做。但即便是自己做,也不过一如提线木偶,规行矩步行礼如仪而已。这就不禁让人怀疑:结婚,到底是谁的事?

事实上,在中国传统社会,结婚从来就不是双方当事人的事,而是他们双方家族的事。用《礼记》上的话讲,就是"合二姓之好,上以事宗庙,下以继后代"。也就是说,结婚的目的无非两条,一是为两个异性家族缔结"亲缘",二是为男方家族承继"血统",即"结缘"与"继统"。结缘也好,继统也好,都是家族的事,而非个人的事。既然并非个人的事,则当事人也就可以不必操心,不必过问,只须完全依照"父母之命、媒妁之言"去例行公事、坐享其成即可。

这样的婚姻,当然是无爱的婚姻。

所谓"无爱的婚姻",并不是说中国传统社会中的夫妻都是没有感情的。事实上,一只猫,一条狗,在家里养久了,尚且有感情,况乎"一日夫妻百日恩"? 自然多少有些。问题在于,这种感情很难说就是爱情,正如我们很难说猫狗"恋家"就是"爱人"一样。何况即便有,也不是夫妻生活中最重要的内容。因为它不是婚姻的目的,自然也不是婚姻成立和维持的原因。比如梁山伯与祝英台两情相悦,却不能结合;焦仲卿与刘兰芝夫妻恩爱,却又必须离异。

关于离婚,中国古代有准予离婚的"七出"和不准离婚的"三不出"两种规定。所谓"七出"是:凡无子、淫佚、不事舅姑、口舌、盗窃、妒忌、恶疾,均可休妻。所谓"三不出"是:凡有所娶无所归、与更三年丧、前贫贱后富贵者,均不得休妻。无论七出三不出,没有一条是关于爱情的。而且在事实上,休妻的理由往往不成其为理由。比如孔子的学生曾参,仅仅因为妻子做了一次夹生饭,便把她休了。可见婚姻与爱情无关。

　　总之,中国传统社会的婚姻,目的是十分明确的。一是尽义务,即"男大当婚,女大当嫁";二是结亲缘,即"合二姓之好";三是继血统,即"生儿育女";四是过日子,即"男人无妻家无主,女人无夫房无梁"。一男一女两个人,是否有爱情,甚至是否曾相识,都是不要紧的。只要门当户对,有媒有保,便可结合;只要结合以后,能够互帮互靠,团结协助,共建家业,就算是模范家庭了。即便不模范,能凑合着过,不打得头破血流,也行。至于爱情什么的,则闻所未闻。再说,爱情又不能当饭吃,要它做甚? 反正无论对于社会也好,还是对于个人也好,头等重要的是女的得嫁得出去,男的不打光棍;其次是结婚以后"过不过得下去",而不是"爱不爱得起来"。

　　无性之恋

　　这样的婚姻,不但无爱,也无性。

　　当然,正如所谓"无爱之婚"并不等于夫妻之间没有感情,"无性之恋"也不等于夫妻之间没有性生活,只不过目的不在性,而在生育,至少要被说成是生育。比如一个当母亲的催儿子早早结婚,其理由往往是"想抱孙子";而"宜男之相",则多半是媒人对其推销对象最好的包装和说词。甚至一些人纳妾的借口也是老婆不生儿子。总之,在中国传统社会,性的需要是不能公开的。即便有,也要打着生育的旗号才能合法化。

　　事实上,许多人的夫妻生活也确实是无性的,既无事前的性吸引,也无事后的性快感,有的只是例行公事或一泄其欲,甚至与强奸或手淫没有多少区别。中国的传统婚姻中,究竟有多少对夫妻真正享受到"性快感",这恐怕是谁也说不清的事,因为不可能有这方面的统计数字。况且,即使打听到什么,也无可如何。因为婚姻既只关乎生育而无关乎性,则"性生活不和谐"云云,也就当然不能作为夫妻离异的"正当理由"。相反,男女的"性冷淡"和"性无能",有时还会受到赞扬,叫做"不好色"、"不淫荡"。比如江湖上的好汉,便大都"于女色上不十分要紧",或"为女色的手段却不会"。相反,性欲强烈且精于此道者,不是流氓恶棍如西门庆,便是娼妓荡妇如潘金莲。

　　总之,在中国传统婚姻中,选择的标准既没有爱,也没有性。就不少"正经人家"而言,男方首先要考虑的,是女方是否"贤淑",其次则为是否"宜男";女方要考虑的,则是男方是否"可靠",其次则为是否"富有"(至少要有能力养家)。至于男女双方是否产生性的吸引,则不在考虑之列。相反,有此可能,没准还会坏事。在中国,漂亮性感的女人被称作"尤物"。这多半也就是祸害、妖孽、妖精、狐媚等等的同义语,当然要不得。同样,一个青年男子如果风流倜傥,怜香惜玉,则不是"采花贼",便是"浪荡鬼",反正不是好东西,岂能把女儿嫁给他?依此逻辑,则最好是男的方正古板,女的木讷冷淡,或女的不性感,男的无魅力,除了制造人口,再无性的需要,便是模范夫妻了。

　　这样一来,夫妻生活中一个不可或缺的内容也就被排斥了。当然,在事实上,它可能是排斥不了的。而且,情深意笃、美满和谐的夫妻,也不一定没有。但这并不具有普遍性和必然性,多半要靠运气。就多数夫妻而言,他们对于性的态度,一如他们对待婚姻的态度,是接受常规和承认现实。反正自己别无选择,该怎么着就怎么着吧!对于做丈夫的来说,有老婆总比没老婆好,好歹比打光棍强;对于做妻子的来说,嫁鸡随鸡,嫁狗随狗,既然自己是"他的人",也就随他好了。于是,在既排斥了爱又排斥了性以后,剩下的就只有欲。只不过这欲,被说成是为了"传宗接代"而已。

　　这就等于把人降到动物的水平了。因为只有动物的性关系才是以生育为目的。然而即便是野生动物,交配前也有性吸引和性选择。然而传统婚姻却可以把两个素不相识、连面也没见过的人强行捏在一起,"仿佛两个牲口听着主人的命令:'咄,你们好好地住在一块儿罢!'"(鲁迅《热风随感录四十》),岂非"禽兽不如"?

　　更可恶的是,这种男女关系还要被说成是最"正当"和最"道德"的,这就不能不让人怀疑,这种"道德",究竟是"有德",还是"缺德"!当然,它也不能不最终引起人们的反抗。于是,当中国人开始有了科学、民主、自由、平等的观念,不少人要做的第一件事,就是追求婚恋的自由。事实上,中国新时代的到来,不仅是从打倒皇帝开始的,也是从废除包办婚姻、提倡自由恋爱、主张男女平等开始的。如果我们对中国传统婚姻的无爱和无性有充分的理解，对此也就不会有丝毫的奇怪。

婚外之情

婚姻以结缘为目的，就无需爱；以继统为目的，就无需性。于是，要想得到爱，满足性，便只有寄希望于婚外。

当然，一般地说，只有男人才有此权力和可能。

男人的第一个办法是纳妾。纳妾是婚内还是婚外？不好说。妾不同于妓。妓"人尽可夫"，妾"专事一人"；妓之子为"私生"，妾之子为"婚生"。如此，则妾在婚内。但妻家与夫家是"亲家"，纳妾则并无"合二性之好"的婚姻关系。如此，妾又在婚外。总之，妻在婚内，妓在婚外，妾介乎二者之间，算是半婚内半婚外吧！

然而妻又不如妾，因为纳妾比娶妻更多主动性和选择自由。何况娶妻与纳妾，标准也不同。"娶妻娶德，纳妾纳色"。德让人敬而远之，色让人亲而近之，这就颇不一样。再说，妻角色繁多（贤妻、良母、佳媳、严妇），任务繁重（辅佐丈夫、教育子女、孝敬公婆、管理家政）。这些事都不好做，都容易得罪人，也不一定讨丈夫喜欢。妾则只要伺候得老公眉开眼笑就行了。于是，那些有妻有妾的人，便多半疼妾甚于爱妻。

岂止是"妻不如妾"，而且是"妾不如婢"。纳妾虽不一定非得"父母之命，媒妁之言"，但一般也要父母批准。与婢私通，或将婢收房，却全凭自己兴之所至。何况婢的社会地位极低，与男主人之间反倒较少纠葛。因此尽管男方的态度，绝大多数是玩弄、占有，甚至霸占，但在"闲取乐"之外，也未尝没有"不了情"。爱，是一种主动的行为。外界的干预和指挥越少，爱的可能就越大。

爱不但要主动，而且要平等。夫妻好像是平等的，却又是一种礼仪关系，公务多于私情，客气多于性爱。夫与妾是主仆关系，主与婢是主奴关系，亦都不可能平起平坐。因此"婢不如妓"。因为嫖客与妓女，是买卖关系。一家愿买，一家愿卖，一手交钱，一手交货，岂不"平等"？换个角度说，一个是浪子，一个是荡妇，一个嫖娼，一个卖淫，都不是"好东西"。你不用摆架子，我不用装样子，岂不也"平等"？如果碰巧一个是风流才子，一个是风尘丽人；一个有才情，一个有风情；一个怜香惜玉，一个色艺双绝，弄不好也就真会产生爱情。事实上，中国古代许多凄婉美丽的爱情故事，便正是发生在妓女身上，尤其是发生在才子与艺妓之间。其间的奥妙，是很值得玩味的。

收婢要有权，狎妓要有钱，没权没钱的就只好去"偷"。偷来的总比买来的放心，何况所偷者为情，其所冒之风险，又是两个人共同承担的？当然，偷情让人向往，还因为它是传统社会中惟一的自由恋爱，真正的自由选择。娶妻、纳妾、收婢、狎妓，都比不上偷情真实，也比不上偷情刺激。中国人不大敢冒险，大逆不道的事不敢做，用偷情的办法来小小地叛逆一下，也未尝不是一种诱惑。所以"妓不如窃"。

如果说偷情的诱惑之一在于风险，那么，它的麻烦也在于风险。因此，偷情是要有胆量的，而有此"贼胆"的人并不多。大多数人，都只是说说而已，嘴巴上快活快活。实际上也是偷情不如闲话，即"窃不如说"。一方面，没有风险。另方面，可以放肆。在中国，关于性的闲话是广为流传并百无禁忌的。因此，那些"有贼心无贼胆"的男女，便会大讲其闲话，好歹也是一种宣泄。

从"妻不如妾"，到"窃不如说"，中国传统社会中的两性关系，真有点每况愈下的味道。这当然是一个必须专门加以讨论的问题，这里不能细说。有兴趣的读者，请参看拙著《中国的男人和女人》。要说明的是，本书无意为纳妾、收婢、狎妓、偷情辩护，更不主张大家都去偷、去嫖。只是想说，如果夫妻间情深意笃，家庭中充满了爱，则即便偶有"打野食"的念头，也不至于"妻不如妾"或"妓不如窃"。这可不是简单一句"喜新厌旧"或"淫佚好色"就可以打发的。事实上，在中国传统社会，也包括按传统观念和传统方式组织的现代家庭，夫妻感情都相当淡漠，既不浪漫，也不甜蜜。于是，除个别人寻花问柳或红杏出墙外，大多数夫妻满腔的爱心，便都只好倾注在子女身上。

也许正是由于这个原因，子女在中国，才成了一个"问题"。

二　子女问题

子女中心论

子女是中国人家庭生活的中心。

前已说过,中国的不少家庭,旧式的也好,新式的也好,原本就是为了生儿育女、传宗接代而建立的。所以,生育在中国人的家庭中有很重要的地位。在中国的许多地区,至今还保存着这样的风俗:在新人的婚床上,要放枣子、栗子、莲子和花生。枣子和栗子意味着"早立子",莲子意味谓"连连得子",花生则意味着"花着生",既生男孩,又生女孩,儿女双全。儿女双全和子孙满堂,历来被看作是"有福气"的事情。只是由于计划生育成了咱们的基本国策,莲子和花生才逐渐退出了婚床,但"少生"不等于"不生",哪怕"只生一个好",也得生孩子。如果不生孩子,这个家庭就有问题了。即便两口子不打离婚,别人也要来说三道四,或出谋划策,比如代为介绍专治不孕症的大夫什么的。只有极开放城市中的"新潮一族",才会公然表示不要孩子。但他们的婚姻,也往往同样新潮:或者同居而不结婚,或者离婚比结婚快。

为生育而结婚,也可以说成是为子女而结婚。因此,子女成为家庭的中心,也就不足为奇。如果说,中国旧式婚姻的得以维持,还有礼法上的原因,那么,现代通过介绍相识而建立的婚姻关系,便有相当多是靠子女来维系的。中国人大多爱孩子。尽管"老婆是人家的好",儿子却是自己的好。因此常有这样的情况,一开始夫妻感情并不好,但有了孩子后,事情就发生了变化。或者夫妻感情破裂,本应离异,但"看在孩子的份上",又勉强凑合着过下去。

原因也有很多。在做母亲的一方,考虑的也许是难舍骨肉,或害怕自己的孩子受后娘虐待;在做父亲的一方,则不能不考虑舆论的压力,当然也未尝没有情感上的原因。中国人一般认为,孩子是要由母亲来抚养的,没娘的孩子最可怜。"天上的星星不说话,地上的孩子想妈妈,夜夜想起妈妈的话,闪闪的泪光鲁冰花",这首歌的广泛流传便证明了这一点。所以，一个男人如果公然让自己的孩子变成了"没娘养的"，则舆论便多半不会同情。如果他这样做是为了另寻新欢，则舆论的谴责便会更甚。当然，"有良心"的男人，一般也不会这么做。老婆为自己生了孩子，已是"大恩"；如不回报，已是"不对"，岂能再思休妻？当然不能。如果是"三世单传"，做妻子的生下一个男孩，则简直是全家的恩人，连公公婆婆都要礼遇有加，岂容丈夫说三道四？这时如若丈夫胆敢休妻，最后被休的没准是他自己。最后自然是大家凑合着过下去。

子女不但是纽带，也是希望。望子成龙是中国人的普遍心理。中国人的事情很怪：既尊老，又爱幼，就是不大看得起自己。老一辈固然功勋显赫，成就辉煌，下一代也前程远大，希望无限。算来算去，不行的也就是自己。所以，中国人一面抱怨一代不如一代，又一面不断寄希望于下一代。做母亲的就更是如此。因为在传统社会，女人没有什么前途可言。如果有的话，也不过是嫁个好丈夫，养个好儿子。因为依照"母以子贵"的原则，儿子的前程，也就是母亲的希望。即便做父亲的，也多半希望儿女成器。至少，儿女不成器，是丢面子的；"雏凤清于老凤声"，则是荣耀。因为"养不教，父之过"，责任重大，岂可掉以轻心？这种观念，古今亦然。为了下一代，中国人往往不惜代价，很舍得下本钱。买钢琴，请家教，陪太子读书，走后门或出高价送子女上重点中学，只要力所能及，能创造的条件都给他们创造，甚至不惜牺牲自己。子女，往往成了父母的一切。有的人，甚至会发展到仅仅为子女活着的程度。

爱的错位

这就难免要出问题。问题之一，就是"爱的错位"。

最典型的"错位之爱"就是"溺爱"。溺爱的问题不必引经据典，活生生的事例在我们身边俯拾皆是。溺爱的表现，在生活中更是千奇百怪，不胜枚举。但揭其本质，无非"子女至上论"或"子女中心论"。子女被看作父母的"命根子"、"心肝宝贝"，"捧在手里怕掉了，含在嘴里怕化了，送出门去怕丢了，放在家里怕偷了"。子女有什么要求，无论合不合理,都惟命是从,生怕子女不高兴,还要说"你要天上的月亮,只要有那么长的梯子,我也帮你摘下来",事实上也真有为满足子女要求而不惜以身试法者。子女的吃喝拉撒睡,都由父母承包,连某些本应由子女承担的工作,比如完成作业或学校里打扫卫生,竟也要父母家长代劳。至于子女的缺点错误,则不予批评纠正,反以"年龄还小"来搪塞。甚至公然包庇,不让社会来教育和惩处。其结果,是子女成了"小皇帝",父母甚或祖父母、外祖父母反倒成了"臣仆",这不是错位是什么?

更糟糕的是,父母溺爱非常,子女却不领情,一旦长大成人,反视父母如寇仇,正所谓"儿小任情骄惯,大来负了亲心,费尽千心万苦,分明养个仇人"。这不是错位又是什么?其实,子女只是家庭成员之一,应该人人平等,一旦变成"中心",当然便是错位。因此,提起溺爱,人们就说"宠得不像样子"或"不成体统",也就是错位之意。

与"溺爱"处于另一极端的无妨称作"戾爱"。"戾爱"这个词,辞书上没有,是我杜撰的。之所以要杜撰,是因为找不到合适的词可表达;而它之所以称之为"戾爱",则是因为它虽然也是"爱",却表现为"暴戾"和"戾虐",也是不折不扣的"错爱"。戾与溺发音接近,差不太多,按照中国传统语言学的音训原理,没准儿会有什么关系。

事实上戾爱确与溺爱有关,即人们发现溺爱的结果是"分明养个仇人"时,便干脆提前把子女当成了寇仇。开口便骂,扬手便打,动辄棍棒交加,更辅之以罚站、罚跪、罚饿肚子,还美其名曰"棍子下面出孝子"。甚至在二十世纪九十年代的今天,也仍发生了儿子学习成绩稍不如意(并非不优秀)而被亲母活活打死的惨案,这不是暴戾、戾虐是什么?然而,这种暴戾和戾虐,却又确是出于爱心,其母随后即自尽便是证明。因此只好称作"戾爱"。当然,这种"爱",只能埋下仇恨之种,制造敌对情绪,更何况在前提上已将子女视若寇仇,显然也是一种错位的爱。

更可怕的是,这种"防儿如防贼"的观念相当普遍。许多父母虽不一定动手打人,却在思想上无时无刻不对子女处于防范之中,甚至直接出面过问和干预子女的行为,公然调查其"隐私",比如查看其日记和信件等。这种行为因为并不诉诸武力,不致造成人身伤害,所以不大为社会所注意,甚至还为社会所容许和鼓励,因此问题也就更为严重。事实上它对子女心灵所造成伤害,也并不亚于肉体。肉体的伤口只要不致命,终可愈合,心灵的伤口则也许会终身不愈。一个人,如果在自己父母面前都得不到信任,又怎么能指望他到社会上信任别人? 结果,儿时不被父母信任者,做了父母以后,也不信任自己的子女,而一个连自己亲生子女都不信任的人,又真不知道有什么资格做父母!

溺爱也好,戾爱也好,其共同特点,是形式上的错位,内容上的"不平等"。前者把子女当"皇帝",后者把子女当"仇人",缺少的,恰恰是一种"真理面前人人平等"的观念。正是这种"不平等"观念,造成了第二个问题,即"教的失误"。

教的失误

教育的失误,问题太多,难以尽述,但我以为最核心最关键的,是教育者与被教育者之间的"不平等"。父母、师长一站在子女、学生面前,还没开口,便预先不容置疑的成了"真理的化身",无论说什么,子女和学生都得无条件地全盘接受下来。如有疑义,便是"不敬";如有商榷,便是"顶嘴"。一旦发生这种情况,问题就立即发生"转移",就由"父母师长的话是否正确",变成了"子女学生的态度是否端正",接下来自然是对"态度"的整肃,而真理的探讨则成了几乎永无期日的事情。这样的教育,倘若能培养出热爱真理、追求真理、勇于为真理献身的科学人才,那才是咄咄怪事!

这里显然有一个解不开的"死结",那就是:在中国,所谓"教育",是学会"做人",而不是或不单纯是学习知识、技能、本领等等。也就是说,伦理教育是压倒一切的,而伦理教育的重要内容之一,则又是"序长幼、明贵贱"。依照中国文化"知行合一"的精神,这些伦理原则又显然必须由父母和师长来"以身作则",叫做"身教重于言教"。于是,作为教育者,也作为"榜样",父母和师长就不能不讲"父道尊严"和

"师道尊严"。如不讲,则自身行为便与所传授之伦理原则相悖,等于自己否定了自己。

然而,真理之所以是"真理",就在于既不以人的意志为转移,也不以人的身份地位为转移,因此每个人在真理面前都是平等的。中国伦理之"理"既然必须以"不平等"关系来维护,便只能让人怀疑那"理"是不是"真理"。

同样的,我们也很怀疑,那种不平等的爱,究竟是不是"真爱"。真正的爱,不但必须是发自内心的,而且必须是"无私"的。如果说中国父母对子女的爱不是发自内心,当然与事实不符;若说这种爱都是自私的,似乎也有失公允。事实上,许多父母,在抚养子女时,都不但含辛茹苦,而且多有牺牲。比如,在夫妻两人都有事业追求时,做母亲的便往往主动地牺牲了自己的事业;在经济条件困难的情况下,做父母的也往往会牺牲了自己的欲望、需求和享受,把家中可能有的最好的东西给了孩子,甚至包括自己的全部身心。但是,即便这样的父母,在教育子女时,如果子女"顶嘴"、"不听话",又几乎一定会当场勃然大怒,事后倍感伤心的。也就是说,他们可以牺牲自己的一切,惟独不能牺牲自己的面子;可以付出自己的一切,惟独不能交出自己对子女的占有权和控制权。而且,这种控制和占有,又往往被理解和感觉为"爱"。因此,一旦遭到拒绝,便会因"一片好心"被当作了"驴肝肺"而伤心,甚至痛悔自己"养了个白眼狼"。那么,在这时,我们还能说这种"爱"是彻底"无私"的吗? 显然不能。

其实,中国的父母,很有一些是在无意识中把子女当作私有财产的。如果说得尖刻一点,可以说有的实际上是把子女当作"宠物",有的则实际上是把子女当作"赌注"。把子女当"宠物"的,平时宠爱有加,一旦子女"顶嘴",便立马翻脸。把子女当"赌注"的,则难免"恨铁不成钢"。因为那"铁块"倘若成不了"钢材",岂非"血本无归"? 于是"一片爱心",便变成了"满腔仇恨";而不切实际的高期望值,则成了子女们无法负荷的心理压力。爱的错位,原因往往在此。

但如果由此便断定中国的父母都很"自私",也同样冤枉了他们。

事实上，由于中国文化本有"公私不分"的特点，这里也很难说是"自私"还是"无私"，还不如说，这种以干预、管束为爱的想法和做法，是一种爱的错位；更不如说，中国文化的种种特色，如人身依附、面子、良心、人情回报、长幼尊卑有序，都变成了人的"文化无意识"，哪怕在一个小小的问题（如"顶嘴"）上，都会自觉不自觉地表现出来。

所以，如果说目前出现的儿童与青少年问题，大部分是由于家庭和学校教育失败所致；那么，中国教育的失败，则不能不归结到中国文化的失败。

三　大 男 大 女

所谓"大男大女"

中国父母最关心的，无非是子女的三个问题：教育、工作和婚姻。

第一个问题最基本。因为如果教育问题没解决好，没有学历和文凭，或者专业没选好，就不好找工作和对象。所以一到高考，家长都要围着子女团团转，甚至从上小学起，就开始忙。因为只有小学上得好，才能上重点中学；上了重点中学，考大学才有希望。所以非"从娃娃抓起"不可。

第二个问题最关键。因为如果工作问题没安排好，则前面的努力等于白费，后面的希望也会落空。所以，一些有头脸有门路的家长，往往在子女尚未毕业时，便未雨绸缪，预为铺垫。没有办法的，则多半会帮子女挑一个热门专业，选一个便于分配的行当。节衣缩食以备来年请客送礼之需，自然也是题中应有之义。

第三个问题最麻烦。麻烦在于前面两件事是选物（学校或专业），后面这件事却是选人。如果嫁非其人，或者娶不如意，不但子女倒霉，自己也不得安宁。当然，如果找不到对象，也麻烦。麻烦还在于前两个问题自己还可以想办法，后一个问题却往往使不上劲。但不想又不可能。尤其是，当前两个问题解决以后，第三个问题就会突现出来；而子女们一旦成了"大男大女"，问题也就严重了。

　　婚嫁之事很麻烦,大男大女则是大麻烦。

　　所谓"大男大女",是指较多地超过了婚龄而又尚未婚配,甚至连个婚配对象也还没有的"超龄青年男女"。这里说的"龄",当然是"婚龄"。具体的数字,则没有法定的明确界限,只有约定的含糊说法。大体上说,在古代社会,男子超过三十岁,女子超过二十岁,如尚未婚配,也没有指婚或定亲,就算是"超龄",因此有"三十未娶,不可再娶;四十未仕,不可再仕"的说法。至于现代,年限又可再放宽一点,大约男子超过三十五岁,女子超过二十八岁,如无对象,便一般公认是"大男大女"。

　　这种意义上的"大男大女",恐怕是任何国家、任何民族都难免会有的。因为一个人成为"大男大女"的原因实在太多、太复杂,有一直难以找到称心如意伴侣的,有经济条件家庭条件不允许的,有为事业宁肯牺牲个人生活的,也有对此根本没有兴趣抱定宗旨决意独身的,不一而足,更难说会形成一个共同的"问题"。甚至在现代西方国家,一般说来,青年男女都可以自由地找到自己的异性朋友、情人或性伙伴,并公开同居,而结婚则只是一种形式和手续。他们并不缺少爱情和性,当然也就没有什么"问题"。即便有问题,也纯粹是"个人问题",而决不是什么"社会问题"。

　　然而在中国,所谓"大男大女",不但是"问题",而且是一个必须由全社会来关心过问的"社会问题"。家长要着急,领导要关心,单位要过问,群众要议论,甚至政府也要设法予以解决,早已超过"个人问题"的范围。这样一来,"大男大女"之"成为问题",本身就是"问题"。本书要研究的,也不是"大男大女",而是它何以是一个"问题"。

　　"问题"这个词,看起来好像很简单,其实很复杂,也很微妙。它至少包括这样几种意思:一是要求回答或解释的题目,二是必须研究讨论并加以解决的矛盾,三是事故、意外、麻烦、障碍、疑难、纠葛,甚至缺点、错误、污言、秽行,也都可以称作"问题"。不但有上述事实是"有问题",怀疑其有也可以说是"有问题",因为"怀疑"本身即是"问题"。比如,说一个人"历史上有问题",就既可能是指他历史上"有污点"

（如曾叛国投敌等），也可能只是指他历史上有些事情还不清楚，"政治面貌不清"，有待调查。所以，"窝里斗"的老手，在整人时，便往往含糊其辞地说某某人"有问题"，却并不说出"问题"的内容，弄得大家疑神疑鬼。可见"问题"这个词究竟意谓着什么，也还是一个"问题"。说清了这一点，下面的"问题"，就比较好讨论了。

诸多麻烦

超过了婚龄而不能嫁娶，对于男女当事人而言，当然是一个问题，因为它会给当事人带来许多麻烦和不便。比方说，没有自己的家。按照传统观念，一个人到了婚龄，就应该自己"成家"，不能再和父母住在一起。继续住在一起，不但会让父母焦虑，弟妹嫌弃，自己也会有种种不便。再说，父母终归要去世，弟妹终归要自立，到头来只剩下自己孤身一人，那可真是"茕茕孑立，形影相吊"了，岂能不是"问题"？

又比方说，没有爱。既没有贴心人的体贴、关怀、温暖，也没有性爱。在中国，宿妓违法，婚前和婚外的性关系（通奸）也被视为"不正当"。于是，正派的青年男女，如无合法配偶，就只有忍受性饥渴，至多用手淫的方式聊以自慰，这对性欲旺盛精力充沛的青年男女来说，无疑是一种痛苦。

再比方说，没有面子。一个成年男子，如果总也"讨不到老婆"，就会被人看不起，视为无能。或是事业上没有成就，或是经济上没有担保，或是行动上没有魄力，或是社交上没有本事，或是相貌不好，或是品行不佳，或是人缘太坏，或是地位太低，要不然就是生理上有毛病，心理上有名堂。一个成年女子，如果总也"嫁不出去"，就更会被人认为有问题。否则一个年轻貌美的"黄花闺女"，哪有嫁不出去的道理？多半是有什么"难言之隐"吧？这种心理压力，谁也承受不了。所以不少"大男大女"，到了实在顶不下去时，往往胡乱找个对象，凑合着结婚了事。

当然，除此之外，也还有一些其他问题。比方说，中国传统观念，是"男大当婚，女大当嫁"。自己"大"了还未婚嫁，就有点"不当"，也就是"不应该"，这在心理上是会有压力的。另外，孤男寡女的，在社会交往方面,也多有不便,弄不好就会有人说闲话。俗话说,"寡妇门前是非多",大男大女的门前是非也不少。既有善意的规劝,也有恶意的猜测和敌意的防范(怕他们充当"第三者")。所以,即便为了避免闲话,为了能和社会正常交往,也不能不考虑婚嫁问题。

自己的子女到了婚龄而不能嫁娶,对于他们的家长而言,也同样是一个"问题"。"不孝有三,无后为大",儿子不结婚,孙子从哪儿来?列祖列宗面前如何交代? 家庭宗庙的香火由谁来接续? 所以一到这时,做父母的往往比当事人还着急:"你还想不想让老娘抱孙子?""你想让老子断子绝孙么?"如果自家的女儿不能出嫁,则压力更大。"女大不中留,留来留去成冤仇",这一古训不能不记取。况且,女儿嫁不出去,做父母的脸上是极没有面子的。"某某人家的丫头是个没有人要的货",听了这话,谁的脸上还挂得住?

况且,父母不着急也不行。因为父母为子女的婚嫁操心,已成了一种习惯或习俗,如果自己的子女成了"大男大女",做父母的居然还无动于衷,岂非咄咄怪事? 这就会招来议论,引起闲话。没法子,只好催子女"抓紧点"。

所以,成年男女超过婚龄而不能嫁娶,对于他们本人和他们的家庭而言,当然都是一件麻烦甚至不幸的事情。但这也至多是一个家庭的问题,与他人何干? 与社会何干? 又与国家何干呢?

他人的态度

他人来关心大男大女们,有正反两方面的原因。

正面的原因,是出于对他人的一种关心和同情。这种同情心是任何一个有人缘会做人的人都不能没有的。而在中国人看来,世界上最不幸、最值得同情的,又无非是无妻、无夫、无父、无子这四种人,即鳏、寡、孤、独。这四种人之所以特别不幸、特别值得同情,不但是因为他们无法享受天伦之乐,而且在于他们没有或失去了自己社会角色的对象,——夫无妻、妻无夫、父无子、子无父,可不是没有"对象"? 没有对象,也就没有自我;无法担任角色,也就没有面子,岂不悲哉? "大男大女"虽然一时半会儿的还称不上"鳏寡",但至少是候补"鳏寡",甚至候补"独"，因为年轻时不结婚，老了何来的子？所以要帮他们找"对象"。不但要帮大男大女找对象，也要帮中年丧偶的人找对象。不这样做，就是没有同情心，也没有人情味。大男大女和中年丧偶者们的周围，总是集结着一大群帮他们寻找介绍对象的热心人，道理就在这里。而且，"皇帝不急急太监"，这些热心人往往比"大男大女"们还要积极。

反面的原因，则是对独身的憎恶和歧视。本书第五章已说过，中国人无论什么事，都要求"人人有份，大家一样"，连婚姻也不例外。既然我结了婚，那么你也应去找对象；既然我们比你年轻，都找了对象结了婚，你那么大了，还故意拖着，是什么意思？是不是孤芳自赏？是不是孤傲自大？是不是孤高自许？是不是孤僻自爱？否则为什么一个人在那里"称孤道寡"，不像我们这样成家立业？是不是故意和我们作对？故意显示自己与众不同？故意不把我们放在眼里？故意不给我们面子？否则为什么我们介绍的对象，你一个也看不上？如此推理下去，便会产生一种憎恶感，视独身者为"怪物"。甚至以一种阴暗的心理，对他们进行猜测和怀疑。至少是，大家都结婚生子过小日子了，某某却坚持一个人独往独来，便不能不让人感到别扭，因为他竟如此地"不合群"。你既然"自外于国人"，"自绝于群众"，那就休怪我们不客气了。所以，坚持独身，拒绝他人介绍对象者，便往往被视为"孤僻"，在单位上会被"孤立"，甚至档案里没准也会被"记上一笔"。

更何况，"男大当婚，女大当嫁"，他们本来就该结婚。"男大当婚，女大当嫁"这句话说了上千年，想必是"真理"了。可惜，谁也没有认真弄清过，这个"当"字究竟是什么意思？是正当、应当还是当然的"当"。或者说，"男大当婚，女大当嫁"，是说一个人到了婚龄，就拥有了可以结婚的"个人权利"，还是说被赋予了必须结婚的"社会义务"？恐怕没有人认真想过。在大多数中国人看来，男孩子长大了，当然要结婚；女孩子长大了，当然要嫁人啦！为什么就"当然"呢？没有什么"为什么"，可见是"想当然"。但如果全中国都这么想，那么，不用想，也当然。

于是,婚嫁一事,就由"个人权利"变成了"社会义务"。既然是"社会义务",也就"人人有责",每个人便都有资格来关心,来过问,来插上一脚。显然,这正是作为中国文化思想内核的群体意识所使然。依照群体意识,人与人之间,既无分公私,亦无分你我。个人的事,也就是公共的事;他人的事,也就是自己的事。大家都该管,人人都能问。不问不管是不负责任,而不让别人来管则是不通人情。

可见,正是群体意识,使大男大女这个原本纯属个人的问题,成了"他人问题"和"社会问题"。

社会的态度

社会的考虑与他人又不尽相同。

社会考虑的主要是稳定。上一章已说过,中国社会的组织结构,是"家庭本位"和"伦理本位"的。家齐而后国治。所以,只有当每个人都被"安顿"到一个个小家庭中去,各自找到自己的"安身立命之本",尊卑长幼有序地"安分"下来以后,社会才"安定",政权才"安稳",军民人等也才各自"安心"。

因此,中国社会最关心的是两个问题。一是要让每个人都有一份职业,有口饭吃,否则便会成为"无业游民";二是要让每个人都有一个配偶,有个对象,否则便会成为"无家浪子"。无业游民和无家浪子都是社会的"不安定因素"。没有饭吃就会"闹事",比如行窃、诈骗、抢劫、杀人等。没有对象就会"出事",比如通奸、嫖妓、搞同性恋、看黄色录像,甚至强奸。这些都是"社会问题",社会不能不管。如果只是一两个人没有婚嫁,倒也无伤大雅;如果人数众多,那就成了"问题"。因为不但他们本人成为"问题",连带他们的家族亲人甚至单位,也难保不成为"不安定因素"。社会对此如果竟然无动于衷,那么,这个社会可就真是出"问题"了。

这就要将"大男大女问题"列入议事日程,并动员社会各方面力量尽快予以解决。

显然,社会关心的,首先是甚至仅仅是"女有家,男有室",女的得嫁得出去,男的不打光棍。至于结婚以后"过不过得下去",到时候再说。反正有老婆总比没老婆好，嫁得出总比嫁不出好。"光棍苦，光棍苦，衣服破了没人补"；"男人无妻家无主，女人无夫房无梁"。因此，应该给他们找个"补衣服的"和"顶房梁的"。至于他们是否相爱或是否将来能够相爱，对不起，就管不了那么多啦！

这就难怪中国有那么多"无爱的婚姻"，也难怪有那么多家庭干脆"不谈爱情"了。爱情实在太遥远、太浪漫，也太不着边际，还是找个条件相当、看得过去的人结为夫妻，生儿育女，传宗接代，安安分分过日子来得实际，才是正经。所以，即便现代社会的所谓"自找对象"，也与传统的"包办"没有太大区别。其方式，往往是通过热心人的介绍见见面，大致满意谈妥条件就结婚。反正结婚原本就是为了完成任务，或者说，是为了"解决个人问题"，自然亦不妨采取计划经济的方式，完成指标就是"好同志"。所以，有的人甚至自己不操心，干脆交给父母亲去操劳，"组织上"去考虑。只要能履行社会义务，了却父母心愿，走完人生旅程，也就自己安心，大家放心。爱不爱的，不打什么紧。

这当然也未必不好。但如果以为只要男男女女一个个都配了对，就万事大吉，天下太平，则未免过于乐观。事实上，没有爱情作基础的婚姻，从来就靠不住。可以凑合着过的，也可以随便地离。离不离，只看有没有必要，有没有条件。传统社会离婚率不高，首先是没有必要（离了也没爱情），其次是没有条件（女方没有权利）。一旦人们发现离婚并不很困难，离婚后或在婚外又能找到爱情，那么，婚姻的破裂，也就只是早晚的事。

这个问题，似乎很少有人想到。而且，好像大家也都不关心。

也许，问题就出在"个人问题"这种说法上。道理很简单：既然是"问题"，那么，只要解决了，就不再是"问题"。至于解决得好不好，则是另一个问题。而且，既然是"个人问题"，那么，两口子过得怎么样，当然也只能由"个人"来解决。"先结婚后恋爱"也好，"只结婚不恋爱"也好，社会和他人都管不着，也不会管。也就是说，婚姻虽然被称为"个人问题"，但大家看到的，却实际上只有"问题"，没有"个人"。然而，爱情又恰恰是仅仅属于个人的。如果连"个人"都没有，又哪来的"爱情"？

看来,也只好说上这么一句:"少谈些爱情,多解决些问题。"

离婚问题

在中国,独身是一个难题,离婚更是一个难题。独身虽难,但只要自己有房,又拿定主意不去理会别人的说三道四,外面的飞短流长,也并非办不到。即便在古代社会,也有终身不娶或终身不嫁者(当然一般要找一个借口,比如虔诚礼佛,带发修行,或要练"童子功")。离婚就难多了,因为要别人同意。或要政府批准,或要社会认可,至少也要配偶同意,而由于传统观念的制约,他们的态度,又往往是"不同意"。

一般说来,中国传统社会是不赞成更不鼓励离婚的。你想,就连"大男大女"们都要设法帮助和促其结婚,已然婚配者又岂能让他们轻易离异?这是不近人情的。再说,结婚既然是"合二姓之好",则离婚岂非"结二姓之怨"?这是不利于安定团结的。故"士三出妻,逐于境外"。也就是说,离婚被看作是万不得已的非常之举,故可一而再,不可再而三。另一条规定也很重要:"贱娶贵不去。"或者说,"糟糠之妻不下堂"。因为这关系到人情回报的良心原则,是每个中国人都必须严格遵循的,否则便会与整个中国文化精神相冲突。其所得罪者,也就不止妻子一人。

这在"男尊女卑"的时代,对于"保护妇女儿童的合法权宜",应该说也不无小补。它使得那些见异思迁的负心汉,多少会有些顾忌,不敢过于放肆,至少还得表面上维持原配的"正妻"地位。而"原配"们能保住"名分",也多半会表示满意。因为她们的目的,原本不在爱情。只要有名分,就有面子,也有实利(比如产权和治权)。至于爱情,本来就没有,争它做甚?

实际上,就连当代许多不肯离婚的妻子,想法也差不太多。反正离不离婚都无爱,只要能凑合着过日子,就得过且过,拖一天算一天。拖到对方精疲力竭心灰意冷,说不定就会回心转意。中国人的人生态度都很现实,虽说难免"这山望着那山高",但如果"那山"没有了,或被别人"占了山头",也就不再浪漫下去。所以,拖,或者说,打持久战,也不失为"离婚大战"中之一种战略。只要坚守"不同意"立场,有国家法度,有公众舆论,谅他奈何我不得。拖半年不够,就拖一年;拖十年不够,就拖一辈子。只要临终之前离不了婚,咱们就是"白头到老",岂不"死也瞑目"?再说,"我好不了,你也别想好";"我得不到幸福,你也别想得到。"大家都不好,都不幸福,可不仍是"同甘共苦"?

这种心理,在离婚案中,似以女性为多。公道地说,在这种情况下,女方确实更令人同情。因为一旦离婚,第一,女方比男方更没有面子。所以在某些双方协议离婚的案例中,会让女方担任"主诉"或"原告"。第二,女方的生活会比男方更困难,因此往往要判男方承担一定的经济责任。第三,女方再婚也比男方更麻烦。生理上的原因,是女性比男性更容易衰老。"女子三十而色衰",男子即便到了四十,也仍不显老,甚至还有一种"成熟男性"的魅力,比稚嫩的男孩更吸引人。观念上的原因,则无非"从一而终","一女不事二夫"之类。离婚是"没人要",已是丢脸。再嫁是"事二夫",更加丢脸。连同她的再婚丈夫,也一起没有面子,因为他竟"拣"了一个"没人要"的,"吃别人啃过的馍","喝别人剩下的汤"。由是之故,一个女人,不到万不得已,便断然不肯离婚。而且,一旦丈夫提出离婚,男方家属亲人中有"同情心"、"正义感"的人,尤其是女人(如小姑子等),也往往会不顾"血亲之情",义无反顾地站到女方一边去。

应该承认,我们民族是世界上最善良的民族,因为我们的同情心总是倾注在弱者一边。只要一边是现在"抖"起来了的、地位显赫荣华富贵的丈夫,一边是人老珠黄身份卑微无依无靠的妻子,舆论便几乎会义无反顾地站在后者一边,甚至不论他们先前是否真的共过患难。显然,在这里,同情者们也未尝没有这样一种心理:你小子现在什么都有了,有钱有势有地位,难道还容不得一个"糟糠之妻"?同情心与嫉妒心加在一起,便越发"义愤填膺"。义,多因前者"忘恩",愤,则多因自己"不平"。——我们大家都没有"以旧换新",凭什么让你一个人"得手"?因此,对于此类"义愤",最好多做分析,不要一概肯定才好。

更何况,在这里,公众舆论和不愿离异的妻子,也都共同地排除了

"感情"这个最重要的因素。似乎所有的人都没有更深入地想一想,即使那负心丈夫迫于舆论压力而收回成命,维持婚姻,他的心会在妻子身上吗？他们这种感情早已破裂的婚姻,会幸福吗？

四　当代婚恋

当代婚姻

前面说的,都是过去的事。现在的说法,却是"结婚没有离婚快"。

中国的第一次离婚高潮是在建国初期。在那个"人民大众开心之日",许许多多普通中国人第一次知道了自己的权利,其中就包括离婚的权利;第一次获得了人身的自由,其中就包括恋爱的自由。一个个包办婚姻被解除了。离婚不再是"丑事",恋爱也不再是"奇闻"。一些胆大妄为的农村青年开始自己给自己"找媳妇"或"找婆家",城市青年则身穿列宁装,在苏式集体舞会或篝火晚会上,一面畅谈着革命理想,一面酝酿着甜蜜的爱情,幸福愉快地度过一个又一个"莫斯科郊外的晚上"。

然而"阶级斗争"毕竟与花前月下决不相容。爱情二字很快从一切传媒中消失得干干净净。人与人之间不是"同志",便是"敌人"。因此,一旦发现自己的"爱人"原来是"阶级敌人",则与之"划清界限"也就成了理所当然。如果说,六七十年代的中国也曾颇多离婚案件的话,那么,这些离婚案件大多与社会进步是毫不相干的。

与此同时,婚姻也不再浪漫,婚恋已成为再现实不过的事情。比如,为了"改变阶级成分","黑五类"子女自愿或被迫或半自愿半被迫地嫁给"贫下中农";为了回城,女知识青年自愿或被迫或半自愿半被迫地向社队干部"献身";而男知青们"小芳"式的爱情,则又不知欠下多少"孽债"。择偶的条件大都实惠得不能再实惠,功利得不能再功利(比如有城市户口,在全民所有制单位工作,有一房家具和自行车、缝纫机、手表、收音机这"三转一响"等等),不折不扣地地道道的"不谈爱情"。

接下来便是"懒得离婚"。尽管六七十年代的政治运动和社会生活造就了不少"无爱的婚姻",大多数人还是接受了这个现实,只有极少数实在过不下去的人才踏上了艰难的诉讼历程。他们不但要承受来自社会、单位、家庭、邻里的舆论压力,还要忍受漫长的、无止尽的调解程序。不少人被磨得锐气全无,被整得心力交瘁,最后只好自动弃权,在索然无味中了此一生。

然而这世界毕竟变化快。离婚很快又成为"时髦"和"新潮"。有一段时间人们见面就问:嗨,哥们,怎么着,还没离呐!当然,为离婚而苦恼的人依然存在。他们也仍然会像过去一样,找人诉说离又离不了、过又过不下去的烦恼。不同的是,过去人们听了这种诉说,会深表同情,会帮他们出谋划策,甚至会帮他们去做调解工作,现在则可能刚听到一半,就极不耐烦地甩上一句:干嘛呀!离呗!

离婚的速度快了,结婚的速度却慢了。尽管老人们依照"男大当婚,女大当嫁"的原则不断催促他们的子女早日完婚,也尽管多数人都在一定年龄范围内完成了这一人生的任务,而"大男大女"也仍然是个"问题",但也有不少年轻人宁愿同居而不愿结婚。在他们看来,同居的好处是既能享受性爱,又不必承担太多的责任。最重要的是,他们谁也不必依附谁,同时也不必束缚自己或束缚对方。只要两情相悦,就可以住到一起。和则同居,不合则散,自由、自在、洒脱、轻松,全无已婚者为家务繁忙,为钱财争吵,为怀疑对方不忠而猜忌的烦恼,又有什么不好?

结婚变得越来越慢,也变得越来越难,因为人们的要求也越来越高。如果说,只要相爱就可以同居的话,那么,一旦要结婚,考虑的因素就不那么简单了。职业、收入、健康、性格等等固然在考虑之列,双方的家庭背景、生活习惯等等也不可忽视。因为既然打算结婚,也就打算差不多厮守一辈子。虽说现在离婚挺方便,但老是结了离、离了结也不是个事。所以对方的"可靠程度"也不能不考虑。所谓"可靠程度",不仅指忠诚度,还包括建设和维持家庭的能力。在这方面,女性的要求又更难实现一些。她们既不愿意嫁给一个"不挣钱的人",又不愿意嫁给一个"不回家的人",而现在挣大钱的男人又多半不能按时回家。

当代家庭

在婚姻发生变化的同时,家庭也在发生变化。

变化之一,是随着离婚率的增加,出现了越来越多的只有父亲和母亲的"单亲家庭"。单亲家庭过去也有,不过多因丧偶而造成,现在则以因离异而造成者居多。单亲家庭的问题不少,其中最成问题的是孩子。许多人出于对孩子健康成长的考虑而反对离婚。不过后来人们也想通了。单亲家庭固然对孩子的成长不利,吵架家庭难道就很好么?与其让孩子在父母的争吵斗殴大打出手中成长,不如让他呆在缺乏一方的爱却好歹比较安静的家庭环境中。甚至有些孩子,看到父母亲天天吵嘴月月对骂,还会主动劝他们离婚。何况现在离婚的也不一定吵架,也有和和气气分手的。这样的夫妻,孩子问题往往处理得比较好。比如由一方抚养另一方提供赡养费,并定时来探望,和孩子一起出去玩等等。也有的采取双方轮流抚养的办法。这里的关键是对孩子的爱心。只要双方都有这份爱,则即便离异,也仍有办法让孩子同时得到父爱和母爱。

另一种正变得越来越多的家庭,是只有老两口没有子女在身边的"空巢家庭"。造成"空巢家庭"的原因很多。比如子女出国,毕业后到外地工作,因工作需要调离父母所在地等等。即便同在一地,由于两代人之间在生活方式和家庭观念上的差异,也不一定愿意住在一起。事实上,大家心里都很清楚:大家族的时代已成为历史,"三代同堂"或"四世同堂"的家庭,不但不现实,而且也未必很好。当代社会老人们与子女之间最理想的家庭方式是:同在一地,相距不远,平时单过,节假日相聚,招之即来,挥之即去。如果子女较多的话,也不必都在身边或附近,有一两个就好。

第三种正在出现的,是由自愿不生育的夫妻组成的"丁克家庭"。正如"四世同堂"不再是理想,"多子多福"也成了过时的观念。这也是当代中国的又一个问题:一方面是来自农村的"超生游击队"还在悄悄地制造人口,另方面却是城市青年为"生还是不生"而苦恼。当然,毅然选择"不生"的人还不多,但影响却也不小。因为这直接牵涉到家庭的功能问题。我们知道,家庭的一个重要功能就是生育。所以有的人类学家干脆就把婚姻制度称为生育制度。现在,既然你们不要孩子,那么,结婚干什么?如果再加上夫妻经济独立,则这种婚姻也就和同居无异,只不过履行了一道法律手续罢了。事实上,由于现代家庭已不再是生产单位,夫妻双方各有各的职业,各有各的工作,各有各的收入,如果不要孩子,也不在乎那道法律手续,则结不结婚也就无所谓。既然无所谓,那么,婚姻制度和家庭组织是不是还有保留的必要?这显然是一个难以简单回答的问题,也是一个值得社会学家认真研究的问题。

还有一类"半拉子"家庭也逐渐多了起来。这类家庭的特点,是夫妻并未离异,却又长期分居。比方说丈夫和或妻子出国,另一方在国内"留守";或者一方外出经商打工,另一方留在家里。如果说前者尚属少数,后者则因下岗、民工潮和"一家两制"等原因而变得越来越多。这种家庭,夫妻天各一方,却又保持着书信、电话和经济上的来往,维持着一种奇特的关系。这种现象以前也有,却不会像今天这样成为"问题"。因为时代和环境不同了。过去人们只不过要忍受分居的痛苦,今天则要多一份担忧。谁也不敢保证妻子出国不是"肉包子打洋狗",也不敢保证外出经商打工的丈夫不会寻花问柳,或留守在家的能甘于寂寞。这类家庭多半会在传统与现代之间摇摆,随时都有解体和崩溃的可能。

当代爱情

和婚姻、家庭一样,爱情也在经受着考验。

当代大概是中国历史上"爱情"最多的时代。各路传媒每天都在上演爱情的故事,流行歌曲更是以或高亢或缠绵或欢快或凄婉的声音,诉说着一片片爱心一段段真情,拨动着人们躁动的心弦。醉人的暖风熏得人们忘乎所以,忙不迭地把自己的纱窗打开,也过早地催熟了青苹果。情窦初开已不只在十六岁的花季,少年少女们高唱着"糊涂的爱"，在校园和公园里，大树下和草坪上，稀里糊涂地爱得死去活来。就连一贯矜持的中年人也蠢蠢欲动，拿着一张张"旧船票"，寻找停泊在枫桥边的情感，琢磨着能否登上旧日的客船。如果说，当今社会是"结婚没有离婚快"，那么，恋爱却要比离婚更快。现在的年轻人，谈恋爱已用不着托人说媒或请过来人指点迷津，只要胆子大一点，步子快一点，三下五去二，几个来回就能"搞掂"。我们面对的是一个爱情的多发年代。

伴随着爱情发生率剧增的，是其保真度的降低和其延续期的缩短。半年之内换几任恋人已不是什么稀奇事，认识三天就上床，一个星期后就分手，也不是什么稀奇事。已经没有多少人相信"白头偕老"的海誓山盟，谁也不拥有爱情的"铁饭碗"。但这并不意味着他们相爱时就不真诚，就是逢场作戏或玩弄异性。因为所谓"不求天长地久，只愿曾经拥有"，并不是说他们一定就要走马灯似的换恋人，或一定就只爱上几天，而是说他们既不以永不分手为条件，也不以最终结合为目的，只要遇上自己真心喜欢的，就先爱了再说。换言之，他们更看重的是爱情的质量，而不是相处时间的长短。你能说这就不是爱情吗？

此外，"情人现象"也多起来了。这些现象，以前是被极为蔑视地称作"轧姘头"或"搞破鞋"的，现在则被笼而统之地代之以极富浪漫色彩的"情人"一词。情人们甚至还从国外引进了自己的节目。每到这一天，花店的生意就格外红火，心形巧克力也颇为畅销。恋人、情人、夫妻都在这一天激情满怀，就像古代的"上巳节"一样。

事实上，情人现象的出现有着多方面的原因。频繁的人际交往难免使人见异思迁，单调的夫妻生活让人产生"生活在别处"的想法。许多人的找情人，并不一定就是夫妻分居或情感不合，只不过是想"换个活法"。清人赵翼诗云："李杜诗篇万口传，至今已觉不新鲜。江山代有才人出，各领风骚数百年。"我们也不妨改它一下："夫妻生活许多年，而今已觉不新鲜。江山代有情人出，各领风骚三五天。"这正是当代不少人心理的写照。已经有人提出，夫妻关系也是一种契约关系。夫妻双方都是人格独立的，谁也不依附谁，谁也不能束缚谁。在履行义务维持家庭的前提下，在婚外和情人做一场"爱情游戏"，也没什么关系。关键在于必须是"游戏"，且夫妻对等地拥有这一权利。这种观念自然可以商榷，但可以肯定，"爱情是否必须专一"终将作为一个问题而被提出来。

不过，对于现在二十上下的那些年轻人来说，这也许已不再是问题。在他们看来，既然爱情不再永恒（天长地久），那么，它当然也不再专一。应该允许不再浪漫也不再有激情的恋人或夫妻分手，也应该允许爱的转移。只不过应该有个"度"，比如不能同时爱上两个人，分手时也最好坦诚和友好一些。一些年轻人已明确表示不在乎自己的男友或女友有其他的异性朋友，也不在乎自己的恋人和自己是否初恋。相反，有的年轻人甚至觉得只有对方经历得多了，才更会理解自己和更懂得呵护自己。许多女孩子甚至明确地表示她们更中意的是"红苹果"而不是"青苹果"。换言之，不是"曾经沧海难为水"，而是"曾经沧海更会水"。他们甚至不在乎对方是否有过性经验，当然也不会因婚前与他人的性关系而愧对自己的新郎或新娘。

当代年轻人的不在乎，还不止于这些。比方说，他们还不在乎周围的人怎样看待他们的想法和行为。过去，我们这一代人初恋时，差不多都是偷偷摸摸的，有一种"见不得人"的感觉，生怕人家知道。当代年轻人却没有这种羞涩。他们不但可以公然在大街上挽手勾肩甚至拥抱接吻，也能轻松地走进演播厅，面对摄像机和成千上万的电视观众，坦然地畅谈自己的初恋甚至初吻。这些节目收视率极高。不但年轻人爱看，中老年人也爱看。一些上了年纪的观众反映，看过这个节目，深切的体验到当代年轻人健康向上的生活态度，青春气息扑面而来，连自己也感到变得年轻。的确，爱情似乎首先是年轻人的事。我们确实应该从当代年轻人那里感受到一些生命活力，而对于当代婚恋的种种新鲜事新变化，似乎也应以这种态度去看待。

第八章　友谊

一　真　情　所　系

夫妻

中国人很重友爱和友情。

友爱和友情,大概是在中国最受鼓励和赞美,同时又最真诚最深厚的情谊了。"乐莫乐兮新相知,悲莫悲兮生别离","人生所贵在知己,四海相逢骨肉亲"。这也不奇怪。中国文化的思想内核是群体意识,追求的是"四海之内皆兄弟"的境界,当然要鼓励大家多交朋友。何况赞美友谊,也是"天下之通则",世界各民族一样的。林肯就说过"人生最美丽的东西就是友谊"。不过人家歌颂友情,也歌颂爱情。而且,爱情的分量好像还要重一些。"生命诚可贵,爱情价更高",爱情历来是西方文学的"主旋律"。中国人就不一样。"生命诚可贵,友谊价更高",为朋友两肋插刀的故事很多,为情人两肋插刀的事情就很少,写诗歌颂老婆的就更是绝无仅有。要写,也是写给"亡妻",比如元稹的《遣悲怀》和苏轼的《江城子》(请参看拙著《中国的男人和女人》)。

这就奇怪。

照理说,男女之间的"情爱"和家人之间的"亲爱",才应该是最真诚和最深厚的。可惜得很,中国的传统婚姻,基本"无爱"。夫妻结合的依据,不是爱情,而是社会需要和伦理义务。这样,夫妻双方的关系,便难免带有"例行公事"的味道。运气好一点的,也许可能会由"公事"发展为"私情",运气不好,就不好讲了。多半也就是平平淡淡而已,谈不上爱还是不爱,对付着过罢了。更何况,依礼,夫妻有如君臣,妻子对丈夫,要恭敬顺从,亦步亦趋,唯唯喏喏,惟夫君马首是瞻,谓之"夫唱妇随"。处于这种不平等关系之中,哪有真正的爱情可言,有的只能是猫儿狗儿般的"恋"。

因此,传统的婚姻,从士大夫之家到一般民间,夫妇之间的感情,都相当淡漠。尽管中国传统社会反对夫妻随意离异,主张"白头偕老"、"相伴终身"、"地久天长",但,那更多的是强调人身依附关系的"牢固性",和家庭内部结构的"稳定性",而非什么"忠贞的爱情"。他们宣扬的模范夫妻,如梁鸿孟光等等,强调的也是所谓"燕尔新婚,如兄如弟","举案齐眉,相敬如宾",突出的是"敬"而不是"爱"。夫妻之间有如宾客,妻子送上饭来,必须"举案齐眉,不敢仰视",这难道可以说是爱情?

不但夫妻之间的感情淡漠,而且社会对于夫妻之间的感情问题,态度也相当冷漠。在传统礼教看来,夫妻感情淡漠,是正常的,也是合理的,因为他们能克制自己,做到"止乎礼义"。相反,夫妻之间如果感情浓烈,则不正常。或者应受到批判,斥为"淫乱";或者应受到嘲笑,看作"丑事"。比如,直到现在,在中国许多农村,夫妻一同上路,都必须丈夫走在前面,妻子跟在后面,保持一段距离。如果有说有笑地并肩而行,便会被乡人耻笑,视为"不要脸"。

事实上,传统社会对夫妻间的情爱不仅只是冷漠,有时简直就是嫉恨和破坏,如古诗中焦仲卿夫妇和宋代陆游唐琬夫妇,就被活活拆散。我常疑心导致这两对夫妇离异的真实原因,其实是因为他们"太爱"之故。这就证明即便凤毛麟角地出现一两例"有爱"的个案,也不能得到礼教和家规的保护,反倒要受摧残。

夫妻之间既然少有情爱,自然也难有诗意。中国古代的爱情诗,不是婚前的,便是婚外的,写夫妻生活或夫妻互赠的极少,写给妓女的或写妓女之爱的倒是连篇累牍。似乎和妓女唱和酬酢是风流韵事,和妻子亲热恩爱反倒是俗不可耐。或者婚前婚外不妨浪漫,婚内就得规规矩矩。这说明婚姻之无爱,几乎已成为公认的事实和常规的模式,即便有那么一点爱,也不好意思说了。

夫妻之间无爱、少爱、难爱,便只有寄希望于朋友。实际上,写给情人和妓女的诗比写给老婆的多,就因为情人和妓女比老婆更像朋友。你想,即便他们不过逢场作戏,如果配合默契,不也有朋友的情分吗? 就连夫妻,如果当真情投意合,也像朋友,比如李清照与赵明诚。

父兄

夫妻之间只有"敬"少有"爱",父子之间也如此。

中国传统社会中,父母亲的社会角色不大一样,分别叫做"严父慈母"。"慈"自然是爱,叫"慈爱"。"严"虽然或许也出于爱,但不易体验到。更何况,父子和夫妻一样,也有如君臣,所以当父亲的,有时还要故意疏远子女,以便合乎礼仪或礼义。比如孔夫子他老先生,有一天自个儿站在"庭"中,儿子孔鲤恭恭敬敬地小步从他面前走过。孔子便叫住他问,学诗了吗? 孔鲤答,没有。孔子说,不学诗,就不会"说话",于是孔鲤便退下去学诗。过了几天,孔子又自个儿站在"庭"中,孔鲤又恭恭敬敬地小步从他面前走过,孔子又叫住他问,学礼了吗? 孔鲤答,没有。孔子说,不学礼,就不会"做人"。于是孔鲤便退回去学礼。两千多年来,孔子对孔鲤的这些教训,一直被视为父子关系的楷模,而父亲对子女的教育,也就被称为"庭训"。据说除此"庭训"外,在教育方面,孔鲤从未在当先生的爸爸那里吃过"小灶"。难怪一个名叫陈亢(gāng)的人听孔鲤讲了这些情况后,高兴地说,我一下子知道了三件事:知道了诗,知道了礼,还知道了君子要疏远自己的儿子。

圣人开了头,后学自然要仿效。于是,越是"家教严"的家庭,父子之间的关系就越冷淡,越隔膜。比如大清皇室的规矩,是"抱孙不抱子"。儿子生下来以后,是连抱都不能抱的,只能训。上朝时,体面一点的大臣可以赐座，皇子们却只能站，甚至只能跪。因为清王朝以"礼教"、"孝治"相标榜，非如此不可。当然，为了表示"天子无私"，也非如此不可。上行下效，那些极其看重"家风"的诗书官宦人家，规矩也不小。比如儿子的朋友来了，父亲要破格接见，则朋友可以坐，儿子却只能站。总之，当爹的要端架子，做儿子的要装样子，父子之间必须"远"，也就难得有真爱。即便有，也要被礼消解了。

母子之间的关系当然要好得多。但母亲对子女的爱，多半是"疼爱"；儿女对母亲的爱，则多半是"回报"。二者并不一样。况且，儿子的事，尤其是事业方面的，做母亲的多半是既管不了，又帮不上。这就要靠朋友。更何况，母子之间，还有媳妇。婆媳关系好一点的，问题还不大；婆媳关系不好，则母子关系也难免要受影响。

至于兄弟之间，也很隔膜，因为兄弟之间也不平等。"长兄如父，长嫂如母"，也是一边要摆架子，一边要装样子。何况还有继承权的纠纷，一方心怀不满，一方充满警惕，严重一点的，还会祸起萧墙，手足相争。如再加上父母偏心，情况就更为复杂；如再加上妯娌挑唆，纷争就更加热闹。《春秋左传》一开篇，就是兄弟之间的战争，叫"郑伯克段于鄢"。春秋，原是"窝里斗"最热闹的时代之一，以此开篇，倒也颇具戏剧性。以后的兄弟相残，也接连不断，比较有名的，如东晋，如南梁，如清之雍正，都是。相比较而言，倒是平民百姓，反正没有多少权力财产可继承，反倒好一点。或者读书人，要继承的是学问，没有什么可争的，也要好一点。但由于兄弟终究要分家独立，彼此之间也就难免要淡漠起来。如果妯娌相争，姑嫂不和，事情就会更麻烦。

其实兄弟关系原本应该最好的。辈分同，年龄近，血缘亲，最容易做到心意相通。所以就连江湖上的口号，也是"四海之内皆兄弟"。江湖好汉最看不起儒生，却对儒家这一信条情有独钟，岂能没有道理？然而"四海之内皆兄弟"的结果，却是真正的兄弟反倒不像兄弟。比如向官府举报李逵的，便正是他的亲哥哥。阮氏三雄倒是亲密，但他们之间的关系，和其他"兄弟"（实则朋友）也没什么两样。看来与其说朋友以兄弟为模式，不如说兄弟以朋友为楷模。事实上兄弟之间的道德准则也是"友爱",叫"友于兄弟"。"平生风义兼师友,不敢同师哭寝门",任何关系,只要具有了朋友的性质,那情分就往往会变得重起来。

朋友

夫妻无爱,父子无情,兄弟无义,则一腔真情,便只能诉之于友。

朋友最平等,也最自由。

平等,是朋友关系的第一个特点。什么是朋友?"朋"是两个"贝",或两系贝(五贝一系),两贝一样大,两系一样多,是平等的;"友"是两只"手",左手和右手,也是平等的。事实上,可以交朋友的,其身份地位都大致相等,至少也都得是一个"圈子"里的人。比方说,你就很难设想一个"大官"居然和一个"小民"成了朋友。如果居然是,那就一定有别的原因。或原本就是"贫贱之交",或后者其实是"隐士",再不然就是交往时并未暴露身份。所以,一个人如果社会地位极高,便慢慢地会有孤独寂寞之感,甚至深感"高处不胜寒",而皇帝则几乎无一例外是没有朋友的,因为实在没有人能够和他平等。

朋友关系的第二个特点,则是"相同"。《易·兑》孔颖达疏云:"同门曰朋,同志曰友",朋友之间,总有某种共同之处,或同乡,或同学,或同事,或同年,或同道,或同志,或性情相同,或志趣相同,或观点相同,或境遇相同。一旦发现共同点,便很容易成为朋友。这一点,比平等还重要。两个人,如果相同之处极多,情投意合,一见如故,也可能不在意身份地位的差异而成为朋友,比如"忘年之交"即是。

第三是"相合"。一般地说,"朋"是指相同者,如两只贝;"友"是指合作者,如两只手。所以"同心协力"又叫"朋心协力",有合作关系的人、单位或集团则叫"友",如"友军"、"友邦"、"外国友人"等。在原非友谊的合作关系中,如果合作得好,人们也容易成为朋友。事实上很多人的友谊,便正是在长期的合作关系中建立的。同事、同行、战友、伙伴有时即等于朋友,道理也正在这里。

第四是"可选择"。朋友不像兄弟,是天意安排;也不像夫妻,由父母选择。朋友就像情人,都是自找的,最有"自主权",也最能激起每个人发自内心的热情。更何况,有选择,就有自由。既有结交的自由,也有断交的自由。同则交,不合则散,既可相知于患难,又可相忘于江湖,比其他的人际关系,宽松得多啦!

平等,相同,相合,而又自由可选择,关系就亲密,感情就深厚。

因此,中国人对于友情和友谊,相当地看重。在中国古代诗词中,差不多每位诗人的作品,都有相当数量的篇幅是歌颂友情的。以李商隐为例,他的诗作,只有一首怀念亡妻,情诗也不过十五首左右,而写给朋友或表现友情的,不算唱和应酬之作,至少也是情诗的三倍之数。其中最有名的一首《夜雨寄北》,曾有人认为是写给妻子的,应题作《夜雨寄内》。其实,"何当共剪西窗烛,却话巴山夜雨时",说是写给妻子或是写给友人,都讲得通。"赠内诗"和"赠友诗"难以区分,岂非恰好证明"爱情"受到限制,而"友情"则无论如何深厚也不会被视为过分?

事实也是如此。"醉眼秋共被,携手日同行"(杜甫《与李十二白同寻范十隐居》),如不说明是朋友,你看像不像情人?"你耕田来我织布",又像不像朋友?岂但像朋友,甚至像"互助组"、"合作社"。爱情与友情既然如此错位,则一首诗究竟是赠内还是赠友,当然也就难以弄清了。甚至也不必弄清,因为好夫妻原本像朋友,好朋友也原本像夫妻。"呦呦鹿鸣,食野之苹。我有嘉宾,鼓瑟吹笙",这"嘉宾"究竟是男是女,是妻是友,也是搞不清的事。因为"鹿"是吉祥意象,"鹿鸣"可视为"呼朋引类",也可视为"发情求偶";朋友来了固然要"鼓瑟吹笙",夫妻相爱也同样是"琴瑟相谐",都可以称为"知音"。所以我看不必细究。"公私"尚且不分,又何必一定要区分"妻友"呢?

显然,正是由于上述种种原因,友情才特别发达,也才特别珍贵。总之,有朋友是幸福的:"有朋自远方来,不亦乐乎";没有朋友则是不幸的:"劝君更尽一杯酒,西出阳关无故人";与朋友别离是痛苦的,因此应报以豁达的态度:"海内存知己,天涯若比邻";而无论走到哪里都有朋友,则当视为人生之最大幸事:"莫愁前路无知己,天下谁人不识君"。友情之珍贵,实非言语所能表达。

二　交友三昧

交友之道

朋友有两种,一种是有益的,另一种则是有害的。

孔子曾经提出过"益友"的三个条件。首先是直。直不但是心里不拐弯(正直),而且是嘴上也不拐弯(直率)。一般人,做到"正派"并不难,做到"正直"就难一些了。而要能够看到别人的缺点、错误就说出来,尤其是敢于对自己亲近的人(如朋友)直统统地说出来,做到"直率",就非常之难。难之一在于碍于情面,很难说出口;难之二在于顾忌功利,很难下决心。于人有损(伤了对方的面子),于己无利(自己并无好处),便很难会有人去做这种"蠢事"。然而直言虽然难听,却是出于"真爱"。故如能得一"直友",实乃人生之大幸。

其次是谅。朋友犯了错误,自己能够"谅解";或做了对不起自己的事,自己能够"原谅",这并不算很难。但是,要真正站在对方的立场上,设身处地地予以"体谅",就不容易了。尤其是他干了公认"不仁不义"的事,直接损害了自己又没有道歉,还能不顾自己背上黑锅而予以"曲谅",那就真是其难无比! 一个看重名誉的人,为了名声而"直",还不难;一个追求实利的人,要他不顾名声而"曲",也不难;而要一个人既不顾名声又不顾实利地去"曲谅"朋友,就几乎难得"不合情理"。但只有这样的朋友,才是真朋友。

第三就是"多闻"了。博学多闻的人,当然也是"益友"。相反则是"损友"。"损友"也有三个特点。第一,外表堂堂正正,但说的都是官话、套话、场面上的应酬话,表面上无可挑剔,内心却并不正义,所以是"不直";第二,只知逢迎讨好对方,甚至不惜附和错误,"指鹿为马",表面体贴谅解,内心却并无真诚,所以是"不谅";第三,夸夸其谈,言不及义,表面上能言善辩,内心却胸无点墨,当然不能算作"多闻"。这三种人,颇具迷惑性,其实最害人,所以是"损友"。

因此,君子的交友之道,就有以下几项原则:

　　第一是"尚自然"。不强交(不强迫别人交朋友),不苟交(不随便和别人交朋友)。真正的朋友总是可遇而不可求的。你可以去寻找机遇(寻师访友),但不能制造机遇。轻率就更不好。"生死之交一碗酒",爽则爽矣,其实靠不住。

　　第二是"超功利"。因"利"而勾结者,不能叫"朋友",只能叫"朋党"(狐朋狗党)。这种人,因为唯利是图,所以利相一致时,便狼狈为奸;无利可图时,便作鸟兽散;一旦利害冲突,便反目为仇,互相厮咬,哪里还有"情谊"可言?只有因"义"而结交者,才既可为正义而并肩战斗,也才可能在一方有过时,敢于直言而成为"直友",或因大义而曲谅其小过,成为"谅友"。

　　第三是"去嫌疑"。朋友之交,贵在忠信,一有狐疑,便生嫌隙。故曰"识人不可不真,疑心不可不去,小嫌不可不略"。这里最难做到的是"小嫌不可不略"。因为正派人都难免清高甚至孤高,常自诩为"眼里容不得一粒砂子"。对自己固然要求严格,对他人(尤其是那些被认为"有资格"和自己交朋友的人)要求也不会低,而且往往认为那不过是"起码"的要求。于是,小有不满,便课以大罪名,一心只想关系正了又正,友谊纯了又纯。结果,"水至清则无鱼,人至察则无徒",最后只能孤立自己。真正的"君子之交",诚应"大行不顾细谨,大礼不辞小让",着眼大处,不拘小节,求同存异,才是长久之计。

　　第四是"多宽容"。宽容是双向的。既要对朋友宽容,也要对自己宽容。不能因为自己做得到,就指责他人有过失;也不能因为自己做不到,就觉得没脸见人。金无足赤,人非圣贤。每个人,都有力所能及者,有力所不能及者,总有做得到和做不到的事。所以,既不必苛求于人,亦不必苛求于己,以免失去了朋友之间的平等。

　　第五是"有肝胆"。能不能"去嫌疑"而"多宽容",全在于有无"肝胆";而有没有"肝胆",又全在于是不是"超功利"。实际上,君子因为重义轻利,个人的进退荣辱成败得失都无所萦怀,自然胸怀坦荡;小人因为重利轻义,或害怕所求不可得,或害怕所得不能保,或害怕所保不能全,自然斤斤计较,患得患失。这就叫"君子坦荡荡,小人长戚戚"。

与人交往时,君子襟怀坦白,安详舒泰,从不以强凌弱,仗势欺人;小人则衿己傲物,惟恐失尊,难免盛气凌人,不依不饶。这就叫"君子泰而不骄,小人骄而不泰"。同理,君子求义,只须反躬自省;小人逐利,势必趋炎附势。这就叫"君子求诸己,小人求诸人"。求诸己者,相互之间没有利害关系,衿而不争,群而不党,自然淡泊宁静;求诸人者,相互勾结,相互利用,少不了吃吃喝喝,拉拉扯扯,说些甜言蜜语,给些蝇头小利。这就叫"君子之交淡如水,小人之交甜如蜜"。益友与损友,岂非正是君子与小人之别?

交友之情

交朋友,要讲"交情"。

交情有深有浅。交情深的是"深交",交情浅的却不叫"浅交",而叫"一面之交"。中国人讲"情面"。见了面,就有情。但毕竟"只见过一面",交情尚浅,虽然也可以托人情,但往往不大好开口,也不能重托,除非是"一见如故"。"故"就是见面很多、交往很久的意思,又叫故人、故友、故旧、故知,如老同学、老同事、老战友、老邻居。老则深,深则入。即使不能"深入","老"本身也是面子,总比"一面之交"来头大。

的确,中国人的交情,一般是与交往时间的长短成正比的。因为"路遥知马力,日久见人心",而交情一如美酒,越陈越醇。没有经过时间考验的交情,总让人觉得不那么"靠得住",也难以产生恋恋不舍的"恋情"。故民谚曰:"衣服是新的好,朋友是老的好";"新婚情烈,旧友情深"。友情不同于亲情,亲情是天然的,比如自己生的孩子,自然疼爱;友情则是慢慢建立起来的,要靠"积累"。积累则厚,厚则深,叫做"深厚";不积累则薄,薄则浅,叫做"浅薄"。浅薄的人,胸无城府。表现在交往上,一是"多言",夸夸其谈,自我炫耀;二是"泛交",轻诺寡信,不知自重。真正的友谊,应该是"面淡如水,心甘如饴",就像真正的学问和艺术一样,"看似平淡最奇崛,成如容易却艰辛",厚积而薄发。

交情虽然以"老"的好,但"故旧"并不一定就是"深交"。反倒是口口声声宣称自己与某某要人是"老交情"者，其交情往往可疑，就像时下某些"青年学人"，专好卖弄古怪涩口的新名词、新概念，把文章写得谁也看不懂，不过是以其艰深饰其浅薄而已。交情老，只不过意味着面子大。"老交情"有事来请帮忙，那么，"不看僧面看佛面"，看在"交往多年"的面子上，也不能不有所"照顾"，当然也可能只不过"面"上敷衍，这就全看交情的深浅和事情的难易了。从这个角度讲，"故交"也不一定靠得住。

真正的"深交"，是"知交"，即"知心之交"。要结知交，第一要"诚"，即以诚相待，"我无尔诈，尔无我虞"；第二要"忠"，即忠于友谊，"受人之托，忠人之事"；第三要"信"，即恪守信义，"言必信，行必果"；第四要"权"，即通达权变，"不拘泥，不苟且"。四者之中，"权"最难。孔子说："可与共学，未可与适道；可与适道，未可与立；可与立，未可与权。"也就是说，一般人，我们可以和他"同学"，但未必"同道"。因为道路可选择，各人选择的人生道路，未必都一样。可以和他"同道"，但未必"同志"。因为选择人生道路的动机、目的、志向并不一定相同，虽然走在同一人生道路上，说不定只是"同路人"，没准什么时候还要分手。可以和他"同志"，也未必"同权"。因为志是方向，叫"志向"；权是便宜，叫"权宜"。大彻大悟之人，为了最终地实现道与志，有时不得不略做变通，以为权宜。但这很容易被误认为是不忠诚，或不诚信，一旦起疑，也就不再"同心"，所以，非得真正的知交，才可与之同权；而一旦同权，也就真是"将心比心，以心换心"了。

由此可见，结交"知心朋友"，真是其难无比，故云"人生得一知己足矣"。许多人终其一生，也难得一知己。但是，有一种朋友，虽不一定知己、知心，却最可依赖，这就是"患难之交"，即"同生死，共患难"的人。或是在战场上，救过自己的命；或是在受害时，掩护或救援过自己；或是在危难时，和自己同心协力，共渡难关。这种经历了生死患难考验的朋友，将是最忠实的朋友，是刀架在脖子上都不会翻悔的朋友，所以又叫"刎颈之交"。

道理也很简单，——真正的友谊是超功利的。生死患难，功名利禄,最能鉴定友谊的真假和交情的深浅。司马迁在《史记·汲郑列传》的赞语中说,有个下邽(guī)人姓翟的,起先当廷尉(最高司法官)时,宾客来往极盛,把大门都塞住了,罢官以后,则大门外可以张设捕捉鸟雀的网罗("门可罗雀"一词即出于此)。后来,翟公又当了廷尉,宾客们又准备前往翟府交结,翟老先生便在门上用大字写下一句话:"一死一生,乃知交情;一贫一富,乃知交态;一贵一贱,交情乃见",说得真是再透彻也没有了。

交友之态

翟公的话,可以说是关于交往之道的至理名言。他不仅谈到了"交情",而且谈到了"交态"。所谓"交态",就是结交朋友的意向和态度,也指人世间社交的常态,即"世态"。前面讲到的"君子之交"和"小人之交",也可以说是两种"交态",但那只是两个极端。因为世上真正的君子和真正的小人都不多。大多数人,处在君子与小人之间,无妨称之为"常人"。常人的"交态"也就是人世间社交的"常态"。

通常的"交态",有以下几个特点:

第一是"有目的"。常人交朋友,都是有目的的。这种目的,不一定是小人那种急功近利的目的,也许只是觉得人生在世,不能没有三五友人。"在家靠父母,出门靠朋友","一个篱笆三个桩,一个好汉三个帮",没有朋友,就无法自立于人世,也无法做人。所以,就大多数人而言,都会有意识有目的地去寻找和结交朋友。大体上说来,这些目的又可分为三类:一类是为了事业,或是寻找事业上的指导者,或是寻找事业上的支持者,或是寻找事业上的参谋者,或是寻找事业上的合作者,如古代大政治家的"广纳天下之士",或学者诗人的"四方寻师访友",都属于此类。一类是为了生活,比如工作上有个方便,生活上有个照顾,在遇到紧急情况和特殊困难(如生病住院,购买车票等)时有个帮衬,这些都需要有朋友,否则便寸步难行,投靠无门。还有一类是为了心灵的交流。每个人都有自己的感情,这些情感都需要与他人交流;每个人都有自己的遭遇,这些遭遇都需要向他人倾诉;每个人都有自己的隐秘,这些隐秘有时也需要向一两个人透露,否则憋在心里会生病的。但是，自己的家人、亲人并非都能充当交流、倾诉和透露的对象。比如夫妻感情不和，就不能向丈夫或妻子倾诉。又比如初恋的秘密，有时就不能向父母透露。这就需要朋友，以便把一些不能对父母亲人讲的话讲出去。中国传统文化把"朋友"和"君臣、父子、夫妇、兄弟"一起，列为最重要的五种伦理关系，称为"五伦"，不能不说有其独到精辟之处。

第二是"趋利害"。"趋利避害"本为人之常情，更何况是有目的的交朋友，当然就不能完全没有功利的考虑，也不能一概地斥之为"小人"、"不义"。一个人在选择和开始交朋友时，两人之间，尚无"情义"，如果"趋利避害"，又怎能说"不义"？历史上如信陵君之结交侯嬴，公子光之结交专诸，严仲子之结交聂政，燕太子丹之结交荆轲，都有明显的功利目的，也都未被视为"不义"，又怎能要求常人之交往，完全不计利害？严格说来，只有那些共患难而不共富贵，为小利而忘大义，卖友求荣，一阔脸就变的人，才是忘恩负义的小人；也只有那些不顾身家利害，甚至承担着风险，仍要去结交身处逆境甚至困境中朋友的人，才是大义凛然的君子。处于二者之间的是常人。常人在初交时趋利避害，是应予理解的；若能在对方失势落难时仍维持友谊，便更是难能可贵，应视同君子了。

第三是"多离合"。常人交友，既以需要为目的，则需要发生变化，朋友关系也会发生变化，或加深，或疏远，或转移。所以常人的朋友关系，往往会不断地重新组合，老朋友渐次疏远，新朋友纷至沓来。这既是一种正常现象，也无妨说是一种"好事"，因为能扩大交往的范围。中国传统伦理观念视朋友如夫妻，一味强调"从一而终"，既不现实，也不尽合理。因为对人的认识要有一个过程。在交往过程中，如发现对方与自己志趣不同，性情不合，道路有异，亦不妨说声"再见"，从此各奔前程。单方面强调"从一而终"者，往往都有一种"霸气"，以一己是非为是非，以一己善恶为善恶，要求朋友处处与自己相同，事事与自己相合，倘有异议，便视为"叛徒"，这其实是"同而不和"。其结果，不是变成"小人之交"，便是变成"孤家寡人"。许多人终身无一知己，道理

往往在于此。如果还要以"古来圣贤皆寂寞"来作遁词,便未免阿 Q
精神了。"古来圣贤皆寂寞",多因其思想超前,观点独异。但圣贤固
然多寂寞,寂寞者却不一定都是圣贤。非圣贤而又寂寞的人,多半是
心理过于狭隘之故。狭隘并无好处。因此,我们还是把自己的心理调
整到常态为好。

三　任侠与清高

友谊价最高

毫无疑问,真正的友谊,毕竟是超功利的。正因为如此,友谊才会
成为体现真爱之所在。也正因为如此,重义轻利的人,才会把友谊看
得高于一切,重于一切。

首先,友谊重于金钱。在许多中国人看来,金钱乃"身外之物",最
不足惜。不但金钱,一切可以用钱买的东西,一切值钱的东西,一切物
质利益和物质享受,都可以为友谊而轻易舍去,"万金宠赠不如土"。
当年,孔子要他的学生颜回和子路谈自己的志向和愿望,重友情的子
路便慨然答道,只愿把我的车马衣服和朋友们一起使用,用坏了也不
可惜。这其实也是一般看重友情的中国人的共同心态:自己的金钱财
物,只要朋友需要,尽管拿去使用;朋友需要什么,只要自己有,也决无
吝啬保留。

这就和西方人不一样。西方人把友谊和金钱分得很开,友谊归友
谊,金钱归金钱。不要说朋友借贷,便是父子借钱,也要立字据,打收
条,认为这才是尊重人格。因为西方的人际关系,是"契约关系",非立
约不足以规范。中国的人际关系,则是"情感关系",一立约,便见外,
会"伤了感情"。所以中国的朋友之间借钱,很少打"借条",甚至讳言
"借"字,而说"只管拿去用好了"。朋友之间,重的是"信义"而不是
"契约",因此在语言表达上,"友邦"、"友军"也要比"盟邦"、"盟军"
更亲切。朋友有难,本当救助,岂有吝惜财物之理? 甚至,仅仅只是为
了与朋友共度良宵,以图一醉,也不惜典当宝贵的财物:"五花马,千金

裘,呼儿将出换美酒,与尔同销万古愁。"李白这话,是他客居友人元丹丘的颍阳山居时在宴席上对主人说的。酒钱不够?你不是还有五花马、千金裘嘛!拿出去!拿出去!叫你们家小孩子拿出去换酒来喝,咱哥们今儿一定要一醉方休!这种"反客为主"的慷慨,真非以心换心不拘形迹的豪迈知交断不能如此。梁启超诗云:"沥血一杯酒,与君兄弟交。君母即吾母,君仇即吾仇。"连至亲和仇敌都"与朋友共",况乎钱财?

不但金钱财物,便是功名利禄、官爵职位,也可以为朋友舍去。比如司马迁,便正是因替李陵辩护,不但丢了官职,绝了仕途上的前程,而且被下狱问罪,入"蚕室",受"腐刑"。其时,李陵已然降敌,司马迁的辩护,并于事无补。战将降敌,不要说好大喜功的汉武帝,便是一般"爱惜名节"的人,也不能容忍。然而司马迁却宁愿冒着天大风险,为并不在面前的"叛徒"辩护,这就非"知心"而不可为。司马迁获罪后,依律可以出钱赎罪,但他家贫不能自赎,而平日交游的朋友竟无一人愿意帮他。结果司马迁在狱吏酷刑的淫威下受尽了折磨,而且所受乃任何男子都会感到屈辱的"腐刑",弄得男不男女不女,生不生死不死。受此屈辱后,司马迁又忍辱负重地完成了巨著《史记》,这就非"真君子"、"大丈夫"而不可为。司马迁在《史记》中,但凡写到为友捐躯或忍辱负重的人物,总是那么动情,显然不是没有原因的。此外,如赵国虞卿为救魏齐而自解相印,中牟县令陈宫为救曹操而自弃官职,都可以说是"重义轻利"的豪举。

不但金钱财物、功名利禄、官爵职位等等"身外之物",可以为朋友舍去,甚至连自己的亲生骨肉乃至自己的生命,也可以为朋友牺牲。在有名的"赵氏孤儿"故事中,程婴为了"报恩",以亲子代替被追杀的赵盾之子,冒充顶死;公孙杵臼为了"友情",又代替程婴冒充藏孤之人,和程婴之子一同死于非命;韩厥为了"正义",冒险放走真正的赵氏孤儿,然后自杀灭口。这三个人,便正是孟子所谓"舍生而取义者也"。

这种为恩情、友情、正义或情义而不惜献身的行为,在历史上屡见不鲜。比如春秋时代齐国人北郭子,家贫不足以养母,曾求助并受惠于齐相晏婴。后来晏婴见疑于齐君,只好出奔他国。晏子一走,北郭子便对朋友说,请把我的头放在竹篮子里,交给齐王,就说晏先生是天下之贤者,他一走,齐国必亡。与其眼睁睁地看着国破家亡,不如先死!说完自刎而死。北郭子的朋友为了"受人之托,忠人之事",也为了与友人"同生死,共患难",又自刎以托付旁观者,终于惊动齐王,亲自坐上驿车去追回晏婴。

又比如西汉大侠郭解,因犯律被官府通缉,武帝追杀,逃到临晋。临晋人籍少公并不认识郭解,见他来求,便设法帮他脱逃出关。后来官府追查到籍少公这里,少公才知道原来那人竟是郭解。为了掐断线索,竟自杀灭口。少公与郭解素不相识,并无交情,也居然以身相殉,这就不能说是忠于友谊,而只能说是"任侠"了。

任侠

任侠,又叫"尚义任侠"、"为气任侠"、"使气任侠",也就是"好带意气,以侠义自任"的意思。据《史记·太史公自序》及《游侠列传》所云,我们可以总结出侠或任侠的三大特征,即:重然诺、讲义气、轻生死。

重然诺,是侠的第一个特征。所谓"不失信,不背信","其言必信,其行必果,已诺必诚",说的都是这一点。所有的侠们差不多都是这样:只要答应了别人,便一定坚守"然诺",不计利害,不避风险,千方百计地去实现这一诺言。至于这一诺言是在什么情况下立的,其内容本身是否合理,有没有能力和可能去实现,在实现诺言的过程中产生什么问题,其结果是否果真正义,都不在考虑之列。"三杯吐然诺,五岳倒为轻",似乎"重然诺"本身便是最高的合理性。比如《水浒》中的宋江,只因当年在清风寨时曾对矮脚虎王英许下诺言,"日后别娶一个好的,教贤弟满意",打下祝家庄后,便硬把扈三娘许配给他。那王英身材矮小,相貌丑陋,武艺平常,又是个"色鬼",哪里配得上出身大户,年轻貌美,且武艺高强的"一丈青"?连宋江自己也觉得不甚"般配",只好对扈三娘实话实说:"我这兄弟王英虽有武艺,不及贤妹,是我当初曾许下他一头亲事,一向未成得"云云,似乎求婚的倒是他宋江本人。扈三娘心里当然不愿意,但迫于宋江"义气深重,推却不得,两口儿只得拜谢了"。大概连施耐庵自己也觉得尴尬,这才不得不用了"只得"二字。这除了再次说明中国的传统婚姻是"无爱之婚"外,也说明"重然诺,讲义气",在江湖中人看来是何等地高于一切。

讲义气,是侠的第二特征。义气其实是一个很含糊的概念,有时讲的是"正义",有时讲的又是"情义"。"路见不平,拔刀相助","救人于厄,振人不赡",讲的往往是"正义";"君母即吾母,君仇即吾仇","为朋友两肋插刀",讲的往往是"情义"。正义具有普遍性,也具有抽象性,并不限于某一特定对象,所以侠们往往会为素不相识的人挺身而出,因"看不惯"而"管闲事",甚至不惜得罪江湖同道,把自己也变成追杀的对象。情义具有个别性、具体性,是针对具体特殊对象而言的,所以侠们有时又会因"哥们义气"而不顾大义王法。尽管侠们天真地坚信,他们所守的具体"情义"和社会普遍公认的"正义",一定是完全一致的,但可惜事实上并非如此。比如宋江和官府作对(搭救晁盖或造反上山)时,正义与情义是一致的;后来他一门心思要投降,正义与情义就矛盾冲突了。这时,是"跟着正义走",还是"跟着情义走",对于众好汉就成了一个"问题"。其结果,当然是情义压倒了正义,一伙人都跟着宋江投降去了。甚至,最具侠肝义胆,也最不愿意投降的几个弟兄,如李逵、吴用等,还为此断送了性命。这是他们的悲剧,也是侠的悲剧。

轻生死,是侠的第三个特征。侠们都是不怎么怕死的。他们把"然诺"、"义气"看得很重,却把自己的生命看得很轻。一旦生与义发生冲突,便毫不犹豫地"舍生取义",不是触槐触阶而死,就是自刎自刭而亡。如前述韩厥,是为"正义"而死;北郭子,是为"恩义"而死;公孙杵臼,是为"情义"而死;而春秋时晋国的力士钮麑(chúní),则是因两"义"之难而死。钮麑是晋灵公派去谋杀赵盾的刺客。这个晋灵公是历史上有名的无道昏君,而赵盾却是让人肃然起敬的国家重臣。这下钮麑为难了。杀这样的人,是不"忠";受命而不克,是不"信"。两条罪名有一条,就该死。当然,回去把晋灵公杀了,也是不行的。那是

"弒"。于是钮麑只好一头撞在赵盾家的槐树上,把自己杀了。这件事,《左传》和《国语》都有记载,而"钮麑触槐"也成为"侠肝义胆"的同义语。

侠们杀起自己来既然毫不犹豫,杀起别人来也往往满不在乎。比如梁山好汉为救宋江而劫法场,便是"不问军官百姓,杀得尸横遍野,血流成渠",李逵更是"抡两把板斧,一味地砍将来","一斧一个,排头儿砍将去",杀的岂非多是无辜?即便是黄文炳,无论多么该杀可杀,似也不必"把尖刀从腿上割起,拣好的,就当面炭火上炙来下酒,割一块,炙一块"(干这活的又是李逵)。这就近乎以杀人为乐,几乎是杀人狂了。侠们往往武艺高强,又不怕死,又爱意气用事,又不把国律王法放在眼里,甚至故意和官府作对,所以韩非子称"侠以武犯禁",把他们列为祸害国家的五种人物之一,称为"五蠹"。

清高

与"任侠"处于另一极端的是"清高"。

清高者的特点,是轻易不肯与人交往。任侠者因为"专趋人之急",有如"救火队"和"救世主",所以往往交游极广,甚至弄得天下之人,"莫不引颈愿交焉"。清高者则不同。在清高者看来,这个世界基本上是肮脏丑恶的。众人皆浊我独清,故曰"清";众人皆俗我独雅,故曰"高"。他们不愿过问"俗事",更不愿结交"俗人",甚至听见了"俗言",哪怕是至尊至贵至圣至神的"尧舜之言",也要赶忙去洗耳朵。比如历史上最古老的高士许由便是。当时,帝尧要任命许由当"九州长",许由一听,便跑到颍水河边去洗耳朵。正好他的朋友巢父牵着头牛犊儿来饮水,一听是这么回事,连忙把牛犊牵开,说这河水已被你洗脏了,连牛也饮不得了。高士们清高如此,哪里还会像侠们那样去管"闲事"?所以与任侠正好相反。前者广交游,好结友;后者避世人,爱独身。侠们可能有一大群朋友,清高者们则可能终身只有一二知己。

然而,任侠与清高却有相通之处,即他们都把友谊看得高于一切。正因为把友谊看得极为珍贵,所以任侠者会不惜献出生命,而清高者则不愿轻易与人交往,也就是深怕亵渎友谊之故。所以侠中也有清高者,而清高者也大都有侠骨。如魏晋名士嵇康,因被钟会进谗而遭杀害,临刑前,竟然能索琴而弹奏之。这种视死如归的态度,就是一种"侠气"。所以,侠士和高士,往往都脾气大得吓人。侠士是动不动就要和人"过招",高士则是动不动要和人"绝交"。比如管宁(东汉末年名士),早年曾和华歆"同席读书"。有一次,读书时,门外有达官贵人的车马仪仗经过,管宁读书如故,华歆却扔下书跑出去看热闹。回来以后,发现管宁已把席子割开(所以后世称朋友绝交为"割席")。小小年纪,脾气就这么大,真不知后来会怎么样。

任侠者和清高者脾气之所以这么大,是因为他们要做的,实非常人所能做到者,故非以"气"使之不可。其实,华歆也不是什么"小人",也是多少有点"侠骨"的。有一次,华歆与魏国司徒王朗同船避难,有一个陌生人也要上船。华歆开始并不同意。王朗说,地方还很宽嘛,有何不可?后来,贼人追上来了,王朗又想把那人扔下去。华歆说,我当初犹豫,怕的就是出现这种情况。现在既然已同意了他的请求,又岂可因情况紧急而相弃?于是照旧携带庇护这个人。这种"重然诺"的精神,不也正是一种"侠肝义胆"么?

管宁之所以要和华歆绝交,是因为他认为华歆太势利。其实,华歆只不过修养略差而已。他俩一起在园子里锄菜时,"见地有片金",管宁挥锄如故,与见到瓦片石块没有什么两样,华歆则把它拾起来又扔掉。这就有高下之别了,但毕竟也只是"略差"而已。然而,彻底的任侠和清高,是容不得半点功利的。任侠者要"救人于厄,振人不赡",当然要过问世事,清高者也未必一定不出仕,但有一个共同的严格要求,就是"不计名利,功成身退",在为国家、为他人作了贡献,做了好事以后,决不索取报酬,甚至羞言"感谢",更遑言自吹自擂,叫做"无伐善,无施劳"。这也是当年颜回对孔子"各言尔志"的回答,被看作真友谊,真义气的一个标准,也是真侠与假侠,真清高与假清高的分水岭。

总之,任侠也好,清高也好,共同强调的都是一种人格力量和人格精神。这种精神力量,使他们或蔑视权贵,或蔑视权威,视功利如粪

贫贱的原宪在富贵的子贡面前,却表现出一种清高的
人格精神。

（选自《博古叶子》,明陈洪绶画,黄建中刻,清顺治十
年刊本。）

土,置生死于度外。甚至,还能使不具备这种人格精神的人在他们面前自惭形秽。有一次,担任了卫国"相爷"的子贡带着人马浩浩荡荡开进穷街陋巷,来看老同学原宪。原宪却戴着破冠、穿着破衣来见他。子贡觉得老同学太"掉价",便问:学兄就这么可怜吗?原宪答道:我听说,没有钱财只叫做"贫穷",学了"道"而不能实行,那才叫"可怜"哪!像我原宪这样的,只能算做"贫穷",不能算做"可怜"。子贡一听,羞得满面通红,拂袖而去,并终身以此言为耻,这就是"清高"的胜利。又比如,东汉末年的名士荀巨伯,有一次大老远地去看望生病的朋友,正好胡人攻进城来,见荀巨伯居然胆敢一个人留在这里,大为惊诧。巨伯说,朋友生病,不忍心遗弃他,请让我代友人一死。胡兵互相看了看说,"我辈无义之人,而入有义之国"。于是班师而还,一郡因此获救,这就是"侠义"的胜利。人格精神力量之大,一至于此。

四 圈 子

圈子种种

中国人友谊的又一个特点,是任何人的结交,都有一定的"圈子"。

君子之交是一种圈子,小人之交也是一种圈子;侠义之交是一种圈子,清高之交也是一种圈子。虽然儒家的社会理想,是"四海之内皆兄弟也",但没有一定圈子的交往,事实上并不存在。就连水泊梁山之上,虽然都是"哥们",也有一定的圈子,比如智取生辰纲的几个就比较亲密,而李逵、花荣、戴宗等人则和宋江比较"贴心"。

物以类聚,人以群分,不同的人形成不同的圈子,原本是十分自然的事。所以,如果我们要了解一个人,认识一个人,只要看看他生活在哪一个圈子里,和什么人来往,跟谁交朋友,也就能猜个八九不离十,这就叫"不知其人而视其友"。

这种"观人之术",应该说有它一定的道理。因为每个人在结交朋友时,总是会有意无意地选择那些和自己在各方面都比较相同,至少在某一方面比较相同的人,或者气质、秉赋、个性、志趣、爱好相同,或者是世界观、人生观、价值观相同,或者是个人道德修养、知识修养、审美修养的档次、层次、境界相同。如果相异,就没有共同语言,甚至"话不投机半句多",哪里还有友谊可言?"云从龙,风从虎,麋近鹿,凤求凰";"鱼找鱼,虾找虾,乌龟找的是王八",圈子的形成是很自然的。

不过,圈子并不一定等于友谊。形成圈子的因素和条件很多,比如"行业"。"行"(háng)的本义是"道路",其次是"行列"。同行也就是同道、同列。同行之间,只要不存在直接的现实的利害冲突(如同在一个单位争夺同一个职位),一般说来,感情上总存在某种天然的联系,较之非同行要更亲密,也较易交往。所以历史上,不少行业都有自己的圈子、团体和组织,叫做"行会"、"行帮"或"帮口",就连乞丐也有,叫"丐帮"。行会、帮口内部,有自己的规矩,叫"行规";有自己的语言,叫"行话"。不懂行规行话,就很难进入他们的圈子,甚至很难和他们交往。

又比如"学历"也是。它包括三个内容。一是学什么,类似于行业。习武的,是"武林中人";修文的,是"衣冠中人"。这就有圈子了。二是跟谁学,这就有门派、学派、师门之别,圈子更小。同一老师的叫"同门",感情关系又更深。三是何时学成,学到何种程度。科举时代,同届考中者为"同科",同科考中者为"同年"。同科、同年之间,无论先前是否相识,都有一种特殊的关系,叫"年谊"。有年谊者,互称"年家",称其长辈为"年伯",同辈为"年兄",后辈为"年家子",宛如亲属家人。一旦为官,则在官场上,都有互相照应提携的义务,甚至勾结成党,朋比为奸,成为"朋党"。

形成圈子的又一种最常见的因素和条件是"籍贯"。中国人历来重籍贯,直至今日,中国人的档案材料中,差不多都有"籍贯"一栏。中国文化认为,不同的地域的人,会有不同的文化气质,或刚,或柔,或憨,或狡,或粗犷,或细密,或耿直,或油滑。文化气质甚至影响到他们的行业职业,如"江南出才子,山东出响马","宁波出裁缝,绍兴出师爷"等。同一籍贯的人,由于文化气质相近,当然也就"同声相应,同气相求"了。于是同乡之间,也就有一种特殊的感情关系,叫"乡谊"。

如果都是背井离乡、外出谋生者，哪怕先前并不相识，一旦认了"老乡"，也是必须互相照应的。

以上三种最常见的圈子中，又以同乡为最常见，最普遍。一是因为每个人无论有无职业、学历，都有籍贯，都有乡里，因此最具普遍性；二是因为"乡"与"家"的关系最为密切，乡情本身便带有亲情性质或亲情意味，故谓之"乡亲"。正如费孝通先生在《乡土中国》中所言："每一家以自己的地位做中心，周围划出一个圈子"。这个圈子，在城镇叫"街坊"，在农村叫"邻里"。街坊邻里关系，有时比亲属还要密切，叫做"远亲不如近邻，街坊不如对门"。门对门、墙隔墙的近邻，关系最亲密，因为都是"低头不见抬头见"的人，见得多，自然有"情面"。亲热的说法，叫"有墙是两家子，拆了墙就是一家子"。街坊邻里是一个圈子，扩大一点，就是"乡里"，再扩大一些，同一县，甚至同一省，都是"老乡"。"老乡见老乡，两眼泪汪汪"，感情自然非比寻常。

共享原则

圈子既以认同（同乡、同年、同行）为前提，则圈子一旦形成，便难免"党同伐异"，把圈内人视为自己人，把圈外人视为外人，严格按照"内外有别"的原则进行交往。比方说，几个人在一起，如果都是"自家人"，就有说有笑，打打闹闹，而且可以相互开一点"出格"又无伤大雅的玩笑。如果这时来了一个人，却是圈子以外的，则玩笑立即停止，甚至大家都不说话，弄得那人进也不是退也不是，说也不是不说也不是，十分尴尬。至于略带隐秘性的信息、传闻、小道消息，也首先是在圈子内相互传递，而且传递时还往往要加以叮嘱："不足与外人道"。尤其是关系到某种实际利益的消息，更是"肥水不流外人田"，只能让圈内人"近水楼台先得月"。也就是说，必须按照"资源共享"的原则，给予适当的"照顾"，包括送消息和打招呼。

其实，所谓圈子，在一定意义上，也就是"资源共享"的意思。比如同乡，就是共同耕种一块土地，共饮一江一河一井之水者。其余如同学，是共享"知识资源"；同事，是共享"行业资源"。依照中国文化的"人情原则"，先前既然共享了资源，则现在有了新的资源，也同样必须拿出来共享。这正如先前我在你家里吃了饭，则现在你来我家，我也一定要请你吃饭一样，是一种讲良心有回报的表现。这是中国人必须普遍遵循的一条道德原则。甚至一个盗贼，行窃得手后，如碰上了另一个盗贼，也要"见面分一半"，以示"利益均沾"，因为大家都是"圈内人"。如果该盗贼竟然违背了这一原则，则他在江湖上，便会立即声名狼藉，不但从此休想再和大家共享资源，而且很可能连立足都成问题。

　　然而，均沾者决不止于利，还有害。正如公与私、你与我难以区分，利与害也不过是一块硬币的正反面。所以"共享资源"者也必须"同仇敌忾"，"利益均沾"者必须"祸患均摊"。比如在旧中国，常有两姓或两村之间的大规模械斗。这械斗的起因，无非或是争面子，或是争资源（如共用一河一渠之水的上下游村落，在大旱之年因争夺水资源而爆发械斗）。械斗一旦发生，则两姓、两村之人，都会全体出动，争相投入，有进无退，奋勇当先。如果是有预谋的械斗，则事先往往还要举行一种极为残忍的仪式。在这种仪式上，要先将生擒的"敌方"人员（最好是青壮年或对方首领）剖腹，取出心肝以祭奠列祖列宗，然后架起大锅，将其煮熟，而本族或本村的全体成员，每个人都要来吃一口肉，喝一口汤。参加"人肉宴"的，有时只限于成年男子，但至少每家每户必须有一人参加吃喝。依照"家本位"原则，只要有一人参加，也就全家有份。这就等于全族或全村的每一个人，都成了对方的"死敌"。这种仪式的用心是极深的。第一，它使全族或全村的每一个人，都与对方结下了"仇怨"，终身无法摆脱，世代无法摆脱，只能横下一条心来，和对方决战到底，不会中途出现"变节分子"。第二，它使全族或全村的每个人，都有了"罪恶"和"罪恶感"。这种"罪恶"和"罪恶感"会使每个人都变得疯狂，从而在战场上成为"死士"。第三，它使全族或全村的每个人，都分担了"责任"，一旦对方报复或官府追究，便必须施加于全体。对方的报复要施加于本族本村之全体，当然没有那么容易（比较容易的办法，是也从这边抓一个人回去吃掉）；官府的追究则因"法不治众"，往往也只好不了了之。可见中国人一旦"抱团儿"，就不大好对付。

　　既共享资源,又同仇敌忾;既利益均沾,又祸患均摊,这就叫"有福同享,有难同当",是中国人交朋友、结圈子、拉帮派的基本原则。它给中国人带来的直接好处,是一个人一旦有难,便不怕没有救援。读过武侠小说的人都知道,江湖上有所谓传"侠义柬"、"绿林箭"的规矩,即一方有难,便可向八方求援。同门师弟不必说,便是不同门的朋友,无论亲疏远近,只要接到了"侠义柬"、"绿林箭",全得立即赶到应援,否则便是"不义",无法再自立于江湖。非同门的朋友赶到后,如果发现其事于理不合,或双方都与自己有"交情",也可以撤身退出或劝双方讲和,或袖手旁观,但同门师弟则一般不问是非地"同仇敌忾"。其实,这种现象并不止于江湖,在日常生活中也比比皆是。比如,一个人犯了错误,或者触犯了刑律,要受处分了,他那圈子里的人便会络绎不绝地前去"说情",四处奔走,设法营救。这种事,可谓古今如一。在政治黑暗,冤狱遍于国中的时代,它确能使部分好人幸免于难;但在建设民主与法制的今天,又可能会使部分坏人漏网。是非功过,实非三言两语能够说清。

　　代价与是非

　　但有一点却可以肯定,即上述好处是要付出代价的。

　　代价之一,就是消解了个人。在中国历史上,除极个别的人,如各学派的祖师、各门派的宗师、各团体的领袖,可能会因个人的魅力而成为"核心",并因此而建立"圈子"外,其余绝大多数人,要想进入某一圈子,或在某一圈子内生存,都必须尽可能地与圈子认同,甚至包括极细小的方面。比如老乡们在一起,就要说家乡话。如果一个人外出多年,依旧"乡音未改",家乡的父老乡亲们便会对他格外亲热。如果他居然记得只有本乡本土才有的极"土"的"土话",就更会受人欢迎。相反,如果他回到家乡,竟是一口的"官话"、"京片子",大家就会"敬而远之",在内心深处不把他看作"自己人"。《论语》上说孔夫子他老先生在宗庙里、朝廷上,说话虽谨慎,但也明白流畅,一到自己本乡本土,便"似不能言者",除了表示对"乡党"的恭谨外,不知有没有语言方面的原因? 又比如,圈子里的人要在一起"聚一聚",那么,即便你厌食、胃溃疡、酒精过敏,也少不得要"叨陪末座"的。因为"一人向隅,举座不欢",不能因一人之好恶,扫了大家的兴。这些小事尚且如此讲究,遇到"大是大非",当然也就更没有价钱好讲。这样一来,个人就成了圈子,或者说"我"就变成了"我们"。一个人的团体意识越强,自我意识就越弱;越是与圈子认同,就越是消解了个人,最后就变得只会说"我们",不会说"我"了。中国人写文章,谈到自己的观点时,往往说"我们认为",而不会说"我认为",就是这种观点和习惯所使然。

代价之二,则是消解了国家。孙中山先生早就说过:"中国人最崇拜的是家族主义和宗族主义,没有国族主义"。如果把类似于家族、宗族的乡里、帮口、师门、同仁等大小圈子都考虑进去,则孙先生的意思也可以这样表述:中国人只有"圈子观念",没有"国家观念"。所以"对于国家,从来没有一次具有极大牺牲精神去做的"。当然,这绝不是说中国历史上没有为国捐躯者,但如果深入分析一下,则不难发现他们多半是集国难与家难、君仇与父仇于一体的人。前方将士抗敌是因为"守土有则",边陲士民抗战是为了"保卫桑梓",岳家军、戚家军作战英勇是因为他们忠于团体。只要"鬼子"不打到自己家门口,中国人的"爱国主义"往往是口头上的。故"前方吃紧",并不妨碍"后方紧吃",半壁江山沦陷,偏安一隅的小朝廷依旧歌舞升平。"暖风熏得游人醉,直把杭州作汴州",以至"遗民泪尽胡尘里,南望王师又一年"。甚至国难当头之日,朝廷里的各个小团体,仍不肯放弃一己之私利,一个个"内战内行,外战外行",忙于"党争",无暇御寇。这可以说是团体(即"小圈子")利益高于国家利益之最典型事例。

在战时是团体利益高于国家利益,在平时则是"人情大于王法"。这类实例实在太多太多,我们在报上、杂志上时有所闻。可以说每办一案,都难免有人来"说情",或有人会"徇情"。其实,人情岂止大于王法,而且大于真理。一件事,只要一牵涉到自己的圈子,"圈内人"处理起来,便往往不问是非,只问亲疏。疏则公事公办,亲则大开方便之门。至于公道不公道,姑且放到一边。有人说中国人只讲人情不讲原则,其实并不准确。准确的说法,是"人情即原则"。也就是说,讲人情,不能"六亲不认",不能做"亲者痛,仇者快"的事,这本身就是原则,而且是最重要的原则。为了坚持这一"最高原则",什么真理,什么公道,什么王法,都可以不顾,都可以不视为原则。

因此,一旦圈子、团体的利益与国家利益发生冲突,被牺牲掉的往往便是后者。因为国家是"公家",何妨牺牲一点。反正国家的利益大得很,多得很,"地大物博,人口众多",稍稍牺牲一点也无伤大雅。又反正大家都只关心自己的小圈子,只要不伤害"自家"的利益,伤害了"公家",谁也不会来管"闲事"。圈子和团体就不同了,这是"自家"。自家门前雪,自家不扫谁来扫? 伤了自家人,在自家人的面前就会"没脸见人",当然只好为了维护"自家"而对不起"公家"了。

没有"国家观念",也就没有"公民意识"。所以,中国人一旦有困难,首先想到的不是去找"国家",而是去找"自家"。比如,生活发生困难,不会去领社会救济,而是靠亲戚朋友接济。一旦国家救济了(如扶贫),又认为是理所当然,并不把扶贫款用来发展生产,而是迅速吃光花光,再等第二回,丝毫也不考虑自己作为"公民",对国家还有什么"义务"。又比如,做生意,办企业,也不是向国家借贷,而是靠亲戚朋友"集资"。即便贷款,也要靠圈子里的朋友帮忙,托人情,走后门,才贷得到。再比如,受人侵害(被打,被强暴等),也首先不是诉诸法律,而是找"自家人"帮忙,把对方也痛打一顿,或者索赔"私了"。总之,在中国人心目中,亲戚朋友,圈子团体,要比空洞的、高高在上的、无法直接感知的"国家"要更亲切、更靠得住。因此,在检讨自己的社会角色时,首先想到的是自己属于哪个圈子,而非首先想到自己是"公民"。

事实上,中国传统社会是没有"公民"概念而只有"臣民"、"子民"的。臣是对君而言,子是对父而言。"君"住在紫禁城中,九重天外,遥远得很。君所代表的国家,便不能不给人以陌生感。各种"父",——家父、师父、父母官,都是看得见、摸得着、靠得住的人,不能不予以特别的重视。更何况,君王的意旨,国家的政策,政府的法令,也只能通过各个种类的"父",接力棒似的传达到每个"臣民"或"子民"。这样层层传递下来,不走样、变味,才是怪事。处于最下层的"民众"们,不对"国家"感到隔膜,也才是怪事。

　　因此可以这么说,传统的中国社会,既没有严格意义上的"个人",又没有严格意义上的"国家",而只有许许多多的"圈子"(比如行帮和乡社,家族和家庭)。天下大治时,这些圈子以中央政府为中心,耦合成一种"同心圆"的结构。一旦天下大乱,中央政府失控,那么对不起,这些大大小小的圈子便立即自成体系,或群雄割据,或土崩瓦解,一个个乘机兴风作浪,浑水摸鱼。等到一个或几个枭雄出来收拾残局时,也不能不借助各个圈子的力量,把大家再笼络到一起,重新结构"同心圆"。所以,外国人说中国人是"一盘散沙",是不准确的。准确的说法,应是"一盘散圈"。大大小小的圈子,星罗棋布地"散"在各处,相互之间靠着血缘和地缘,人情和面子,维持着一种"松散的联系"。只要这种松散的联系尚能维持,政府也能借助这种联系收税完粮,那就是"天下太平"了。

　　这就难怪中国人特别看重友谊了。个人太渺小,国家又靠不住,只好广交朋友多结圈子。只不过交异性朋友的时候要注意。红粉知己虽然令人羡慕,却也容易招人物议。中国人的传统观念是"男女有别"。若是孤男寡女地弄在一起,就难免会有人要说"闲话"。

第九章　闲话

一　所谓闲话

闲话与麻将

是人，大约就总要说闲话。

闲话有两个意思，一是闲暇时说的话，二是非正式说的话。人不能老是干活，总有闲下来的时候；也不能老是打官腔，多少得来点儿信口开河，于是就有了闲话。

闲话的好处，是轻松、随意，说的人不累，听的人不烦。说闲话又叫"聊天儿"，也叫"闲聊"。聊，有暂时、权且、略微等意思；闲，则有空、白、漫无边际、无关紧要等意思。可见"闲"也好，"聊"也好，都无关大局，无伤大雅。又闲又聊，就更加可有可无，没个正经。反正闲话就是那种"不说白不说，说了也白说"的话。既然"说了也白说"，就不妨"乱说"；既然"不说白不说"，就大家"都说"。再说，闲着也是闲着。说点儿闲话，既打发了时光，也好歹算是做了点事情，没白闲着。所以，闲话也不完全是"白说"。

中国人爱说闲话。全国各地，都有关于闲话的种种说法。比如北京叫"侃山",上海叫"吹牛",东北叫"啦呱",西北叫"谝传",新疆叫"宣荒",闽南叫"化仙",成都叫"摆龙门阵"。这些说法都很形象,也有意思。就说"宣荒"。宣是宣讲,也是散布、传播。荒则是荒远,也是荒唐、荒谬。宣荒嘛,就是把那些荒诞不经的"荒信儿"(也就是"道听途说")胡乱"宣"他一气,自然可以漫无边际地东扯西拉,一直扯到天荒地远,一点谱都没有了。因此也叫"吹牛"。

这就开心。因为没有拘束,不必循规蹈矩,很能让人放松。

其实宣荒也不容易,得有点精神,也得要点水平才行。比如北京人"侃"起"山"来,就确乎有股子"愚公移山"的劲头;而成都人摆"龙门阵"的架势和阵势,也决不亚于当年的薛仁贵薛大将军。北京人和成都人,都是拿闲话当事业的。倒是闽南人潇洒。乌龙茶一泡,榕树下一坐,看着潮起潮落云散云飞,天南海北随心所欲地聊开去,便飘飘欲仙了。是啊,聊天即等于"化仙",则其乐也如何?

难怪中国人爱说闲话。

爱说闲话,首先是比较有闲。农业民族的生活节奏是比较慢的。农村里靠天吃饭,白天虽然忙碌,晚上却有的是空闲。何况还有"农闲"。尤其北方农村,一到冬天,就没什么事做,又哪儿也不能去,只能猫在家里,不说闲话干什么?当然,游牧民族的生活节奏也不快。但他们骑在马上,人与人隔得老远,说闲话就不怎么方便,所以他们唱歌。

唱歌和闲聊,都是宣泄过剩精力、打发多余时间的方式。其实读书也一样。因此"无聊才读书"。不过读书要有文化,得断文识字才行。此外,泡吧要有钱,钓鱼要有闲,健身要有场所,下棋要有智慧,还是说闲话便当。只要有那么一点点时间,也无论是在田间垄上、街头巷尾、茶馆饭店、车站码头,都可以说。既无需经费,也不要文化,一张嘴就是本钱,两个人便可开讲,更没有身份地位的限制,"人人有份,大家一样"。因此,在中国,人无分男女,地无分南北,皆有说闲话之可能、之条件、之兴趣。

再就是打麻将了。麻将是中国的"国玩"。它比桥牌好接受,比扑克花样多,不像围棋那么深奥,不像象棋那么费神,既可深入,也可浅出,少长咸宜,雅俗共赏,所以人见人爱,一玩就上瘾。坐在麻将桌前,就像坐在电脑跟前一样,时间过得飞快。何况麻将还有"群体性",非四人一桌不可。这下好了,一个人,枯坐家中百无聊赖,正寻思着到哪凑热闹,一个电话来了:"嗨,哥们,咱这儿正三缺一呢!"他还不赶紧去?

这就有用。有什么用?交际。至少是为交际提供了机会,制造了借口。中国人是极其注重人际关系的。有事没事,大家都得聚一聚。但走亲串门,枯坐闲聊,久则乏味;请客吃饭,劳神费力,难以持久。何况请客吃饭,要有借口;走亲串门,要有话题。打麻将就没有这么多罗嗦。打麻将是不要借口的,麻将本身就是借口;打麻将也不用另想话题,麻将本身就是话题。所以打麻将最好。朋友聚会,可以增进友谊;家人围打,可以共享天伦。有些做子女的为讨双亲高兴,特地在节假日陪父母打上几圈,也算是一种孝心。朋友之间打麻将,那些会做人的,八圈下来,赢家请客吃饭,就更是功德圆满,皆大欢喜。

闲话与段子

这就很像说闲话。

说闲话,图的也是融洽关系增进感情。闲话就是闲话,与己无关,无足轻重,既不必劳神费力,又不会因观点不同而陡起纠纷,正是融洽关系的好玩意,自然人人爱讲,个个爱听。所以,说闲话和打麻将一样,也是会上瘾的。"十亿人民九亿搓,还有一亿在琢磨";"十亿人民九亿侃,还有一亿在发展。"麻将和闲话,是不是中国人的"最爱"?

中国人爱打麻将,爱说闲话,说到底,还是因为爱扎堆,爱抱团,爱往一块凑。所以中国人也爱聚餐。或者集体会餐,或者凑份子吃饭,或者轮流坐庄,这回你请我吃,下回我请你吃,反正就是凑在一起吃。聚餐既为友情而来,便常常还要辅之以麻将和闲话。或者吃饭之前先来几圈,或者饱餐之后打个通宵。但不管是觥筹交错,还是长城高筑,闲话总是不会缺席的。

闲话是酒席上最重要的一道菜。说是调料也行。没有闲话,大家都正襟危坐,沉默寡言,或者温文尔雅,行礼如仪,那餐饭一定吃得寡淡,还剧累。想想也是。凑在一起吃饭,原本就是为了联络感情发展关系。如果一个个都跟闷葫卢泥菩萨似的,屁都不放一个,这饭还吃它做甚? 所以,即便是不甚相识的人凑在了一起,哪怕是吃工作餐,也得说上几句。如果是请客吃饭,那就更不能"冷场"。这时,主人自己如果不善言词,或没有酒量,就非得请善饮健谈者作陪不可。"陪客"不是"说客"。他的摇唇鼓舌,不是为了说服别人,而是要活跃气氛,因此不能"讲道理",只能"说闲话"。不说闲话,难道谈哲学不成?

哲学当然也是可以谈的,但只能作闲话讲。政治也一样。事实上政治也是酒桌上的一个主要话题,另一个主要话题则是性。也有把政治和性糅在一起讲的。当政治和性被当作闲话,尤其是被糅在一起当作闲话来讲的时候,它也就成了"段子"。

段子的种类很多。从形式上讲,有小故事,也有顺口溜。从内容上讲,则有荤有素有黑有白。荤段子也不一定就粗俗。抗战时,有人撰得一联戏赠新婚夫妇,道是"军进娘子关,英雄胆战;炮打珍珠港,美人心惊"。以"时事"影射"性事",你不能不叹服"真亏他想得出"! 时下流行的一个段子则颇有"时代感":"二十岁的男人是'奔腾',三十岁的男人是'日立',四十岁的男人是'正大',五十岁的男人是'微软',六十岁的男人是'松下',七十岁以上就只好靠'联想'了。"这也得有些小聪明才编得出。

政治话语当然也能"入段"。比如麻将这玩艺,看起来没有什么了不起,其实学问不少。便有人套用林彪的话说:"打麻将,不但战士要学,干部也要学。打麻将,最容易学,真正打好就不容易了"(林彪的原话是"老三篇,不但战士要学,干部也要学。老三篇,最容易学,真正做到就不容易了")。

其实说段子也一样。段子不过是闲话,按理人人会说,但真正说好并不容易。首先得交际广。交际广,听得就多,而且"版本"新。但听得多不一定记得住、说得出,所以还得记性好、口才好。会说段子的人差不多都有相声演员的口才,会设悬念,会抖包袱,甚至会说方言,总之是说学逗唱样样精通,嘴皮子特溜,这才能成为"九段高手"。

听段子既然有如听相声,会说段子的人在酒桌上便特受欢迎。现如今,但凡有点规模的公司和有点级别的部门,都会有一个到几个这样的"高手",以便应付那没完没了的迎来送往,并保证每一个被宴请的客人,都眉开眼笑心情舒畅,对本公司或本单位、本地区留下愉快而深刻的印象。实际上段子在酒席上有着不可小看和不可替代的作用。酒席上只能说闲话是不是? 但闲话也不是可以随便说的呢! 比如拉家常,就只限于亲朋好友之间。官场上,商界里,双方如果不是关系特"铁",或知根知底,拉家常弄不好就会有"套取情报"的嫌疑。其他一些闲话没准也会犯了忌讳,只有说段子百无禁忌。段子里面说的事,都属于"事不关己",可以"高高挂起"的一类,不会招谁惹谁。但又有趣,因此百听不厌。尤其是"荤段子",几乎没人不爱听。几个包袱一抖,再矜持的人,也会忍不住笑起来。这时,他就是想端个架子摆个谱,怕也不能。

这就好了。讲段子,要的就是这个效果:调节气氛,放松身心,解除戒备,拉近距离。你想,当大家都因为一个"荤段子"而笑成一团时,彼此之间,还有什么隔阂、防范、陌生感呢? 自然是"打成一片"。即便不是哥们姐们,至少也不会再打官腔了。

闲话与中国人

段子是闲话,闲话却不等于段子。

闲话的范围很广,内容很多,而且也没有什么一定之规。事实上,举凡一切与"大事"无关的"小事",与"公事"无关的"私事",与"正事"无关的"闲事",以及一切不愿意、不能够,或者不值得摆在桌面上公然进行的议论和批评,都可以成为"闲话",或被视为"闲话"。

不过,说得多的,还是他人的私事,和对他人的私下批评。传统社会中的中国人,对探索自然兴趣不大,对公益事业也热情不高,惟独对关乎他人私事的闲话,以及各类来路不明的消息传闻,兴趣盎然,乐此不疲。它是茶余饭后的消遣,街头巷尾的谈资,饭局上的下酒菜,床头上的兴奋剂。对于"闲话爱好者"来说,评张论李,说三道四,大嚼其舌头,比嚼口香糖有味道得多。倘若一天不说闲话,或无闲话可说,则会像发了鸦片烟瘾一样,浑身不自在。

这样一来,中国的成年人,便差不多都和闲话有了瓜葛。不是自己说闲话,便是听别人说闲话;不是说别人的闲话,便是被别人说闲话。被别人说闲话固然是不好的,因为那多少意味着自己有什么"话柄"捏在了别人手里。尽管这话柄也许根本就不成什么"话",或根本就不在"话"下,但无端地被别人"话"了一下,总归心里腻歪。然而,不被人说闲话,也是不好的,因为那意味着别人根本就不把你放在眼里。如果放在眼里,时时盯着,怎么会一点闲话也没有?怪事!

同样,爱说闲话,固然是不好的。因为太爱说闲话的人,总会给人以不那么正派或正经的感觉。他怎么那么爱说闲话呢?八成是有毛病。正经事都忙不过来,哪有那么多时间说闲话?自己的事都管不好,怎么那么爱管闲事?然而,完全不说闲话,也是不好的。因为大家都说闲话,你一个人不说,就显得"不合群",也给人以有毛病的感觉。所以,除非你自命清高,存心和大家伙儿过不去,便少不得多多少少要说点闲话。

于是,在中国,凡有人群的地方,就有闲话。在茶馆、饭店,在车站、码头,在单位的办公室,在各个家庭和宿舍,到处都是闲言碎语,飞短流长,正所谓"春城无处不飞花"。

然而却很少有人能想到这"闲话"竟是可以杀人的。

比如《红楼梦》里的尤二姐,其实便为闲话所杀。王熙凤先是"私下里"(而且是"好心好意"地)把闲话倒给尤二姐听,说是:妹妹的名声很不好听,连老太太、太太们都知道了,说妹妹在家做女孩儿就不干净,又和姐夫来往太密。然后不知使了什么法子,果真传得满世界都知道,"除了平儿,众丫头媳妇无不言三语四,指桑说槐,暗相讥讽"。"弄得这尤二姐要死不能,要生不得",最后只好走上绝路。像这样被闲话杀死的人(尤其是女人),究竟有多少,我们无法统计。但只要多少读过一点中国文学作品的,便知道那一定不是一个小数。"周公恐惧流言日",连位高权重的周公,尚且害怕流言蜚语,更何况是孤立无援的弱女子？

闲话可以让人"丧命"，也能让人"丢官"。比如西汉文帝时的河东太守季布，大约是个好官。文帝听人称其贤，便把他从河东太守的职位上召回来，打算任命为御史大夫。当时御史大夫的职位很高，位列上卿，相当于副首相，于是便有人说"闲话"了。说是季布这人挺勇敢的，力气又大，就是爱喝酒，一喝酒就发酒性，大家都不敢接近他。文帝一听就犯了嘀咕，把季布冷落在宾馆里，一等就是一个月。季布便跑去对汉文帝说，陛下将臣召回，又无所任命，只怕是听到什么闲话了吧？陛下以一人之誉而召臣，一人之毁而去臣，臣深恐天下有识之士听说陛下如此地为他人的议论所左右，就能窥测到陛下的深浅了。文帝被说穿心思，暗自惭愧，一声不响，呆了半天，才支吾其词地说，河东比邻京畿，是朕的手足，所以特地召见爱卿。季布这才重回河东去当郡守。如果季布不向文帝把事情说穿，岂不就会因几句"闲话"而成了"待聘干部"，甚至要"下岗"？

当然，闲话之最常规作用，还是让人"丢脸"。别的不说，光是被人说了闲话，便是"丢脸"。因为别人都没有被说闲话，惟独你被说了，成了"另眼相看"的人，丢脸不丢脸呢？再说，为什么不议论别人，偏偏议论你呢？可见你有"问题"。至于那"问题"是不是"问题"，则又当别论。但"有问题"即是"问题"，而一个本来应该"没问题"的人居然"有问题"，当然也就"丢脸"。尽管你被平反了，尽管你被证明无罪，也"没有问题"，但只要闲话不止，就终究是个"问题"，也就别想过安生日子。阮玲玉的自杀，便是证明。

二 闲话不闲

斗争武器

如此看来，"闲话"其实不"闲"。惟其"不闲"，所以历史上和现实中，就有人用了它，来做斗争的武器。

这似乎匪夷所思，然而却是事实，且有道理。

　　首先我们得弄清楚,中国历史上的斗争,基本上是窝里斗。既云"窝里斗",当然也就是朝廷内、家族内、圈子内,自家人斗自家人的内部斗争。这就不能"公开化"。一旦公开化,不但会"家丑外扬",让外人看了"笑话",钻了"空子",而且自己脸上也不好看。再说,自家人,"抬头不见低头见"的,总不能公开翻脸吧? 见了面,总得"皮笑肉不笑"吧? 有什么看法、意见,总不能"当面锣对面鼓"地直说吧? 所以,无论心里面如何地咬牙切齿,暗地里如何地弄拳踢脚,表面上的"安定团结"还得维持,故而不能公开"鼓噪",只能背后"嘀咕",则"舆论"也就变成了"闲话"。

　　其次,这种斗争,不但不能"公开化",而且也不能"激烈化"。不到万不得已,一般不能大打出手,刀兵相见。闲话这玩意,又闲又不闲,"提起来千斤,放下去四两",用来做武器,最为合适。再说,既然是"内部斗争",则其胜败的最终裁决者,也在内部。倘若采取其他手段,可能会引起"自家人"的反感,先不先就脱离了群众。闲话却是人人爱说,个个爱听的。运用"闲话"做武器,就容易被大家所接受,所容许,也就能够保证自己"立于不败之地"。即便露了马脚,被人发现了,也不要紧。不就是说闲话吗? 难道你没说过? 自然说过的。那么,"和尚摸得,我摸不得"? 你能说闲话,我不能说? 何况,我说了你,你也说了我,两下里也就"扯平",你还闹什么闹?

　　第三,中国历来缺少民主程序和舆论监督,什么事都是"头家"说了算。在国内是皇帝说了算,在家内是父亲说了算,在家族、行帮、门派内部是族长、帮主、师父们说了算。制度既为"一言堂",则这些"君父"们要体察"下情",就只好去听闲话。因为暗中的举报有告密的嫌疑,公开的批评又好像是在向"君父"们的权威挑战,只有不动声色地倒些"闲话",把足以致人于死地的舆论"闲闲"地娓娓道来,才既能"惊动圣听",又确保自身无虞,真正收到"言者无罪,闻者足戒"的效果。

　　何况"君父"们也是人,也爱听闲话。对于他们来说,听闲话的好处甚多。"言者无心,闻者有意",没准能从闲言碎语中听出点什么名堂来。听出来以后，想当真，可以追究，因为"无风不起浪"。不想当真，也无妨一笑了之，因为原本不过街谈巷议。同样，对那些倒闲话的人，想整治查办，可以说他"别有用心"；想包庇纵容，也可以说他"有口无心"。反正是不是闲话，是故意诽谤还是随便乱说，从来就没有一个客观科学的标准，全凭握有生杀予夺之权者一句话。

这就灵活、便当。所以，历代王朝，都有指派诗官特为采风（搜集民歌民谣），指派稗官收集"街谈巷语，道听途说"的事，或规定言官（监察部门的官吏）可以"闻风奏事"。民歌民谣也好，道听途说也好，都是平民百姓"背着"皇上说的"闲话"，比如汉时的"举秀才，不识书，举孝廉，父别居"之类。有的还直接骂到皇帝头上。比如明朝嘉靖爱抄家，民谣就说"嘉靖嘉靖，家家干净"。这类闲话，历朝历代都有，时下也很不少。除前面提到的"十亿人民九亿侃，还有一亿在发展"，"十亿人民九亿搓，还有一亿在琢磨"外，还有"十亿人民九亿商，还有一亿在开张"，"十亿人民九亿倒，还有一亿在思考"，"十亿人民九亿赌，还有一亿在跳舞"。这些民谣都反映了社情民意，有的还反映了时代的变化，如从"学会数理化，走遍天下都不怕"到"学会数理化，不如有个好爸爸"就是。故"王者"认为可以"观风俗，知得失，自考正"，当然要派人去收集整理。

不过"闻风奏事"这规矩，就不大好讲。所谓"闻风奏事"，即无论听到什么闲言碎语，哪怕只是"捕风捉影"，均可直接报告皇帝，而不必核实，也不受"反坐"的处分。说句不好听的话，这就简直是在公开鼓励"倒闲话"了。

妙处多多

上有所好，下必效焉。"倒闲话"既为至尊天子所认可，并公然使之制度化、合法化，则普天之下的"闲话爱好者"，其欣然雀跃为何如？更何况，闲话这种武器，具体地使用起来，又确有许多妙不可言的好处。

第一是"合理合法"。在说话这个问题上，中国人和西方人的观点是不大一样的。西方人主张"言论自由"，认为说话是一个人的"天赋人权",谁也不能限制和干涉。故西哲有云,我坚决反对你的意见,但我宁愿牺牲生命,也要捍卫你发表这个意见的权利。所以西方人说话比较随便,国是可以议论,总统可以批评,上帝是否存在也可以怀疑(当然要在中世纪以后)。即便说错了,也只能说你说得不对,不能说你"不该说"。

中国人就没有那么随便了,并不是什么人都可以说话,也不是什么话都可以说的。比如"阶级敌人"、"专政对象",就不能允许他们"乱说乱动"。又比如,犯上作乱、造反谋逆的"反话",不但不能说,连在心里想一想都是杀头的罪,其罪名就叫"腹诽",也就是在肚子里诽谤"君父",同属"大不敬"。其实,岂止是诽谤批评不得,就连他们的名字也不能说。比如五代时有个叫冯道的,当官前曾当过先生。有一天教学生读《老子》,一开头就是"道可道,非常道"。学生为避先生之讳故,不敢说"道"字,只好大声念道:"不敢说,可不敢说,非常不敢说"。的确,中国人的许多话,确实是"非常不敢说"的。

不但"反话"不能说,"正话"也不能随便说。说的时候,要看场合,要看对象,要看自己的身份(有无资格说这些话),还要注意态度、语气、方式、分寸。倘若犯规,君父、长官、老爷大人们便会一声断喝:"这里岂有你说话的地方?又出去!"或令"掌嘴"。所以懂规矩的中国人,一般都不会"乱讲"。不分场合不看对象不注意态度语气地"信口开河",至少也会被目为不懂规矩、没教养。

"正话"不能"乱讲","反话"更说不得,这样算下来,大约只有"闲话",可以随便说,或说得比较随便。所谓闲话,也就是非正式的话。前面已多次说过,中国人说话办事,极其讲究规格、格式。这些规格、格式无非官民之别,朝野之别,内外之别等等,总之是"正式"与"非正式"之别。正式的话是"官话",非正式的话是"闲话"。民可以讲"官话"(如宣读官方文件,传达官方意图,在官方组织的会议上发言等),官也可以讲"闲话"(在非正式场合上的非正式发言都是)。故"闲"与"不闲",全在于是否"正式"。但凡"非正式"者,都可以谓之曰"闲",而无论其主体是否当"官"。这就官民皆便。

　　何况只要是人,就要说话。正话反话都不能说,或不能随便说,如果连闲话也禁,岂不把人憋死? 所以历朝历代,都没有禁闲话的"法",也没有禁闲话的"理"。茶馆里张贴的告示,也只会说"莫谈国事",断不会说"禁止闲话"的。其实,"莫谈国事",也就等于"多说闲话"。因此,在中国,"国事"往往也会变成"闲话",比如变成小道消息和政治民谣,也没有听说过会遭禁的。因为所谓闲话,也就是"随便说说"的意思,当然说得再随便,也"合法"。

　　至于"合理",则本之于"群体意识"。依照"群体意识"的逻辑,每个个人都是群体的。群体的也就是大家的,既无分公私,亦无分你我,每个人的私事、家事、闲事,也就是大家的事,大家也都有权来关心,来过问,来议论,来品头论足,说三道四。所以,中国人历来不承认个人有什么"隐私权",也不会懂得要去尊重别人的隐私权。要求享有和尊重隐私权,是近几年才有的事。在先前,一个人如果要求隐私权,不但得不到尊重,反倒会被视为咄咄怪事:"怎么,他难道有什么不可告人的隐秘?"在不少中国人看来,"不可告人"的,也一定或多半是"不正当"的,否则为什么不能告诉大家? 这就只能进一步引来"闲话"。

　　总之,我是群体之一员,你也是群体之一员。我可以议论你,你也可以议论我,正所谓"谁人背后无人说,哪个背后不说人"。反正"大家一样,人人有份",这就"公平",也就"合理"。

　　坏事传千里

　　用闲话做武器,妙处之二是"传播迅速"。俗话说:"好事不出门,坏事传千里",闲话的传播速度是最快的。快的原因,当然在于闲话所言,多半不是什么"好事"。中国历来有以德立国以礼治国的传统,"好人好事"总是会得到官方的正式表彰。"坏人坏事"就难讲了。除非是为了杀一儆百,做"反面教材",弄不好就会被"捂起来",以免家丑外扬,影响太坏。好事既然多由"官话"来讲,则闲话就难免多讲"坏事"了。

　　闲话多讲坏话,还因为好话可以当面讲,坏话则多半只能背后讲。好话是人人爱听的。要说好话,尽管当面。坏话就不同了。当面讲一个人的坏话,不但他未必接受,自己也往往讲不出口。但是,不讲,心里又憋得慌,便只好背后说闲话。正因为此,"闲话"一词,才有了"背后议论批评"的意思,或等于"不满的话"、"坏话"。

那么,坏话为什么就传得快呢?

道理也很简单,就因为坏话多半是"背地里"说的话。背地里说的话,往往比较有"价值"。一是真实可靠。中国人是爱面子的。"面对面"时,为面子故,便难免闪烁其辞,甚至虚情假意。即便要说对方的"坏话",也多半会吞吞吐吐,含糊其词,不得要领,除非是吵架。"背靠背"时就不一样了。没有面子障碍,不怕"对不起",就可以放肆,也就比较真实,或被认为比较真实。

其二则是神秘诱人。背地里说的,也就是不能公开讲的。为什么不能公开讲呢?这就神秘,也就诱人。所以,越是不能公开讲的事情,就越是有人打听;越是打听不到,就越是神秘;而一旦打听到了,就会产生一种优越感,因为自己居然听到了不能公开讲的、别人听不到的东西,岂不优越?

如果这背地里讲的,又是别人的"坏话",就更有优越感。别人被说了坏话,就证明自己很好;别人被说了闲话,则证明自己没有被说。这就大可得意一把。所以但凡听到他人之闲话者,鲜有不心中窃喜的。不过,光是"没事偷着乐"还不行,还得把这闲话传出去。不传,则喜悦无人分享,得意无由证明。而且,为保证效果,传的时候,还得言之凿凿,神秘兮兮。

真实可靠,就有人信;神秘诱人,就有人传。因为能够听到不能公开讲的话,证明自己面子大,路子广,手眼通天,消息灵通,如不向人展示,则优越感何以显现?再说,把"不足与外人道"的闲话倒给别人听,也是拉交情、套近乎的一种方式,它往往意味着"如果咱俩不是哥们姐们,怎么会告诉你?"这就是面子,也是人情。倒闲话,体验了优越感,又得了面子人情,当然是很合算的买卖。

即便倒给当事人本人听,也不要紧,因为那"坏话"是别人说的,而自己讲出来,则全因彼此"贴心"之故。否则,又不关我什么事,谁吃饱了饭没事干,管这闲事来? 正因为咱俩是哥们,怕你被人暗算了还蒙在鼓里,这才顾不上面子不面子,特地来给你"提个醒"。这份人情,对方当然不能不领。

闲话传播速度快,也还有闲话自身的原因。一是"闲话爱好者"人数众多。人多议论多,热情高,干劲大,传播起来自然也就快。二是中国人对闲话的兴趣大,热衷此道,积极主动,不愁找不到不要佣金的"义务宣传员"。三是闲话能满足中国人的许多心理需求,如"好奇心"、"窥私癖"、"平衡感"、"嘴巴瘾"等等,下面还要专门讲到。四是闲话走的是民间渠道,不需要审查报批、开会讨论、举手表决,自然比走官方渠道效率更高。所以有时官方的非正式意图或决定,也采取"闲话"的民间渠道下达,谓之"吹风"、"通气"、"打招呼"等等。

暗箭难防

用闲话做武器,妙处之三是"不负责任"。前面说过,闲话就是"不说白不说,说了也白说"的话,负什么责? 何况说闲话时,一不记录,二不备案,三不存档,"来如春梦无多时,去似朝云无觅处",你上哪儿追究责任去? 即便找到了责任人,又怎么拿得出证据? 即便拿得出证据,又请谁来主持公道? 更何况,既然大家都公认其是"闲话",自然不会有人去认真对待和加以追究。谁要是去认真追究,大家便都会觉得"好笑",没准儿追究本身,也会变成新的"话柄",新的"笑料",让人说"闲话",这是很不合算的。

至于当事人本人,更不便出来"辟谣",因为那会有"此地无银三百两"之嫌,越解释,越说不清。闲话嘛,"姑妄言之"又"姑妄听之"的事,认什么真呢? 还是"心里有鬼"吧? 所以,对于闲话,最好"一笑了之"。如果硬要去解释,那就不但"吃不到羊肉",没准还会"惹一身的骚"。况且,传闲话的人那么多,你总不能站在十字街头,见一个人就解释一次吧? 又况且你永远无法弄清是哪些人在传闲话,哪些人信了哪些人不信。对那些信了的人解释,人家会认为你"故作姿态",越发坚信不疑;向没听过这些话的人解释,则又等于白当了一回"义务宣传员",反倒扩大了影响,谁会干这蠢事?

主政者既不便追究,当事人又无法解释,大家也就乐得趁兴胡说乱讲一通,"过过嘴巴瘾",反正决不会因此而对簿公堂,正所谓"不说白不说"。即便认真查下来,也不要紧。因为查来查去,最后的结论,往往无非是"事出有因,查无实据"八个字。既然"事出有因",说的人当然也就没有什么责任;而"查无实据"也并不等于没有证据,只不过其据"不实"而已。更何况,说闲话的人那么多,你追究谁的责任去?"白头宫女在,闲坐说玄宗",可见说闲话是不必担心要负责任的。

第四就是"杀伤力强"了。因为被人说了闲话,是一件"丢脸"的事,这本身就是伤害。而且,说的人越多,就越没面子。于是还没开战,便先落了下风。况且,被人议论却不能追究,被人笑话却不能解释,被人伤害却不能反击,只能闷在心里生"闲气",没准就闷出病来,甚至活活气死,你说杀伤力强不强?

其实,闲话的作用还不止于此。我们知道,闲话主要不是说给当事人听的,而是说给别的什么人听的。这就难保不会有某个人"听话听声,锣鼓听音","疑心生暗鬼"。如果这疑心之人又非同一般,则很可能对被议论者产生极大的危害。更糟糕的是,这种疑心往往无法证实,而且也不会表露出来,结果很可能一个人中了暗箭自己还蒙在鼓里,稀里糊涂地就被"断送"了政治生命。所以,闲话虽小,虽轻,杀伤力却强。

闲话不但杀伤力强,而且难以应付。其所以难以应付,除了前面讲的无法追究,不能解释,以及找不到还手对象外,还因为它实在太小,太轻。闲话也者,无非是些鸡零狗碎,鸡毛蒜皮,陈芝麻烂谷子,不登大雅之堂,也就无法摆开阵势和它"过招"。它就像毛毛雨,打起伞来很可笑,不打伞又弄得浑身湿漉漉、黏乎乎的怪难受。所以,被闲话包围的人,就像得了艾滋病,自己没法应付,别人还老躲着他。你说可怕不可怕?

那么,闲话果真就无法对付了么?有的。一个直截了当的办法,就是用闲话来对付闲话。比如别人说你偷奸,你就说他耍滑;别人说你谋私,你就说他搞鬼。总之,谁说你的闲话,你就说谁的闲话,甚至写匿名信。不过,以闲话对闲话,以匿名信对匿名信,未免以小人对小人,以缺德对缺德。最后的结果,是使自己也会变成恶。

闲话之可恶,亦在于此。

三　男　人　女　人

女人与闲话

男人和女人,谁和闲话更有缘分? 女人。

首先是女人比男人更爱说话。"三个女人一台戏,两个男人没好话。"男人和男人在一起,要么说正事,要么谈女人和性,要么话不投机,干脆不说。女人和女人在一起,则总有话说,天气啦,物价啦,孩子啦,衣服啦,单位上的闲言碎语啦,邻里间的鸡毛蒜皮啦,明星们的逸闻趣事啦,街面上的最新产品啦,大多是些"闲话"。这时,你想要她三缄其口,保持沉默,比登天还难。所以,如果要刺探情报,最好的办法,就是去和女人说闲话。只要她说到兴头上,那么,不等你提问,她就不打自招,主动"坦白交代"了。

其次,女人对于"闲事"比男人更有兴趣。比如热心于给别人介绍对象的,便多半是女人。女人一般比男人更有"闲",也比男人更有"同情心"。有同情心就有"动机",有闲就有"条件",一来二去,就形成了对闲事的好奇心。因此,邻里之间,一旦要打探别人家的"私事",派出的探子,便十有八九是女人。

第三,女人比男人更有"想像力"。男人逻辑能力较强,女人则长于直觉与想象。故男人"认死理",女人"想当然"。说闲话,恰恰是不能推理,只能想象,不能认死理,只能想当然的。如果较起真来,非得弄个水落石出不可,那闲话还是闲话吗? 女人和女人在一起,大家都想当然,说起闲话来,也就没有障碍。

即便用闲话作斗争武器,也是女人比男人多。因为女人比男人更容易受歧视、受欺负,又比男人更细致、更敏感,也就更容易感到不平。男人因为粗放、马虎、大大咧咧,所以往往感觉不到。即便感到不平,也比较容易"想开";女人则因无法排遣,就往往"想不开"。想不开就要宣泄,就要报复。但男人的报复多诉诸行动,女人的报复则多诉诸语言。故男人动手,女人动口;男人打架,女人骂街;男人搞政变,女人倒闲话。

当然,最主要的还是女人爱说话。爱说的也爱听。所以,祥林嫂讲阿毛的故事时,"特意寻来"的必是鲁镇上的"老女人",而"男人听到这里,往往敛起笑容,没趣的走开去"。由是观之,女人与闲话更有"缘分"。

女人爱说闲话,也更容易被人说闲话。

首先是被女人说闲话。女人比男人更关心自己的同性。不过这里说的"关心",不是爱,更不是要搞同性恋,而是一种暗地里的"较量"或"提防"。传统社会是一个男人的社会。男人高踞于社会金字塔的顶端,占据着社会舞台的中心,掌握着政治、经济、军事、外交、法律制裁和道德判断的大权,出尽风头,占尽风流,阅尽人间春色,女人则不过是他们的陪衬与附庸。一个女人要在这样的社会立足,就不能不设法引起男人的注意,也就不能不防备别的女人比自己更年轻、更漂亮、更性感和更具魅力。

所以,女人更关注的是女人,而不是男人。在她们看来,男人都一样。只要自己有吸引力,就不怕没有男人来献媚。也所以,在公开的社交场合,男人关心的是自己的预期目的(结交要人、交换信息、洽谈生意等)能否实现,或能否有意外收获(如艳遇),女人关心的则是自己能否成为众人注意的中心。因此,一个单位,或一个圈子里,如果突然来了一个女人,而这个女人又相当"出色",或气质高贵,或谈吐优雅,或年轻漂亮,或风流性感,便立即会引起注意。男人的注意多半带有"邪念",女人的注意则多半带有"敌意"。虽然都是"不怀好意",但内容和性质却大相径庭。

女人不但关心和注意女人,而且眼光也格外挑剔。于是任何女人都难保不被挑出"毛病"来。一旦挑出毛病,也就有了话柄,则闲话也就油然而生。如果这个女人是"众矢之的",则闲话的流布,也就格外迅速、广泛。可以说,一个女人闲话的多少,往往是与她受到公众注意的程度成正比的。越是引人注目,闲话也就越多。社会上的三流小报之所以特别爱刊登女歌星、女影星的逸闻,尤其是关于她们的"婚变"或"偷情"的逸闻,道理正在于此。某些女歌星、女影星会有意制造一些"新闻",道理也在于此。

不过,说起歌星影星们的闲话来,人们的心理更多的是好奇。甚至在好奇、鄙薄和幸灾乐祸之外,也未尝没有几分羡慕。"星"们毕竟离自己太远,简直望尘莫及,因此只能"闲谈",也无妨"闲谈"。如果是说自己身边的女人,就没有那么客气了,不把她们剥得一丝不挂,批得体无完肤,是决不住口的。如果这个女人又出了"事",丢了"脸",则那份幸灾乐祸的快感,就会溢于言表。如果说,有些人最不能容忍的,就是自己身边眼前的人比自己过得好,那么,女人之于女人则尤然。

男人与闲话

女人爱说女人的闲话,男人也爱说女人的闲话。

男人只要不带功利目的,不是为了报复谁、搞垮谁,谈起女人来,倒是地地道道的闲谈。其心情是舒畅的,其态度是闲适的,其眼光是欣赏的,话题也比较集中,多半讨论该女是否性感漂亮。这也不奇怪。子云:"吾未见好德如好色者也。"可见好色也是"人之常情"。再说,除此以外,又议论什么? 莫非议论她学习成绩好,工作干劲大不成?那就不是说闲话了。事实上,一旦男人意识到"这个女人不寻常",他们也就不再把她当女人看。不是会产生同性间的警惕,就是会产生同性间的敬重,话题也会变得严肃起来。

女人谈论女人,话题则比较分散,但大体不出以下范围:一是穿着打扮,二是举止言谈,三是婚恋情况,四是社会交往。议论的过程中,往往伴随着道德的评价。如果该女的行为有不够检点之处,则多半会引起同仇敌忾的批判。的确,女人比男人更看重贞洁问题。男人看待贞洁的态度是矛盾的。他们多半希望自己的老婆守贞,而别的女人最好都是荡妇。所以即便发现某女有点什么"问题",也不会愤怒。女人的态度则表里如一。严于律己的,也不会宽以待人;自己如果不贞,也不会骂别人淫荡。

但贞洁的女人毕竟是大多数,而"不寻常"的女人则不太多。所以,总的来说,男人谈女人,意在欣赏;女人谈女人,意在批评。男人较少对女人进行道德评价,女人则很难对女人进行审美欣赏。男人的态度是美学的,女人的态度是伦理学的。男人是欣赏者,女人是批评家。

男人爱说女人的闲话,女人则很少说男人的闲话。即便说,也不能那么放肆,或不能把男人当作男人来议论。再说,在传统社会,一个女人所能接触到的男人,除了自己的父亲、兄弟,便是自己的丈夫、儿子,又有什么好议论的? 顶多也就是"诉说"而已(比如诉说丈夫的不忠或儿子的不孝)。即便这类话题,说的机会也不会太多。至于家庭以外的男人,则绝对说不得。一说,就会引起一系列问题。总之,男人谈论女人,固然会有"流氓"嫌疑;女人谈论男人,则可能被目为"娼妇"。相比较而言,后者显然更可怕。

如此看来,男人似乎与闲话较少瓜葛,其实不然。在中国,男人往往是和女人一样爱说闲话的(否则中国的闲话爱好者就不会那么多),而且说起来可能比女人还厉害。前面说到在汉文帝面前说季布闲话的,便是男人(这种事女人可插不上嘴)。可见,男人不说则已,一说,就会说出事来。

这就至少证明了三点:第一,男人也倒闲话,而且也不见得少说;第二,男人的倒闲话,多半有目的,甚至是用于搞阴谋;第三,男人的倒闲话,和女人一样,也是着眼于他人的隐私和私生活。这就比女人更可怕,也更下作。因为女人的倒闲话,多半没有什么直接的功利目的,只不过爱说而已,顶多借此表明自己的清白,或泄泄私愤。男人是不爱说闲话的。不爱说而说,就多半"别有用心"。朝廷里,单位上,用闲话来损人、整人、害人,致人于死地的,也多半是男人。何况,女人倒闲话,范围往往不大,所说也不过鸡毛蒜皮,故危害也有限。男人倒起闲话来,那就没谱了,弄不好就整得别人丢官送命,家破人亡,岂不可怕? 而堂堂男子汉大丈夫,不干正事倒闲话,岂不下作?

其实,即便女人用闲话作斗争武器,也比男人值得同情。女人一无权,二无势,三无力气,当然只好背地里嘀咕。男人就不同了。男人完全可以布堂堂之阵,展正正之旗,当面挑战,公开过招,干嘛用这下三烂的手段?

也只有一种解释,那就是给逼出来的。谁逼他们来着?专制主义和专制制度。专制就不民主,不民主就没有言论自由,也没有舆论监督。大家有话不能公开讲,就只好私下讲;不能当面讲,就只好背地讲。私下也好,背地也好,都是"阴"。阴也者,偷偷摸摸、鬼鬼祟祟之谓也。偷偷摸摸、鬼鬼祟祟的事情做多了,自然心理也会变得阴暗起来。而心理阴暗的人,又怎么可能正大光明?

闲话阴谋家

中国有阴暗心理的"闲话阴谋家",差不多都会或都爱做以下几件事情:

一是"争宠"。这类人物,自己是没有什么独立人格的,也没有什么自由意志。他们总是要依附于某个团体,或某个人,攀龙附凤,以为进身之阶。这就决定了他们必须"得宠",而且必须"争宠"。因为得宠是相对的。别人得宠,就意味着自己不得宠。即便已然得宠,也还有更多更高级的宠要得,这就非争不可。但是,恩宠这玩意,又不是自己想争就能争来的,得由上面给。这就要投其所好,阿谀奉承,见风使舵,甚至出卖灵魂。所以这类人,大多有"两件珍宝",曰"好马快刀"。马是什么马?吹牛拍马。刀是什么刀?两面三刀。吹牛拍马就说假话,两面三刀就倒闲话。

二是"告密"。告密是争宠的题中应有之义。因为一个人是否得宠,要看他表现好不好,而表现的好坏,又是相对的。别人表现好,就意味着自己表现不好。或者反过来说更确切:只有别人表现不好,才能显得自己表现好。所以,要争宠,就得让上面认为别人不好。这就要告密了。那么,为什么不能公开指责别人表现不好呢?因为公开指责要有证据,也得大家承认。这并不容易。公认表现不好的,往往不是对手;是对手的,又往往抓不住把柄。于是只好告密了。告密,并不仅仅只是"密告"(偷偷报告),更是"告密"(报告隐密)。既然是告密,就能引起注意,惊动圣听;既然是密告,就神不知鬼不觉,对方既无还手机会和辩解机会,自己也可以捕风捉影,无事生非,造谣编谎,至少也能添油加醋。当然,同时也还能显得自己忠心耿耿,铁杆保皇,也就能争得更多的恩宠。因此,此类小人,几乎没有不告密的。

三是"找事"。告密是争宠的配套工程,找事则是告密的前期工作。告密虽然可以诬告,但总以有据为宜,哪怕捕风捉影,蛛丝马迹。这就要没事找事。所以此类小人,几乎无一不会鸡蛋里面挑骨头。不过找来找去,也无非两类。一是政治问题,二是生活问题(又叫作风问题)。前者多半着眼于言论,比如犯上、大不敬、诽谤君父,或者反动言论、自由化言论等。哪怕只是发发牢骚,或者对领导不满,有意见,也行(而且更管用)。后者则多半着眼于行为,如乱搞男女关系。用政治问题整人则"狠",用作风问题整人则"毒"。前者能把人"打倒",后者能把人"搞臭"。如果得而兼,则最能大快此类小人的私心。

再就是"造谣"了。因为并非所有的人都能找到毛病抓住把柄。特别廉正和特别世故的人就不好对付。前者一身正气,没有辫子可抓;后者谨言慎行,想抓也抓不住。但不抓,又不甘心,便只好造谣。造谣也容易。因为只要是人,就总会有所动作,有所表现。如果附会演绎,指鹿为马,无限上纲,便不难课以大罪名,制造新新闻。比如某同志外出调研,便可以说成是去会情妇;某先生房间里曾有年轻女子出入,自然是叫了小姐。那么,请问有证据吗?嘻嘻!这你就傻逼了。这种事情,哪有留下证据的?信不信随你好了!

其实,这些家伙又何尝一定要你信?只要有人听就行了。而且,他们越是表示不在乎你信不信,就越是有人信。结果,被诬陷的人便浑身是嘴也说不清。

何况也不一定要造谣,还可以对已然存在的事实另作解释。这就更便当。只要存心找碴,随便什么都可以往坏里说,而且种类还挺多。笑,可以解释为"幸灾乐祸",也可以解释为"笑里藏刀",还可以解释为"皮笑肉不笑"。哭,可以解释为"兔死狐悲",也可以解释为"猫哭耗子"，还可以解释为"刘备哭荆州"。不哭不笑也有话说。不是"冷酷无情"，便是"心怀鬼胎"，要不然就是"故作镇静"。你说不是这么回事？那么请问你哭了没有？笑了没有？不是么！

这实在是防不胜防。

在上述魍魉行径中，闲话都充当了重要角色。罪名既多从闲话中收集，告密亦不妨采用闲话方式。用倒闲话的办法来告密，万一查无实据，也不会构成诬告，因为那原本不过是闲话。闲话都是些道听途说，也就是别人说的，自己不必负责。再说，这个人的闲话这么多，至少也能证明他口碑不好。就算这些闲话都是谣言，怎么别人没有？

当然，一旦阴谋得逞，成了气候，那就不再是倒闲话，就要大做文章，甚至大开杀戒了。历史上那些奸臣们是这样做的，"文革"中康生之流是这样做的，现在某些成天拿着放大镜在别人的著作文章里找问题挑毛病，随时准备打棍子扣帽子的人，也想这样做。

这类小人，人数不一定很多，危害却不小。我们还真不可"小看"了他们。

四　闲　话　心　理

好奇心与窥私癖

由是观之，闲话这玩意，似乎不算什么好东西；而热衷于倒闲话，就更是中国人社会生活中的一只"毒瘤"。然则，为什么又有那么多人喜欢讲闲话、传闲话呢？莫非真的嗜痂如癖，"红肿之处，艳若桃花，溃烂之时，甘如乳酪"？

这就要进行一番心理分析了。

中国人的"闲话心理"，粗略地说，大体上有以下几种：

一曰"好奇心"。中国人也有"好奇心"吗？从表面上看，似乎没有，也不大主张有。原因嘛，也有两个。首先，在中国人看来，好奇是丢人的。中国有句老话，叫"少见多怪"。也就是说，好奇，只因为见识太少。如果"见多识广"，自然"见怪不怪"。因此，即便见到没见过的东西或事情,也要作无所谓状。比如第一次参加祭典,虽然没有见过,也不能东张西望,左顾右盼,只能规行矩步,行礼如仪。又比如"有家教"的孩子,到别人家里作客,就断然不许探头探脑。见了主人家的新奇玩意,也不许大惊小怪,以免让人觉得咱们没见过"世面","小家子气",遭人"笑话"。

另外,在中国人看来,好奇也是不正经的。什么是"奇"?"奇"就是怪,叫"奇怪";就是异,叫"奇异";就是巧,叫"奇巧"。与"奇"相反的是"正"。"正"就是经,叫"正经";就是常,叫"正常";就是道,叫"正道"。所以,正常人、正派人或者正经人,就不能"好奇"。"子不语怪、力、乱、神",即此之故。"说奇"尚为君子不屑,何况"好奇"?这样一来,中国人的好奇心受到压抑,也就"不足为奇"了。

然而,好奇毕竟是人的天性。因此,中国人的好奇心只能受到限制,而不可能被泯灭。事实上,中国人对于自然奥秘、宗教归宿、哲学思辨等问题,确实漠不关心,但对于世道人情、政治斗争、人事纠纷等等,则津津乐道。就连一般小民,爱看的也是这一类的"热闹":婚娶、出殡、吵嘴、打架、骂娘,以及县官审案,犯人游街,刽子手杀人。每到这时,不是场外围一大堆,就是后面跟一大群,走一路,看一路,而且正如鲁迅先生所描述:"颈项都伸得很长,仿佛许多鸭,被无形的手捏住了的,向上提着",还不够起劲的么?

可见中国人并非不好奇,只不过其所"好"者,无关乎物,只关乎人。所谓"家事国事天下事,事事关心",岂非都是人事?但当真关心"公事"(国事、天下事)的,其实并不多。一般普通老百姓关心的,还是"私事"(家事),尤其是别人家的事。

这就难免产生"窥私癖"。

中国有多少人有"窥私癖",这无从统计。但大体说来,那些聚族而居者,各房媳妇妯娌之间,都难免相互窥测。另外,小市民,尤其是女小市民,亦多半有此嗜好。究其所以,则多因"亲密无间"故。住在一起的人,一般总想知道人家是怎么过的,过得比自己好,还是比自己差。这就非窥视不可。所以,在物质匮乏的那些年代,谁家要是偶然吃一次红烧肉,也得偷偷摸摸,免得别人知道了说闲话。

　　攀比之外,也不乏好奇。人的心理大约总是这样:离得太远,根本看不见的,他没有兴趣;全无遮掩,一目了然的,他也不会好奇;惟独那些近在眼前又看不清楚,半含半露,半遮半掩,若有若无,似是而非的东西和事情,最能勾起他们"看个究竟"的欲望。

　　小市民的生活,就是如此。一条里弄,住上几百户人家。楼上楼下,一墙之隔,什么都听得见,又都听不真切,什么都看得到,又看不清楚,还能不激起"好奇心",培养"窥私癖"?再说,街坊邻里,三姑六婆,不是在一起洗衣服,就是在一起搓麻将,总得有闲话说吧?这就要有谈资,而他人的私生活,无疑是最好的话题之一。可惜,这类新闻材料,是不能公开采访的,于是便只好窥视。

　　那么,探头探脑,听壁脚,就不怕被人发现么?不怕。因为即便被人发现,也没有什么关系:"你又没有什么见不得人的,看看有什么不可以呀?"于是你就只好"开门揖盗",恭请诸位"窥私爱好者"登堂入室莅临视察。既然连他们的眼睛都管不住,当然更管不住他们的嘴巴,第二天的闲话场上,便又平添了许多"口香糖"。总之,窥私所得,可为闲话之谈资;闲话所闻,又可为窥私之补充,真是"相得益彰"。

　　当然,真正的原因,还在于中国先前根本就没有隐私概念。隐私概念是建立在个体意识基础上的。只有承认每个人都是具有独立人格和自由意志的个体,才会承认他有不可侵犯的隐私权。然而,按照中国文化的逻辑,公私不分,则无私可隐;内外有别,又界限模糊。如果窥私者自认为他和你是"自家人",你还能说他是"窥私"吗?再说,乡里乡亲的,平时少不得要来来往往,相互照应,如果连你家里面都不让人家看看,那不是太见外,太不够意思了吗?难道街坊邻里还会偷你东西不成?结果,窥私成了堂而皇之的事情,捍卫隐私权反倒变得"不正当",至少也会弄得"没人缘"。

　　问题是,你看了也就看了,为什么还要说,而且还要到处说?因为不说,就没人知道我知道,岂非白知道?何况,不说,不但好奇心和窥私癖不能得到充分的满足,而且想像力也不能发挥,创造性也不能表现,而想像力和创造性,也分别是闲话心理之一。

想像力与创造性

闲话是想像力的磨刀石。

想像力和好奇心一样,也是一个有争议的问题。许多人认为中国人缺乏想象力,证据是中国的神话不多,鲜有好的科幻小说等。但据此便说中国人缺乏想像力,是冤枉的。鲁迅先生说过:"一见短袖子,立刻想到白臂膊,立刻想到全裸体,立刻想到生殖器,立刻想到性交,立刻想到杂交,立刻想到私生子。中国人的想象唯在这一层能够如此跃进"(《而已集·小杂感》)。这岂非中国人颇有"想像力"之明证?只不过"唯在这层"而已。

想像力既然不幸被挤兑到如此狭小的领域,便总要让它大显身手才好,而闲话则恰好为它提供了"用武之地"。闲话闲话,不过"说说而已",何况"君子动口不动手",随便说说总没有什么关系。况且,越是不能"动手",就越是想"动口"。所以,中国人闲话的内容,虽非"唯在这层",但也"多在这层"。因为性原本就是一件必须"说一说"又不能公开讨论的事情。不能公开说,就只好私下说;官方不能说,就只好民间说。于是关于性的话语,便多半是闲话(亦请参看拙著《中国的男人和女人》)。

中国的性闲话很多,各类荤话荤故事都是。其共同特点,是内容刺激诱人而形式扑朔迷离。因为性毕竟是一个禁忌的话题,不能明目张胆地说。但越是禁忌,就越构成"挡不住的诱惑"。于是说的人欲说还休,听的人欲罢不能;说的人闪烁其辞,听的人又不便刨根问底。这就要靠想像力来帮忙了。这种想像力,是连普通农民都有的。比如一个农民问一个农妇,你那块田干了吧? 要不要我来浇水? 我的管子又长又粗。农妇听"懂"了,就会骂道:什么东西! 农民则会笑嘻嘻地说:什么东西? 当然不会是胡萝卜,也不会是紫茄子啦! 倘若没有想像力,你就悟不出什么名堂。

如果事关身边人身边事,想像力起到的便又是另一种作用。因为这回可是"来真格的"了,必须有真实性,尤其是细节的真实。但细节的真实,又哪里是能够全都打听得来的? 这就要靠想像力来帮忙。所以,一说到此类事情,说者张目,闻者动容,双方都往往十分起劲。说的人为了绘声绘色,少不得要加以"合理的虚构";听的人为了彼此呼应,也少不得要加以"合情的补充"。双方的想像力都得以充分地施展和发挥,还能不快活吗? 只可怜那被说闲话者,从此便不得安宁。行则有人"行注目礼",坐则有人"戳脊梁骨",居则有人以种种借口前来打探窥测,去则立即会被认定是已然私奔。一个人,尤其是一个女人,倘被人说了此种闲话,那可真是"跳进黄河也洗不清"。用于杀人之闲话,多为此类,而"想像力"则是其刀刃。

其实,不但男女关系,其他闲话,也多半要靠想像力来补充的。因为闲话不过街谈巷议,道听途说,甚至捕风捉影,无事生非。即便"事出有因",也难免"语焉不详",没有想象力怎么行? 何况,说闲话是不必负责任的,便正好操练操练自己的想象力。即便不过"想当然",也不要紧。反正是说闲话,又不是做学问,认什么真呢?

这就正好充分表现一下创造性。中国人原本是很有创造才能的,只可惜和好奇心、想像力一样,受到限制。古时候,旧社会,科学研究不受鼓励,著书立说颇多禁忌。既不能"离经叛道",亦不敢"异想天开",人人循规蹈矩,个个祖述前贤,也就谈不上什么创造性。再说,研究也好,著述也好,都是个别人的事,与平民百姓何干?

只有闲话是"安全地带",只有闲话是"用武之地"。

闲话最大的好处,是什么人都可以说,什么事都可以讲,反正只当放屁。放屁是没有规矩的,这就宽松。但闲话又不是放屁。它没有规矩,却有技巧。因为说闲话的目的是大家开心,好玩,乐。因此要有巧智,要有新鲜感。这就非有创造性不可。否则,讲来讲去就那么些陈词滥调,味道寡淡,谁听?

事实上闲话的创造性也极强。比如酒桌上的段子,就年年都有"新版本"。手机上也不时可以收到新的"短信"。这说明有不少人在从事闲话的"业余创作",而且不在乎"著作权"。同时,在传播的过程中,也不断有人进行修订和补充,以求完美完善。正因为有这样一支不图名利的创作大军,中国的闲话事业才蒸蒸日上,历久不衰。

　　平衡感与报复欲

　　闲话其实有两类。一类是娱人的,一类是害人的。如果说,娱人的闲话表现了想象力和创造性,那么,害人的闲话则主要源于"平衡感"和"报复欲"。

　　这两条,可以算作一对。爱讲他人之闲话者,多因内心不平衡。为了报复,也为了心理平衡,便去讲闲话。试看大观园中,最爱讲闲话的是谁?无非是赵姨娘之流,因为他们内心最不平衡。不平衡则"争闲气",争闲气则"倒闲话",闲话讲得越多,闲气也生得越多,如此恶性循环,永无出头之日。然而除此一招,也实别无良策。因为他们一无权,二无势,三无地位,又没有正经事可做,不讲闲话干什么?何况,闲话不闲,说得多了,没准还真能起点作用。因不平衡而讲闲话者,心理大抵如此。

　　可以这么说,但凡爱讲别人闲话的,都多少有点"姨娘心理";而所谓"平衡感",说白了,也就是"嫉妒心"。正因为嫉妒,所以,自己不走运,便巴不得别人倒霉;自己不成功,便巴不得别人失败;自己站不直,便巴不得别人摔跤;自己没本事,便巴不得别人垮台;自己生了病,便巴不得别人早死;自己不幸福,便巴不得别人闹离婚。总之,是容不得别人,尤其是自己身边眼前天天看得见的人,比自己过得好。正如鲁迅先生所言:"我们中国人对于不是自己的东西,或者将不为自己所有的东西,总要破坏了才快活"(《华盖集续编·记谈话》)。于是竟会有这样的怪事,一个人的女朋友跟别人跑了,这个人便去将那女孩痛打一顿,或者竟将她毁容,而不是如西方人那样,去找男的决斗。

　　当然还有更差劲的,那就是大讲这女孩的闲话。这实在是一种"姨娘心理",也是一种"弱者行为"。因为强者居高临下,有强烈的优越感,自然不会去毁坏自己得不到的东西,而只会去争取更好的。当然,他也绝不屑于去说闲话。弱者既无能力,又无优越感,只好找更弱的对象出气,甚至只能背里去讲闲话,亦即通过用闲话损人的方式来获得一种替代性满足。你不是得势了吗?你不是走运了吗?你不是夺走了我的幸福(并非果真如此)吗？你不是在人前露脸(也并非果真如此)了吗？可是我背后说你闲话了,我和别人一起损你了,我们也就扯平了。这就简直连阿Q都不如。阿Q虽然主张"精神胜利法",而且也是找比自己更弱的人(如小尼姑)出气,却还没有下作到背后讲闲话损人的。

讲别人闲话者,多半都被讲过闲话;被别人讲过闲话的,也多半要去讲别人。这叫做"以眼还眼,以牙还牙,以闲话还闲话"。你说我贪污,我就说你偷钱;你说我暧昧,我就说你养汉;你说我的文章都是别人代笔,我就说你的书都是剽窃。这种"闲话大战",连学者教授之流也公然加入,真乃噫吁嘻不亦悲乎!

除了这种双方都以闲话为武器而相互报复者外,也有单方面用闲话来进行报复的,即明里吃了人家的亏,又斗不过,只好暗地里弄些鬼鬼祟祟的魍魉手段,含沙射影,指桑骂槐。这自然也不折不扣的是弱者行为。这种人,往往睁着两只贼亮贼亮的眼睛,千方百计在对手身上找岔子。一旦逮住把柄,或自认为逮住了把柄,便立即兴奋异常,四处奔走相告,惟恐天下不乱。如果这把柄是别人逮住的,闲话是别人制造的,则幸灾乐祸,拍手称快,并主动承担起传播的义务,而且在传播的过程中不惜添油加醋,增容补缺。所以,通过闲话,也可以考察人际关系。一个人,如果十分起劲地说某个人的闲话,则他们之间便多半是有"过节",或是前者吃了后者的"亏"。

其实,即便不是出于报复,人们在传播闲话的过程中,也往往有一种幸灾乐祸的潜在心理。因为好坏优劣总是相比较而存在。别人倒霉了,就说明自己走运;别人被说闲话,就证明自己没有把柄。因此,为了证明和显示自己"清白",也为了体验"优越感",便不但暗地里盼望别人"出事",也会有意识地去说别人的闲话。别人的闲话越多,自己的闲话就越少。不过,真到少得等于零时,有些人又往往会有一种失落感,心里酸溜溜的,因为这意味着他根本不值得别人注意。

所以,一个人,除非谁也不认识他,或者谁也不把他放在眼里,就难免会被人说闲话。即便他再会做人,再小心翼翼,也在劫难逃:"这家伙,八面玲珑,从来不得罪人,真是油壶里的鸡蛋,又圆又滑。"这不也是闲话么?

闲话艺术家

除了存心用闲话为武器,报复泄愤,搞窝里斗外,还有一类人的爱说闲话,只不过是为了过"嘴巴瘾"。这可算作"为艺术而艺术"的一派。他们与谁也没仇没怨,既不想打倒谁,也不想报复谁,既没有目的,也没有动机。他们之热衷于讲闲话,完全是"为闲话而闲话",因此是真正的、纯粹的、不折不扣的"闲话爱好者"甚至"闲话艺术家"。

这种人,人数虽不一定多,但能量大,影响广,是"闲话运动"的中坚分子和骨干力量。中国的"闲话事业",多半要靠他们来维持和发展。因为他们对闲话最热爱,最痴迷,也最不受其他非闲话因素的影响,因此总能保证闲言碎语的流布和传播。

从性格上讲,"闲话艺术家"多半是些热心快肠又心直口快的人。热心快肠就爱管闲事,爱管闲事就熟人多,人缘好,信息面广,消息灵通;心直口快就口没遮拦,不看对象,逢人就讲,到处传播。总之,什么话他们都能插上一嘴,什么事他们都能插上一脚,没有他们不知道的事情,没有他们不敢发表的议论。加上没有私利,没有目的,没有是非,传起闲话来,也就义无反顾,勇往直前,甚至常常站在十字路口,义务充当"新闻发言人",在众"望"所归和一片喝彩声中大过其瘾。

这当然十分可爱,同时也十分可怕。因为他们的传播闲话,完全没有私心杂念。没有私利,也就没有立场,当然什么闲话也都一律予以传播,伤害了谁他可不管,而且还自认为很公正,因此也最可怕。老谋深算的窝里斗高手,要用闲话来暗箭伤人时,首先想到的"枪手"往往也就是他们。他们稀里糊涂地被别人当了枪使,还任劳任怨,不计报酬,实在堪称"闲话艺术家"。

这类宝贝之所以乐此不疲,细考其心理,又无非三端:其一是"责任心",以管闲事为己任,甘愿赔上时间,搭上精力,为与自己毫不相干的闲事四方奔走,到处游说,似乎天下之兴亡,社会之治乱,全系在他的一张嘴上。其二是"表现欲",不甘寂寞,好胜心强,听到一点风吹草动,立马就要表现自己"天上知一半,地上全知道"的"神通"。所以这类人讲闲话时,听众越多,他的热情就越高;如果没人爱听,便会落落寡欢,索然无味。其三是"快乐感",即在传播和讲述闲话的过程中,能因这过程本身而体验到一种快感。有无这种快感,是区分"闲话艺术家"与一般"闲话爱好者"的分水岭。只有那些不带任何功利目的,纯为快感而讲闲话者,才真正是"为闲话而闲话","为艺术而艺术"。

以闲话为乐事、为第二职业的"闲话艺术家"毕竟是少数,以闲话为武器、为斗争手段的"闲话阴谋家"也毕竟是少数。就多数人而言,他们的讲闲话、听闲话、传闲话,则不过是为自己平淡无奇的日常生活,增添一点"乐子"罢了。"世界大舞台,舞台小世界",每个人都要在这社会舞台上"表演人生",倘无"戏剧性",便未免乏味。听闲话,即等于看戏;讲闲话,即等于演戏;在传闲话的过程中添油加醋,则无异于编剧之一了。

不过,"编剧"并非人人能当,"好戏"又必须连连出台。尤其在古代,既无广播可听,又无电视可看,说闲话是重要的娱乐方式之一。单靠自家业余创作,信口胡诌,远远不能满足需求。何况倘若没有口才,也说不好。

于是,以闲话为职业者,也就应运而生。

宫廷里的"职业闲话家"是"弄臣",主要的工作是和皇帝开玩笑、说笑话、闲聊天、逗乐解闷。皇帝也是人,不能整天板着脸办公、说"正事",也要消遣、娱乐、游戏,包括说闲话,这就非有弄臣不可。"弄"者,戏弄也,故弄臣即"狎近戏弄之臣"。他们的工作,并不止于说闲话,有的其实是"男宠",搞同性恋的角色,所以不大被人看得起。专一说闲话的则叫"文学弄臣",又叫"文学侍从之臣",较之男宠要稍为体面一点,有的还能"入阁拜相",如清代康熙朝的高士奇即是。此外还有"太监"。太监原本是女性化的男人,自然不乏会说闲话者,给皇太后、皇后、嫔妃们说闲话的任务,就由他们承担。达官贵人家里的"职业闲话家"则是"清客",即专一在这些人家里帮闲凑趣的门客,比如贾政身边就养了一大批。他们的任务,无非是做点诗,填个词,说说笑话,行个酒令,凑凑趣,捧捧场,拍拍马屁,打打秋风而已。弄臣和清客,因为都是只有等皇上或权贵们"闲"下来时才"上班"的,所以他们的职业,也就可以统称为"帮闲"。

帮闲与帮忙

帮闲的职业,历来不大被人看得起。皇上既把他们"俳优蓄之",达官们也往往只有表面上的客气,因此有抱负或有骨气的文人便往往不屑一为。比如司马相如,就常常装病,不到武帝面前去献殷勤,一心要做"封禅"的大文章。又比如李白,听说玄宗召他,以为会委以重任,高兴得"仰天大笑出门去",声称"我辈岂是蓬蒿人"。及至到了长安,才发现不过是做"文学弄臣",写些"云想衣裳花想容"的小曲,便气得在街上喝得烂醉,"天子呼来不上船,自称臣是酒中仙",最后终于挂冠而去。其实依我看,这两位也用不着这么恼火,因为实在看不出他们有什么政治才能。太有艺术家气质的人,其实不宜持政,因为他们只会"乱政"。试看会做诗的李煜,会画画的赵佶等人,哪一个不是把国家搞得一塌糊涂?让他们"帮闲",应该说倒真是"知人善任"。

何况帮闲也不容易。鲁迅先生说过:"必须有帮闲之志,又有帮闲之才,这才是真正的帮闲"(《且介亭杂文二集·从帮闲到扯淡》),否则便不过是"扯淡"。所谓"真正的帮闲",第一要"会说",也就是要有好的口才,能够举重若轻,挥洒自如,风趣幽默,引人入胜,相当于"口头文学家"。第二要"能讲",见多识广,知今鉴古,无论什么话题,都能接上碴,对上口,说出名堂来。这就要肚子里有货,至少是半个"学问家"。第三要"善道",也就是要知道哪些话该讲,哪些话不该讲,无论讲什么,都只会让人高兴,不会让人反感。这就简直要有点"政治家"的天赋了。

说好闲话已属不易,而要能做到"微言大义",起到"振危释惫"的作用,就更不容易。不但要为人正直,还要有过人机智。不过历史上还真有这样的人,比如战国时的淳于髡(kun)和优孟等等就是。其中最优秀的,又当首推秦的优旃。"优"即"倡优",是以乐舞戏谑为业的艺人。优旃是个侏儒,矮小丑陋,大约是滑稽演员这一类的人物,"善为笑言"，却"合于大道"。秦始皇曾想建一个大猎场，东至函谷关（今河南省灵宝县西南），西至雍（今陕西省凤翔县南）、陈仓（今陕西省宝鸡县东）。优旃听了后便说，好得很好得很！再多养些野兽在里面，敌寇从东方来，只要命令麋鹿去抵抗他们就行了。秦始皇一听，便打消了这个念头。后来秦二世当了皇帝，又异想天开地要用油漆来涂饰城墙，优旃一听又说，好得很好得很！油漆过的城墙，又漂亮，又阔气，又滑溜溜的，敌人来了爬也爬不上。只是涂漆倒也容易，但要找一间大房，把漆过的城墙放进去阴干，就有点困难了。于是二世也一笑了之。这可真是片言谈笑之间，便否决了一件于国于民有百弊而无一利的议案，实在应该说绝非"帮闲"，而是"帮忙"。

　　清客之中，也不乏能帮忙者。汉武帝（一说汉宣帝）时北海太守某公（一说名龚遂）的清客王先生就是。当时，皇上召见太守，王先生便对太守说，如果皇上问明公，"何以治北海，令无盗贼"，明公打算怎样回答呢？太守说，我回答：选择贤良的人材，任其尽展所长，赏拔超异寻常的人，处罚不图上进的人。王先生说，这就是自吹自擂，自夸功劳了。请明公这样回答："非臣之力，尽陛下神灵威武所变化也。"北海太守见了皇上，当真如此对答。皇上一听，果然"龙心大悦"，提拔北海太守为掌管上林苑的水衡都尉，令王先生做他的副手（水衡丞）。王某的话，算不上"正义"，但也是"帮忙"，不是"帮闲"。

　　可见"闲话不闲"。闲话讲得好，便是"帮忙"；讲得不好，便是"扯淡"。帮忙与扯淡之别，全在内容，不在形式。所以，历史上的政治家、外交家虽不是"职业闲话家"，却也大都会讲几句闲话，多少有一点讲闲话所必须的文思、口才和应变能力。因为中国传统的政治和外交，都往往有宴会。宴会是表示友好的形式，不能"打官腔"，只能"说闲话"。即便发生冲突，也只能用"闲话"来还击和化解。三国时，有一次西蜀的使节张奉在孙权举行的宴会上出言不逊，东吴方面十分恼火，又不便发作，于是东吴方面的薛综便走过去向张奉敬酒，并十分随意地问他：先生知道什么是"蜀"吗？"有犬为獨，无犬为蜀，横目苟身，虫入其腹"。张奉不高兴地反问：先生难道不能说说什么叫"吴"

吗？薛综应声道："无口为天，有口为吴，君临万邦，天子之都。"于是众座皆笑，张奉无言以对，只好认输。可见所谓"折冲樽俎"，其实是离不开闲话的。

　　闲话与闲书

　　闲话既然有这么多的用处，自然就会有专门讲闲话的书，叫做"闲书"。闲书又有两种，一种专门记录闲话，另一种则自身便是闲话。前者如魏文帝曹丕的《笑书》、同代人邯郸淳的《笑林》都是。另外如有名的《世说新语》，也记录了不少闲话。后者的范围就更广了。广义地讲，但凡供人闲暇时阅读，并不一定要正式场合才使用，或并不一定要正襟危坐刻苦攻读的书，都可以看作是闲书，尽管它们的内容未必都是"闲事"。这又是只关乎形式而不关乎内容了。这样算下来，则杂文、随笔、散文、小说，总之，文学作品的半数以上，都应视为"闲书"。

　　这显然要引起不少人的反对和忿怒。理论家会认为这是无视文学的社会作用，而作家则会认为这是故意贬低他们的"身价"，视作家为"倡优"。但是，请且慢大动肝火。第一，当今社会，人人平等，所司职业，只有社会分工不同，没有高低贵贱之别。当一个"职业闲话家"，至少不比当一个"职业套话家"和"职业空话家"更"下贱"。第二，一本书有无社会价值，主要看内容；有无审美价值，则主要看形式。只要有高尚、健康、充实、于人民有益的内容，就有社会价值，而无论其形式"闲"与"不闲"。当年有人攻击鲁迅先生，说他的作品是一种"以趣味为中心的文艺"，"它所矜持着的是闲暇，闲暇，第三个闲暇"，先生不以为"掉价"，反将自己的杂文集名之曰《三闲集》，以为略示反击。显然，先生对于所谓"闲书"问题，有着超于常人的深刻见解，与那些表面自命高雅实则俗不可耐的人，不可同日而语。

　　其实，闲书正如闲话，本身并无所谓好坏。关键要看你说的是什么。比如前述优旃说的那些闲话，就利国利民，而且效果比正儿八经上"万言书"要好得多。当然，闲话也害人。但，不是闲话，就不害人了么？张春桥、姚文元写的那些文章，还有那个时期"两报一刊"的社论，不是闲话吧？害人不？可见，闲话害人，并不因为它是闲话。这就正如一把斧头不幸被用来杀人，那罪过却不在斧头一样。

更何况，闲书和闲话，还为生活之不可少。我们知道，闲话，原本并不是"背后议论批评"的意思，也不等于"不满的话"、"坏话"，而是"闲暇时说的话"。闲书则是"闲暇时看的书"。它们不但是一种休闲方式，也是一种生活情趣。生活中，完全不说闲话的人有多少呢？读书而完全不读闲书的也不多吧？即便有那么几个，也十有八九刻板迂腐、枯燥无味、了无情趣，而且还活得很累。

因此我们不妨把闲书分为三类，一类是内容充实、意义深刻者，则形为闲书，实则正史。一类是形也"闲"，实也"闲"，虽无"重大意义"，但能调剂生活，放松身心，消除疲劳，打发时日，也有一定的作用。还有一类是内容空洞、毫无意义者，则只能算是"扯淡"。闲书容易变成"扯淡"，这倒是不可不防的。但"扯淡"者却并非只有闲书。比如时下道貌岸然，文字枯燥，一本正经地在那里扯淡的所谓"正书"，难道我们见得还少吗？

如此说来，则闲书也可以说正事，正事也可以用闲笔来写了。事实上，这类著作历史上并不少见，比如清人袁枚的《随园诗话》便是。它至今仍是中国美学史和中国文学批评史上的一部重要著作，然而却是"闲书"。这又再次证明闲书并非就一定没有价值。相反，由于闲书态度闲适，文笔流畅，辩解敏捷，风趣幽默，读起来轻松愉快，引人入胜，因此说起"正事"来，效果往往更好。写这样的好闲书，一要见解独到，二要学识渊博，三要灵活机智，四要才气盎然，才能写得生机勃勃，发人深思。这就要有"举重若轻"的功夫，绝非单凭"耍贫嘴"就可以奏效的。

本书要做的，也正是这样一种试验，——给严肃的学术著作以闲书的形式，或者说，赋予闲书以深刻的思想内容。所以，我将这种形式，名之曰"随笔体学术著作"。这一试验成功不成功呢？作者心中并没有底，就只好一任读者诸君去鉴定，去品玩，去说三道四，去讲"闲话"了。

原版后记

　　本书自去年 5 月初开始写作,6 月初因故停止,10 月初重新开始,至今年 1 月底全部完成,耗时共五个月。

　　本书写作时间虽然较短,但准备的时间却相当长。它的起因,可以追溯到 1984 年。当时我与邓晓芒(现为武汉大学哲学系博士导师)合作进行中西美学之比较研究,不能不涉及双方的文化背景,亦不能不初步探讨中国文化的性质、内核与精神。作为本书主线的“中国文化的思想内核是群体意识”这一观点,即在当时我们俩合著的《走出美学的迷惘》(花山文艺出版社 1989 版)一书发表。以后,晓芒兄仍去研究他的西方古典哲学问题,已出版了四十三万字的《思辨的张力——黑格尔辩证法新探》等著作。我自己则忙于《艺术教育学》和《艺术人类学》的研究和撰写,但对于中国文化问题,仍时时关切于心。偶有所得,便诉诸札记,积累了不少材料。《艺术人类学》撰写完后,我开始准备撰写《中国美学史纲》,但仅仅写完《绪论》,便立即发现,不彻底弄清中国文化,是根本不可能真正说清和说好中国美学的。照搬西方美学那一套,来讲中国美学,不是“削足适履”,便是“捉襟见肘”,只能弄出“中不中,西不西”的“杂种美学”来。于是又回过头去研究中国文化,这样又费了几年功夫,最后发现要研究中国文化的“精神”,还得研究中国文化的"**现象**"，于是就有了撰写本书的念头。念头既起，动作起来也就快了。

　　本书写完最后一页时，正值甲戌年除夕之夜。家家都已吃过年夜饭，正准备观看中央电视台的"春节联欢晚会"。这是一年之中我们中国人最开心的日子，当然也是我最开心的日子，而今年之今日，又格外开心，因为我将有一份薄礼，奉献给我所热爱的文化和人民。此时，钟声将起，子夜将临，狗年将去，猪年将来。猪年是我的"本命年"，新的任务已在前途召唤。那就赶快将这篇"后记"，作为一条"狗尾巴"，缀到那原来并非"**貂裘**"的"狗皮大衣"上去吧！

易中天

1995 年 1 月 30 日

甲戌年除夕之夜

新版后记

　　本书初名《中国:掀起你的盖头来》,海南出版社 1995 年出版;后改名《闲话中国人》,华龄出版社 1996 年版。两版共计印刷七万册,早已售罄,而索要者甚多。这次改由上海文艺出版社出版,又作了较大的修改,有的章节系本次修订新写,有的重写,有的则被删除,所有章节都有修改,并订正了原版中的印刷错误。如有引用此书,请以本版为准。

易中天

1999 年 4 月 21 日

识于厦门大学凌峰楼

三版后记

又用了差不多半年的时间将本书改了一遍。

改写是一件不合算的事情。修改并不比新写省事,虽然有电脑。何况无论你花费多少时间精力,也不意味着你有了新成果,那又何苦来?

原因也只有一个,就是希望有更多的读者喜欢。

1994 年写这本书的时候,头脑里并没有形成"随笔体学术著作"的完整概念,经验也明显不足,只能"摸着石头过河"。现在看来,问题多多。有些地方太随意,有些地方又太学术,因此 2000 年再版时,便作了些修改,但改得比较匆忙,一些可动可不动的地方就没有动。这次上海文艺出版社决定改版重印,便趁此机会,又动了一次手术,希望能改得更好看些,也少些谬误。

修改也无非这样几个方面。一是调整结构,二是增删内容,三是纠正原版错误,四是改变表述方式。根据这些年在"河"里一路"摸"下来的经验,创作"随笔体学术著作",表述方式最重要。尤其是我们这些写论文、写专著写惯了的人,换一种"写法",非常之难,简直就相当于换一种"活法",然而非如此不能"脱胎换骨"。本书的多次修改,就是这样一个痛苦的历程。即便如此,相信细心的读者仍不难发现其

中的斧痕。但在我,大约也只能这样了。"青青子衿,悠悠我心",权当
对广大读者的一个答谢吧!

　　最后,我还要再次感谢本书责任编辑赵南荣兄的不厌其烦!

易中天

2002 年 7 月 27 日

于厦门

图书在版编目(CIP)数据

闲话中国人/易中天著.-上海:上海文艺出版社.2000.1
(2007.2 重印)
ISBN 978 - 7 - 5321 - 2018 - 5
Ⅰ.闲… Ⅱ.易… Ⅲ.随笔-作品集-中国-当代 Ⅳ.I267
中国版本图书馆 CIP 数据核字(1999)第 53950 号

责任编辑:赵南荣
封面设计:王志伟

闲话中国人
易中天 著
上海文艺出版社出版、发行
地址:上海绍兴路 74 号
电子信箱:cslcm@public1.sta.net.cn
网址:www.slcm.com
新华书店经销 上海华成印刷装帧有限公司印刷
开本 650×958 1/16 印张 20 插页 2 字数 206,000
2000 年 1 月第 1 版 2003 年 2 月第 2 版
2006 年 3 月第 3 版 2007 年 2 月第 24 印刷
印数:366,001-426,300 册
ISBN 978-7-5321-2018-5/I·1641 定价:24.00 元

告读者如发现本书有质量问题请与印刷厂质量科联系
T:021-62662100